北京市属高等学校创新团队建设与教师职业发展计划——创新团队建设提
计划——"北京世界一流旅游城市建设与管理创新团队"资助成果
科技成果转化提升计划——"北京旅游形象国际整合营销与创新传播战略
究"资助成果

北京
建设世界一流旅游城市
(2013)

BEIJING JIANSHE SHIJIE YILIU LVYOU CHENGSHI 2013

——理念创新与模式探索

主　编／计金标

副主编／王　欣　王成慧

经济管理出版社

ECONOMY & MANAGEMENT PUBLISHING HOUSE

项目资助

北京市属高等学校创新团队建设与教师职业发展计划——创新团队建设提升计划——"北京世界一流旅游城市建设 与管理创新团队"资助成果

科技成果转化提升计划——"北京旅游形象国际整合营销与创新传播战略研究"资助成果

序

（一）

世界城市是 20 世纪末以来最前沿的研究领域之一，在全球化发展日益深化的大背景下，尤其引人关注。一般认为，世界城市是全球化的趋势下所产生的新空间形式，它是集聚跨国公司总部、商业服务中心和国际金融中心、信息传播中心等，兼具各种功能，并且是控制全球经济的重要节点。围绕着世界城市概念，形成了内容丰富、体系多样的判断标准。比如，美国的《外交政策》杂志选取了涉及商业活动、人力资本、信息交流、文化体验和对全球政策制定与对话的影响力 5 个方面共计 25 个指标，推出了"全球城市指数排名（2010）"，中国的香港（5）、北京（15）、上海（20）、台北（39）、广州（57）、深圳（62）、重庆（65）都位列其中。

世界城市建设是中国城市化进程不断加快、城市化水平不断提升背景下的战略选项之一，同时也是中国城市融入世界经济的重要渠道，是中国城市在世界政治、经济、文化交流中发挥积极作用的重要途径。

创建世界城市的任务非常艰巨，如何在全球化、信息化、网络化的时代中找到建设世界级城市的突破口，将成为建设世界城市能否顺利推进的关键问题。中国的北京、上海等地都具有成为全球性世界城市的潜力，有些城市则具有成为区域性世界城市的潜力。无论如何，在将潜力转化为现实的过程中，需要充分发挥潜力城市的综合优势，在某些领域实现跨越式发展，而旅游由于其对于推动不同地区、不同文化的人们之间的交流，旅游流对商务流、资本流、信息流、文化流、科技流有着强大的带动作用，因此旅游业完全有可能成为这些潜在世界城市中能够率先实现突破的领域之一。也就是说，建设世界一流旅游城市是建设世界城市的重要途径之一。

（二）

2012 年 9 月 15 日，世界旅游城市联合会在北京成立，这对于北京成为世界一流旅游城市是一个很大的推动。但同时，也对北京采取切实措施、提升自身的集聚性吸引力和扩散性影响力提出了新的更高要求。如果北京不能在发展和管理上加以创新，不能尽快建设成为世界旅游城市，那么北京作为世界旅游城市联合会的东道国城市将面临新的挑战。

另外，北京庞大的旅游市场规模和相应的旅游产业实力为此奠定了良好的基础。2011年，北京市旅游总收入3216.2亿元，同比增长16.2%。其中，旅游外汇收入54.2亿美元（合人民币351.9亿元），同比增长7.4%；国内旅游收入2864.3亿元，同比增长18.1%。2011年，全市共接待入境旅游者520.4万人，同比增长6.2%。其中接待外国游客447.4万人，同比增长6.1%；接待国内其他省市来京旅游者12818万人次，同比增长8.8%；本市居民在京旅游人数8066万人次，同比增长31.8%。北京有首都旅游集团、中国国旅集团、中油阳光等大型旅游企业，这些企业为北京建设世界旅游城市奠定了良好的市场主体基础。

我们期望通过对"北京——世界一流旅游城市建设与管理"这一主题的研究，第一，在理论上为世界一流旅游城市的研究确立参考指标体系和研究内容的基础框架；第二，在实践上为北京市"十二五"旅游发展政策制定提供依据，为北京建设世界一流旅游城市指明目标、路径和主要政策措施；第三，为北京市人民政府、北京市旅游发展委员会、发改委、文化局等提供工作参考。

（三）

2009年，北京第二外国语学院的"北京现代服务业发展"研究团队入选北京市人才强教学术创新团队。学术创新团队按照"壮大学术队伍、强化科学研究、提升学术声誉、注重人才培养"的工作方针，坚持以北京现代服务业为主要研究对象，以"国际化"为发展方向的特色定位，以服务北京市为主要目标的产学研一体化科研发展战略格局，依托学校学术资源和团队科研力量，在学术交流和科研工作方面取得较好成就，在2009～2011年三年的团队建设时间内，学术团队共发表学术论文56篇，申报并主持省部级以上课题12项，获得各类奖项20项，圆满完成了既定的研究计划和人才培养任务。学术团队建设极大地推动了师资队伍特别是青年教师的成长。

2013年，北京第二外国语学院根据北京市经济社会发展状况及趋势，并结合学校办学与科研特色，再次组建申报了"北京世界一流旅游城市建设与管理"学术团队，并成功入选"北京市属高等学校创新团队建设与教师职业发展计划——创新团队建设提升计划"。本学术团队共汇聚了21名中青年学术骨干，根据整体建设目标和成员研究特长，确定了非常具体的研究计划。

本书汇总了团队成员2013年的部分研究成果，由计金标负责主编，王欣和王成慧具体承担了本书结构编排和编辑任务。具体写作分工如下：第一章由计金标、邹统钎、厉新建、王欣执笔，第二章由冯凌执笔，第三章由王欣、杨文华、张立莉执笔，第四章由崔莉执笔，第五章由钟栎娜执笔，第六章由唐承财执笔，第七章由刘宵泉、邹统钎、李国平执笔，第八章由王旭、马姣、李宏执笔。学校人事处、科研处对本研究给予了大力支持。旅游管理硕士研究生张立莉、杨文华参加了统稿和文字编辑、校对工作。在此一并致谢。

计金标
2014 年 12 月

目　　录

北京旅游的新问题、新挑战与新模式

一、形势与挑战

北京旅游在最近几年的发展中进入一个新的阶段，展现出前所未有的局面，遇到了不少新的问题，挑战与机遇并存，困扰与革新进步的前景同时到来。

人们老生常谈的入境、出境和国内游三大市场在最近几年里似乎发生了人们不愿意看到或未预料到的变化。受到国际经济形势、汇率、国际政治、国际环境问题等因素的影响，入境旅游市场发展形势严峻，旅游逆差持续扩大。

2013年，北京市入境旅游市场延续了2012年的走势，接待人次指标从最高点时的520万人次持续下降为450万人次。入境旅游市场发展形势严峻是北京市旅游业在未来一段时期面临的最重要挑战之一。2013年，全市入境旅游接待人次和旅游收入指标分别同比下降10.1%和8.7%。其中，接待外国人387.6万人次，同比下降10.8%；接待港澳同胞37.2万人次，同比下降4.7%；接待台湾同胞25.3万人次，同比下降7.8%。随着欧美市场经济环境的逐步缓慢复苏，北京市入境旅游市场有望逐步实现平稳回升，但长期增长的形势仍不容乐观。

受市场形势影响，景区、酒店和旅行社业经历了深度的结构性调整。2013年，全市景区接待人数2.67亿人次，同比增长10.1%。以本市居民为主体的观光休闲旅游市场增势突出，尤其在第三季度、第四季度，本市居民在京游呈现旺盛的势头，京郊游和都市游同比增长20%以上，显著超过总体市场增幅。全市内需市场在旅游产业格局中的结构、地位正发生着重要变化。全市酒店业同时受到国际和国内市场环境的双重冲击：一方面，国际入境客源总量降低对高星级酒店造成一定影响；另一方面，受到国内公务会议市场需求变化影响。在这样的发展背景下，由于商务散客市场的支撑和大众消费市场的快速成长，酒店业总体保持了稳定发展，接待人数和出租率仅有小幅下降。

在旅行社行业中，一方面，传统旅行社业务受到自助旅游需求上升和在线旅行商的冲击，影响更加显著；另一方面，旅行社业务板块中，组团出境业务快速增长，与入境接待的持续萎缩局面形成了鲜明的对比。2013 年，北京地区旅行社共组织出境旅游 331 万人次，同比增长 21.5%；接待入境旅游 122 万人次，同比下降 27.5%；接待国际旅游 319 万人次，同比下降 9.5%，旅游收入国际逆差继续扩大。主要旅行社传统入境旅游接待业务全面下滑。在 2013 年入境旅游行业业绩普通下滑的大背景下，传统旅行社业受到的冲击更大，受挫感要比其他行业更加强烈。某个大型旅行社的欧美市场下降超过 20%，日本市场受到政治因素影响下降更为显著，大约下降 80%，已经无法作为独立市场存在。多数传统旅行社在 2013 年进入有史以来入境市场发展形势最差的一年，接待人数、营业规模、利润等指标在 2006 年、2007 年达到高点以后，从 2008 年开始持续下滑，2013 年达到了最为严峻的时期。影响旅行社传统入境接待业务的主要原因是客源国（地区）经济状况困难，其次是我国环境问题（如雾霾）、负面事件（如食品安全、禽流感等）和政治事件（如中日关系等）。

从几大旅行社的经营状况判断，入境旅游市场和国内传统业务已经不可能恢复到过去最好时期的状态，这主要是因为市场结构和特征正在发生根本性的变化，包括市场分化、散客化、在线业务冲击等方面。全市公务旅游（以会议为主）市场受到国家有关制度影响冲击较大，入境市场持续走低，国内和本市大众旅游休闲市场成长迅速，出现大众旅游的高端化趋势。北京市民京郊旅游和都市休闲旅游需求增长旺盛，国内商务散客市场保持平稳增长，总体上冲抵了公务市场和入境旅游市场萎缩的影响，维持了景区和酒店业的平稳。反映在游客类型和人均消费水平上，企业管理层人员和公务员的比例下降，农民比例上升，人均花费水平较高的人群比例下降，总体客源市场人均花费 2258 元，同比增长 1.9%，旅游市场整体大众化的趋势显著。与此同时，市场需求的散客化和自助化趋势进一步显现，传统旅行社业务受到显著冲击。

在这样的背景下，我们再来考虑建设世界一流旅游城市的战略目标，实际上要求我们将"改革"作为最基本的思维，走出新路来。与此同时，我们也看到，就这一目标而言，本身也存在诸多困惑和难题。第一个问题就是何为世界一流旅游城市？就旅游接待规模而言，北京旅游接待人数很早就成为世界上少数达到"亿人次"级别的超级旅游目的地，近年实际稳定在 2 亿人次以上，远超纽约、伦敦、巴黎等公认的世界一流旅游城市，也绝非新加坡、东京、迪拜、中国香港、罗马、巴塞罗那等城市所能比拟。但就国际游客数量而言，北京尚不足纽约、伦敦、巴黎的一个零头，甚至不及新加坡、中国香港、中国澳门等"弹丸之地"（以上城市年接待国际游客数均超 1000 万人次）。考虑国家辖区面积、周边有效市场距离等客观因素就能知道，北京的国际游客数量几乎不可能与某些小国城市相比，例如任何一个西欧主要城市间的距离均小于我国南方城市到北京的距离，而广东游客到北京算国内旅游，从伦敦坐火车一个小时到巴黎则计算为国际旅游，更不要说比利时、瑞士、卢森堡等欧洲小国之间的来往了。反之，若从河北进入北京市域边界的游客能够计算为国际游客，则北京的这一数量将超过 2 亿人次，在世界上遥遥领先。

这一现象告诉我们两个重要信息。第一，北京建设世界一流旅游城市，不能机械地比较国际游客数量，从前面的分析可知，北京的国际游客数量不要说赶超伦敦、巴黎，就是赶上中国澳门也是难以完成的任务，但不能说北京旅游不如中国澳门。第二，北京的接待规模已经十分巨大，未来的发展目标一定不在于接待规模，事实上，规模早已成为北京的沉重负担了。北京旅游往哪里走，怎样成为世界一流旅游城市，成为一个怎样的世界一流旅游城市，是全行业应当尽快取得共识的重大问题。

二、思维与理念

我们为什么要建设世界一流旅游城市？总览世界城市的发展路径，可以看到，建设世界一流旅游城市是建设世界城市的重要途径。所谓世界城市是全球化的趋势下所产生的新空间形式，它是集聚跨国公司总部、商业服务中心和国际金融中心、信息传播中心等，兼具各种功能，并且是控制全球经济的重要节点。旅游流带动商务流、资本流、信息流、文化流、科技流。如同世界城市一样，世界一流旅游城市的要义也在于"超越地理界限的影响力"。这种超越地理界限的影响力可以分为两个层次，其一是集聚性影响力，其二是扩散性影响力。目前公认的世界一流旅游城市主要包括伦敦、纽约、巴黎、新加坡等。

北京作为中国首都，全国政治、文化教育和经济中心，占有着其他地方无可比拟的各种社会资源。然而，尽管北京创建世界旅游城市有着巨大潜力，但与其他世界旅游城市相比，在产业控制力、决策控制力、产业影响力和区域旅游控制力方面仍存在很大的差距，北京还有很多方面需要努力。从历史文化资源角度来看，北京具有建设世界一流旅游城市的优势。北京拥有世界文化遗产 6 处，超过伦敦、纽约和巴黎等城市。世界文化遗产成为来京入境旅游者主要的旅游吸引物。展望未来，北京具有很大的文化旅游潜力。北京发展旅游业也有其自身的短板。经济和城市发展水平相对较低，管理水平有待提高，城市发展资源环境压力大、成本高、发展空间小、季节性突出。

国际上，两个新兴的世界一流旅游城市新加坡和迪拜能够为北京提供后来居上的战略启示。新加坡旅游资源少，地域狭小，却在短期内获得了旅游业发展的巨大成功，使旅游业成为其支柱产业。这与新加坡充分利用优势条件，强调"无限制的旅游"和枢纽中心地位密不可分。它提出打造"亚太旅游枢纽"、"亚洲第一休闲旅游目的地"等口号，把自己定位为亚太的一个区域中心和国际门户，大力发展过境旅游。中东地区的迪拜在近20多年来，利用"石油美元"建成了一系列现代化配套基础设施，自2003年起，迪拜旅游业的收入已经超越了石油收入，占到了GDP的10%以上。旅游业还解决了迪拜25%的就业，这也成为最主要的收入来源。迪拜旅游发展依靠的是打造"世界级交通枢纽"：迪拜港是连接亚洲、非洲与欧洲之间海运联络的重要枢纽港。

北京建设世界一流旅游城市，应把握几条基本理念。第一，要处理好突出的"点"和广阔的"面"之间的关系。要发挥城市的枢纽、通道作用，加强与周边城市之间的联动、联合。第二，要处理好鲜明的形象与多元的内涵之间的关系。一个世界一流旅游城市一定要在市场上形成鲜明的形象，让人一听到这个城市的名字，就能在脑海中形成特定的城市意象。第三，要处理好丰富的遗产与现代的需求之间的关系。拥有丰富的遗产有助于提升城市旅游吸引力，是世界一流旅游城市重要的因素，但更重要的是要有开放的、包容的心态，并以这种开放的心态来吸引更多流动的文化、生长着的文化，从而形成新的文化遗产的实现和展示机制，这对于世界一流旅游城市来说才是一种持久的生命力。

北京建设世界一流旅游城市，应坚持构建"全域旅游"模式。世界一流旅游目的地的建设不仅需要有新的战略举措，同时更需要有发展理念上的突破。在未来的发展中，需要高度重视从旅游产业理念向旅游经济理念的转变、重视旅游产业向旅游目的地理念的转变，树立"全域旅游"的发展新理念。所谓"全域旅游"，是指各行业积极融入其中，各部门齐抓共管，全城居民共同参与，充分利用目的地全部的吸引物要素，为前来旅游的游客提供全过程、全时空的体验产品，从而全面地满足游客的全方位体验需求。

全域旅游模式包括以下八个方面：第一，全要素。将整个目的地作为旅游的吸引物，依附在整个目的地的一切可以利用的资源都有可能成为吸引人们前来旅行的吸引物。第二，全行业。是指旅游在整个目的地产业结构中具有突出的地位，是目的地未来产业发展的融合点、动力点与核心点，工业、商业、房地产、手工业等产业都可以打通与旅游业之间的关系，用旅游业来改造、提升这些产业的附加值，通过产业融合来推动这些产业与旅游业的共同发展。第三，全过程。指从游客进入目的地开始，一直到游客离开目的地，在这整个过程中，目的地都应能给他提供旅游体验，无论是在旅游景区的游览观光方面，还是在非景区的休闲消费方面，无论是在目的地期间的餐饮、住宿、娱乐消费，旅游体验无处不在。从这个意义上看，全域旅游也可以称为全程旅游。第四，全时空。是指在目的地旅游发展的过程中，无论是淡季还是旺季，无论是白天还是夜晚，无论是目的地核心旅游区域内还是核心旅游区域外，都能够给游客提供满足其体验需求的产品和服务。第五，全方位。即不仅要满足游客在"吃住行游购娱"方面的体验需求，同时还应该增加"文化、科教、资讯、环境、制度"等相关要素上的供给。第六，全社会。即吸引目的地最广泛的居民参与到旅游业服务、经营中来，使得最广大的人民群众都能从参与到旅游中获得各自的利益，提升目的地的好客度。第七，全部门。吸引目的地各大部门积极参与到旅游开发、建设、管理中来，从而既推动旅游业的发展，同时也可以通过旅游业的发展来拓展本部门的价值。第八，全游客。游客与居民之间的交融，要体现"游客即居民、居民即游客"、"人人为旅游、旅游为人人"的理念。

北京建设世界一流旅游城市，应转变旅游目的地发展的传统思维，着重强化区域旅游枢纽性质，构建"目的地＋枢纽"的复合型功能。旅游城市有目的地城市与枢纽城市之分，目的地城市主要是通过拥有的资源获得财富，枢纽城市则是通过流经的客源取得控制力。世界一流旅游城市，如新加坡、迪拜等都是以打造国际旅游枢纽为战略定位，其目的就是实现其对区域和国内旅游发展的绝对控制能力。如果能占有绝对控制的地位，那么，相应的各类旅游资源会聚集并辐射到周边，成为进入其他旅游目的地的门户。北京要建设世界一流旅游城市，不仅要成为国际旅游目的地，也必须成为区域旅游枢纽（中国的门户、东北亚的枢纽），即要建设成一个具有枢纽功能的旅游目的地。

为了强化枢纽功能，北京应当加强客流中心、国际交通中心以及国际旅游企业的总部基地三方面的建设，应实质性地推动区域旅游合作。京津冀区域旅游合作对于中国实现世界旅游强国发挥着举足轻重的作用，同时对于巩固和提升北京作为中国首要旅游目的地的地位也起着直接推动作用。具体措施包括鼓励北京旅游企业输出资本，投资周边；整合旅游资源，将周边旅游资源纳入北京旅游版图；加强京津冀地区旅游集散网络建设，构建涵盖京津冀地域的"大北京游客集散网络"等。

三、创新与探索

北京建设世界一流旅游城市，应把握文化和科技两大驱动力量，在文化传承、创意构建、智慧旅游、国际营销、区域合作、景区升级等领域开拓创新，走出自己的道路来。

第一，加强文化传承与创新。以旅游发展促进首都文化保护与传承。促进文旅融合，更好地实现文化的动态式保护和活态化传承。对北京文化遗存区域进行整体的文化旅游发展规划，强化对历史文化格局的整体保护，对于非物质性的文化遗产，以各类民间文艺活动、文化旅游商品等形式，进行活态化保护和传承。有序开放公共文化设施，在整体的规划指导和分类管理办法下，分类开放各类城市文化遗产、文博资源、主题文化艺术街区、社区公共文化场所等。积极引导、培育社区文化休闲组织，引导开展多种形式的社区文化休闲活动。以奥运场馆申报世界文化遗产为契机，构建北京文化旅游国际化展示的新平台。以亚奥板块建立现代文化旅游示范区，构建文化与旅游产业现代化发展的示范平台。打造北京国际文化旅游年，促进北京建设世界一流文化与旅游城市。

第二，优化和调整发展空间。积极领导京冀合作和旅游产业要素重组，重点构建京津亚太商务旅游黄金双子城。继续推进跨境资源整合开发，打造拒马河生态文化旅游带、桑干河—永定河生态文化旅游带、大长城文化旅游带、京廊津商务度假旅游带。实施资源与市场整合计划，吸纳河北地区部分优质资产纳入高端旅游联盟，特别是以"结对"的方式，为京冀之间的上、下游企业搭桥。试点构建跨区域的旅游集散服务综合体。实施京沪合作面向全球，共同建设和营销高端旅游。开展京沪商务旅游对接计划。在多个国家平台上，尝试以京沪的地方营销为核心，进行国家旅游营销。加速乡村旅游升级。推出乡村旅游的金融辅助计划，鼓励大户扩容，鼓励专业经营者进，加强智力支持，并引导淘汰和重组。建设旅游集散服务综合体，提供更加便利、有效的旅游集散和信息服务。实施景区疏解计划，开展社区旅游试点，推进社会资源整合利用。实施自助旅游服务升级计划，通过自助服务提升空间自由度。研究制定夜生活区规划与规范，扩大北京旅游体验的丰度和深度，以时间换取空间效益的提升。

第三，着力提升产业素质。为旅游产业素质升级创造良好的政策、制度环境。加强部门间的协调与配合，在制定政策措施时，充分考虑不同部门之间的配合，建立较为完善的旅游政策、法规、制度和标准体系，努力培育有利于旅游产业发展的政策、制度环境，为旅游产业发展提供广阔的空间，推动旅游产业素质不断升级。鼓励技术创新，发挥对旅游产业素质升级的推动作用。充分利用信息化、物联网等技术手段，推动现代信息技术在旅游产业的应用，为旅游产业融合发展、旅游产业素质升级搭建公共技术平台。鼓励与旅游相关的技术研发与技术推广，对进行技术更新的旅游企业给予相应的政策支持和资金的倾斜。引导旅游消费需求，实现对旅游产业素质升级的拉动。在政策引导、宣传等方面实现对旅游消费需求的正确导向。

第四，积极培育文化创意旅游。应从提升世界城市的文化感召力高度认识文化创意旅游的发展。通过旅游输出文化是体现软实力的重要手段。旅游与宣传、规划、建设和文化部门配合推进，从北京城市精神中进一步挖掘出城市文化价值的体验内容。以东城区、西城区为核心，朝阳区为辅助，营造大城区文化创意旅游体验空间。由点线式的游览区向完整连片的生活体验空间转变，最终整体构建"东方文化之都"的核心区。创新开发文化创意旅游产品，升级和盘活传统产品，支持具有文化根植性的项目，避免西方文化项目主导市场。制订和实施北京文化创意旅游的国际推广计划。增强城市的体验美感和自由度，设计更具体验美感的城市文化夜景系统。组织国际创意旅游景观设计大赛，鼓励历史文化元素的"翻新利用"。系统保护和构建北京文化价值，编列文化遗产生存报告，制定预警和挽救机制。积极培育本地创意阶层，制定产业扶持政策，奖励业界精英。

第五，大力发展智慧旅游。进一步完善北京"智慧旅游"政务系统的建设。实现窗口式服务向电子化服务的转变，为游客创造良好的服务体验。建立旅游应急指挥系统，充分运用智能视频监控、移动网络、物联网等技术和手段，建立动态感知游客活动和旅游企业状态的信息网络，建立旅游企业、游客信息监控平台和综合信息安全管理平台，以及旅游安全决策及应急指挥平台。建立和完善电子政务系统，进一步加强北京旅游信息化平台与相关信息平台的互联、互通和互动，提升旅游主管部门的行政效能。进一步加强北京"智慧旅游"民生系统的建设，积极推进北京旅游"一卡通"建设，将景区游览、停车、乘车、购物消费等真正地集于一卡之中；进一步扩大移动无线网络覆盖区域，推出并推广北京"游客助手"手机客户端，实现从电子旅游向移动旅游的转变；完善北京旅游网，加强旅游信息的收集、分类、处理，实现旅游信息发布的自动化。进一步推进北京"智慧旅游"产业系统的建设，推进"智慧景区"的建设，推进"智慧饭店"和"智慧旅行社"试点示范建设。

第六，创新营销模式。以"北京精神"为主题，连接各城市营销手段。在依托国家大环境发展的前提下，城市营销实践过程中应加强对"北京精神"的解读，各营销手段应坚持以"北京精神"为核心，集中展现北京特色最具代表性的元素。平衡城市营销的宏观主题定位与微观手段选择。注重具体旅游产品的市场营销，以大国首都的高姿态通过北京特有文化产品的宣传、推广，立体构建北京的"餐饮—文娱—购物"旅游综合体形象。强化新型营销媒介手段的运用。以文化为主题，形成以北京为核心的特色旅游线路，增强北京在区域旅游圈中的领导力。组织专家评估数字化城市营销效果，提高城市营销效率。

第七，主动调整结构，发展大众高端旅游。全市旅游企业和行业管理部门应在克服危机的同时主动调整产业结构，加快产业转型升级，提升行业和目的地竞争力，对接市场需求的变化，抢占未来竞争的高地。对大众市场的高端化这一趋势化，全行业应尽快形成共识，并将开发和经营大众化高端市场作为北京市旅游未来较长一段时期的工作主线，从产业政策、产品开发、资源整合、管理服务、营销推广等各个角度围绕这一主线开展工作。应引导传统旅行社业、住宿业和景区加速业务结构调整和转型升级，加强线上和线下的结合，加强智慧旅游的开发运用，加强有针对性的细分市场营销，着力开发针对散客自助旅游的产品，着力开发面向国际、国内和本市市场的高品质旅游产品。2014 年，北京市应进一步推出和强化若干高端旅游产品系列，打造 3 ~ 5 个精品高端旅游主题。未来应持续地以文化为核心，以科技和服务为支撑，全面提升北京旅游的产品层级和附加值，将北京旅游打造为国内领先、国际一流的高品质旅游目的地。

第八，完善产业政策，落实政策效应。在未来的工作中全面提升政策的系统性、针对性和时效性，进一步完善产业政策，落实政策效应。启动 72 小时免签政策评估和政策深化研究，推出若干政策完善方案，包括 72 小时精品游产品研发、国内航线连接与降价、国际目标市场航线补贴等。完善行业奖励和扶持政策，将事前激励、过程支持和事后奖励结合起来，帮助重点企业进行国际营销和产品前期开发。提高政策的针对性，进一步将资源向高端旅游、智慧旅游、新市场和新产品开发等领域集中。

北京旅游正进入前所未有的新的发展阶段。形势在变化，对策也应随之改变，最根本的是我们的理念和模式也要改变。北京第二外国语学院是中国旅游研究、教学和实践的重要阵地，设于北京第二外国语学院的北京旅游发展研究基地以服务首都发展为重要使命。本书集纳了北京第二外国语学院最近对于北京建设世界一流旅游城市的部分最新成果，期望能够对首都建设发展和行业的成长提升贡献我们自己的力量，也诚挚欢迎业界专家同仁就相关问题展开批评和讨论。

第二章

北京建设世界城市的文化旅游路径

一、北京建设世界城市的比较与路径

（一）世界城市的综合比较

对于世界城市的定义，目前尚没有世界公认的统一标准和量化指标体系，但一般来说世界城市必定是经济发达的大都市。目前世界上的国际化大城市可以分为两大类，一类是综合性很强的世界城市，另一类是专业性很强的国际化城市。国际公认的综合性、现代化世界城市是美国纽约、英国伦敦、法国巴黎和日本东京。其中纽约不是首都城市，而是发达的工商城市，其城市性质和功能与我国的上海类似，而北京与其他三个城市有较大的可比性。因此，将北京放在与这四个世界城市的比较中，分析它们之间的差异，以发扬和保持优势，探索北京建设世界城市的文化路径。

综合衡量城市经济发展水平可以有多项指标，其中经济总量和第三产业占全市比重是较为重要的指标。这两项指标突出地反映出城市经济的发展水平和产业结构。如表2－1所示及计算可知：从经济总量来看，2010年北京市的经济总量为1476亿美元，只占同期巴黎的22.4%、伦敦的21.2%、纽约的5.6%、东京的4.9%。从人均GDP来看，2010年北京人均GDP已经达到12447美元。按照2010年世界银行划分世界上不同国家和地区的贫富程度标准来看，12447美元的人均GDP已经达到了中上等收入档的上限，说明北京社会生产力发展综合水平已经接近富裕国家。从国际一般经验看，人均GDP达到这个水平后，经济发展增速将呈现放缓趋势，经济结构也将出现调整。从经济总量上说北京还有待于进一步释放生产力，但随着北京市经济的高速增长和人民币相对于美元的持续走高，综合多方面的预测，预计到 2015 年左右，北京人均 GDP 将接近或达到 2 万美元，接近中等发达国家水平，达到上述四大城市 20 世纪 90 年代初的水平。到 2020 年左右，人均 GDP 将有可能达到 3 万 ~ 5 万美元，达到目前世界四大城市的水平。从第三产业所占比重来看，北京已经达到了 75.5%，第三产业比例逐步增高并成为比例最高的产业。这是北京调整经济结构的结果，对于信息服务业、文化创意产业等第三产业更加注重以促进其发展。

从家庭年可支配收入和国际游客来看，北京的竞争力都不强，年家庭可支配收入占东京的 19.6%、纽约的 36.4%、伦敦的 46.2%。从绝对数量上看还有一定增长空间。对于国际游客人数，北京和东京持平，但人数不及纽约、伦敦和巴黎的一半。

表 2 - 1　北京与世界城市经济指标比较数据

城市 经济指标	纽约	巴黎	伦敦	东京	北京
经济总量（亿美元）①	26300	6581	6955	29900	1476
第三产业占全市比重（%）	96.8②	/	86.5③	91.6④	75.5
人口数量（万人）⑤	1940	220.16	740	3670	1961.2
家庭年可支配收入（美元）	25000⑥	/	19714⑦	46436⑧	9099⑨
国际游客人数（万人）⑩	1480	1560	950	530	400

资料来源：北京数据除特别注释外，均为 2010 年数据，来自《北京年统计年鉴（2010）》和《北京国民经济和社会发展统计公报（2010）》。

---

① http：//www. malaysiaeconomy. net 大马经济网.

② US. census Bureau，2007 年数据.

③⑦ http：//www. london. gov. uk，第三产业占全市比重为 2007 年数据，家庭可支配年收入为 2008 年数据.

④⑧ 北京市社会科学院外国问题研究所课题组. 北京与世界城市发展阶段性特征比较 [J]. 北京城乡发展报告（2010 ~ 2011）. 第三产业占全市比重为 2008 年数据，家庭可支配年收入为 2007 年数据.

⑤ 波士顿《环球邮报》"世界发展最快的城市" 调查.《世界人口最多城市前十公布．上海位第七》. 2010 - 09 - 16. http：//news. cnxianzai. com/2010/09/290691. html. 纽约、东京为 2010 年数据，巴黎为 2004 年数据、伦敦为 2000 年数据.

⑥ 谢芳. 回眸纽约 [M]. 北京：中国城市出版社，2002 年.

⑨ 根据《北京统计年鉴（2010）》，这时北京市家庭人均年可支配收入为 3473 美元，北京市的家庭人口为 2.62 人，可以推算出北京市家庭年可支配收入为 9099 美元.

⑩ 世界贸易组织（WTO）数据，2008 年.

从全球经济来看，北京经济增长日益放缓，主导产业并不突出，金融优势仅限国内，在经济竞争中没有达到或超过其他世界城市的明显迹象。以世界城市为目标，北京必须有足够的发展空间和更高的环境质量。就目前的情况来看，北京在空间上不满足建设世界城市的需要，在经济实力、基础设施完善程度以及与外部空间联系方面，与世界城市差距明显。

从经济发展历程来看，世界城市的崛起轨迹，其影响基本上都是从所在区域扩大到所属国家并进一步扩大到所在地区，如纽约从美国东海岸经济中心→美国经济首都→世界金融和经济中心，东京从日本大京都区→日本经济中心→东亚和世界经济中心，大巴黎地区集聚法国大部分经济和人口及其对欧洲的影响，伦敦凭曾借英国及不列颠帝国在全球的经济统治而成为世界经济中心，等等。以上世界城市，都具有对区域的绝对经济控制、一国绝对的经济中心、对全球的强大经济影响这一特征，并且在全球有自己的主导产业或绝对优势，如纽约的金融、东京代表的日本精细制造、巴黎代表的文化生活和时尚引领等。

表 2 - 2　北京与世界城市文化指标比较

比较项目　　　城市	纽约	伦敦	东京	北京
世界文化遗产数量	1	4	0	6
博物馆等其他文化机构	431[1]	200[1]	264[2]	148[3]
公共图书馆	253	149	396	25
影剧院	1528[1]	/	324[2]	160[3]
大型音乐厅	12	9	/	4
书店	498	927	/	127
评分合计	16.73	16.85	10.61	7.62

资料来源：北京市社会科学院外国问题研究所课题组. 北京与世界城市发展阶段性特征比较［J］. 北京城乡发展报告（2010～2011）.

数据计算：四个城市中，指标数据最高，得满分，其他三个城市的数据按照与最高分城市的百分比计算得分，没有数据按照折半计算。

其中世界文化遗产数量、公共图书馆、大型音乐厅是2008年数据。[1]代表数据为2005年；[2]代表数据为2007年；[3]代表数据为2009年。

但是，从文化资源，尤其从历史文化资源角度来看，北京与其他世界城市相比，具有一定的优势。其中，世界文化遗产6处，远超其他城市。在北京的6项世界文化遗产中，除周口店北京人遗址观赏性较差以外，其余5项（包括长城、明清皇宫、颐和园、天坛、明清皇家陵寝）接待人数占到北京前20位旅游景点的81.4%。可以说，世界文化遗产成为来京入境旅游者主要的游览景点。与其他世界城市相比，北京在世界文化遗产方面比较占优势，北京作为一座历史文化名城，城市发展历史脉络清晰，突出体现了中国历史文化的精华，大量的古迹、遗存成为各个不同历史阶段的印证。正是凭借着首都和古都的这种优势，北京吸引着大批的入境旅游者，北京古都旅游的垄断性和长期性是北京建设首选旅游目的地的强力支撑。

从博物馆、图书馆、影剧院和音乐厅等休闲休憩资源的数量和分布上看，北京又出现了其发展的短板。从数量上都不及其他几个城市，北京市博物馆类旅游产品数量较多，但只有少数品位高，大部分博物馆单体规模小、体制陈旧、展陈设计落后，吸引力不大，文物的展示、教育和传播功能有待完善。在这几个城市中，东京的公共图书馆最多，凸显日本人爱看书的文化氛围；纽约人喜欢影视和音乐，这与美国发达的传媒影视业联系密切；而伦敦深厚的文化底蕴表现为城市内部书店很多。

总体来看，北京与其他三个城市依然有差距，尤其与其他世界城市经济差距较大，但在文化遗产和设施方面差距并不十分明显，说明北京具有很大的文化发展空间。

（二）北京（京津冀）与国内区域比较

从全国来看，京津冀、长三角和珠三角是全国范围内发展比较成熟和典型的一体化合作区域，各区域往往利用地缘优势，制定相关政策，加强区域合作，以实现共同富裕和繁荣，但各区域经济合作与发展效果并不相同。

以上海为龙头的长三角，产业合作紧密、经济一体化程度较高，已经明显形成长三角城市群，成为国内经济龙头区域；珠三角，既有港澳作为世界经贸之窗，也有较为发达的内陆经济腹地，广东和邻近地区的制造业与香港的金融商贸、澳门的休闲旅游等产业互补，经济合作紧密，一体化程度也很高；反观京津冀区域，基本是有分工没有合作，城市的增长没有带动区域的整体经济繁荣，区内发展很不均衡，"灯下黑"现象反映的是不健康的经济联系。

从单个城市的发展来看，作为龙头城市，北京、上海、广州引领三个区域的发展并走在全国各个城市的最前列。2012年，北京、上海、广州三个城市的人均GDP分别达到137852元、141427元和164856元。三个城市的人均GDP都达到了10万元人民币以上，高于2万美元的水平。[①]

区域旅游发展合作与区域经济合作水平类似。比较起来，京津冀是全国最早

---

① 中华人民共和国国家统计局. 中国统计年鉴2013 ［M］. 北京：中国统计出版社，2013.

提出区域旅游合作的地区，但其实质性的合作仍处在起步阶段；长三角区域旅游合作目前势头强劲；珠三角区域旅游后劲十足，区域旅游联合体和区域无障碍旅游区建设初见成效。反观京津冀区域，由于京津冀地区的经济发展不平衡，北京遥遥领先其他城市和地区，反映出来的直接后果是，旅游业发展也是北京独大，河北旅游景区虽多，但经济效益偏低，其他地区的旅游基础设施也较落后。总体而言，从区域旅游合作来看，京津冀区域尚处于初级阶段，资源重复，没有统一的旅游形象和品牌，行政单位过多，各地发展旅游积极性不高，使得区域合作难以一体化，与无障碍旅游区还有较大距离。

区域经济发展水平，尤其是经济开放度的差异，也直接导致了国际游客量的差距。从城市来看，目前上海和广州国际游客年均达到了 730 万人次以上，而北京却还不到 500 万人次；从区域来看，珠三角借助于香港作为国际自由贸易区的优势吸引入境国际游客达到了 9241 万人次，长三角也借助于上海越来越发达的金融业吸引了更多的外国游客来旅游，达到 2072 万人次，而京津冀缺乏联动优势，单靠北京的国际吸引力，只达到 754 万人次的水平（见表 2 - 3）。

表 2 - 3　京津冀与长三角、珠三角经济指标比较数据

项目	北京	上海	广州	京津冀	长三角	珠三角
地区生产总值（亿元）	14113.6	17166	10748.3	43732.3	86313.8	61853.7
经济增速（%）	16.1	14.1	17.6	18.5	19.1	14.4
人口数量（万人）	1258	1412	806	10440	15611	11191.3
人均 GDP（元）	70251	73297	87458	——	——	——
国际游客人数（万人）	490.1	733.7	778.8	753.9	2072	9241

资料来源：国家统计局网站，为 2010 年数据；京津冀的数据包括北京、天津和河北省；长三角包括上海、浙江省和江苏省；珠三角包括香港、澳门和广东省；人口数为 2010 年第六次全国人口普查初步汇总的 11 月 1 日零时数；香港、澳门地区数据以即时汇率以当地币换算成人民币，按 2009 年环比物量计算；访港旅客数字包括经澳门访港的非澳门居民，自 2008 年开始，访澳旅客不包括外地雇员及学生等。

（三）北京城市发展的产业经济动力

从改革开放开始，随着城市规划修编和首都功能定位的逐步明确，北京开始加快产业结构的升级和调整。1994 年服务业比重超过第二产业，形成"三、二、一"的产业格局，1995 年服务业比重超过 50%，标志着北京市从全国重要的工业基地逐步发展成为以第三产业为主的服务经济城市。此后，北京市第三产业比重节节攀升。1998 年超过 60%，2006 年超过 70%，2008 年达到 73.2%，2010 年达到 75.1%。总体来说，产业结构的调整体现了现代世界大都市的部分特征。

随着北京产业结构的不断优化调整，现代服务业规模不断扩大，传统服务业得到进一步改造和提升，服务业在首都经济发展中的地位和作用不断提高。服务业成为支撑经济发展、优化产业结构的主导行业。目前，北京第三产业的比重在全国稳居第一，实现了产业结构从工业主导型向服务业主导型的转变。根据产业发展规律以及首都经济发展特点，随着工业的高端化发展，现代制造业和高新技术产业加快发展。金融、科技服务、商务服务等生产性服务业发展进一步加快。现代服务业与现代制造业进一步融合发展，推动产业链条的高端化进程。产业结构升级的另一个内在原因是，北京市在全国率先将大力发展文化创意产业作为全市经济结构战略性调整的重点。2005 ~ 2010 年，市文化创意产业增加值从 674.1 亿元增加到 1697.7 亿元，增长 152%，占地区生产总值的比重从 9.7% 提高到 12%，文化创意产业支柱地位得到强化。

总结北京市目前产业经济结构可概括为：一产微不足道，二产迅速萎缩，三产近年来增长较为迅速。但作为占北京经济发展绝对优势的服务业，无论是科技创新、物流交通等生产性服务业还是商贸餐饮、旅游文化等生活性服务业的发展，很大程度上都是因为北京集聚了全国的科教、文化、政治等资源，从而形成了服务业经济的集聚发展。而这些资源的集聚，又主要是因为我国现行的从上至下分配经济资源的体制所形成的，其内在是垄断式的发展模式。这种主要基于垄断，而不是市场自由竞争、资源逐利分配的发展，其增长潜力不足以成为重要的经济中心。

表 2 - 4　2010 年北京市产业经济指标

指标	总值（亿元）	增速（%）	比重（%）
地区生产总值	14113.58	- 16.1	100.0
第一产业	124.36	- 1.6	0.9
第二产业	3388.38	+ 13.7	24.0
第三产业	10600.84	+ 9.3	75.1

资料来源：国家统计局网站，2010 年数据。

（四）世界城市建设的文化旅游路径

从以上分析来看，北京并不具备世界城市的经济发展条件，北京难以成为有经济影响、金融影响或产业影响的世界城市。

但是，北京具有成为世界文化和旅游中心之一的文化软实力。建设世界城市的软实力应包括：在世界上有极高的知名度，有深刻广泛的影响力，有独特的吸引力，有强大的亲和力。打造文化软实力，一是历史的城市文化。长城、故宫等全球知名的历史文化古迹都可以成为打造北京文化软实力的载体，我们要用现代手段来扩大这些历史文化古迹的影响力，发挥我们的创造力，打造北京的影响力。二是现代的城市文化。世界城市的现代文化就是要集中反映当代国际社会普遍公认的价值观念，北京奥运会已为北京建设世界城市必须具有的独特文化打下了坚实的基础。"人文北京、科技北京、绿色北京"三大理念全面集中地反映了社会公认的文化理念，正在成为北京现代文化的基础。三是城市的商业文化。要特别注意打造具有世界知名度的高端商务区，高端商务区是整个现代商业高端文化载体。这方面北京已经迈出了重要步伐，10 年前北京就开始在朝阳区打造中央商务区（CBD），希望北京以 CBD 为起点，打造出一个具有世界知名度的高端商务区，打造北京的"金融城"、"华尔街"和"银座"。北京以厚重的历史文化为载体，以丰富的奥运三大理念为基础，以高端的国际化 CBD 为起点，一定可以打造建设世界城市的文化软实力。

北京将抓紧出台贯彻落实中共六中全会精神的意见，以打造社会主义先进文化之都、建设具有重大国际影响力的文化中心为目标，发挥首都作为全国文化中心的示范作用，提高文化自觉，增强文化自信，推动六大改革创新，实施六大发展战略，搭建六大发展服务平台，统筹处理六大关系，制定出台"1 + X"政策体系，加快首都文化改革发展步伐，不断巩固提升首都文化中心地位。这为北京建设世界文化之都提供了政治保证。

二、北京文化旅游资源盘点与体系

（一）北京文化资源扫描

北京建设世界城市必须是将世界性和民族性、普遍性和特殊性进行有机结合。其内涵一方面要求城市具有世界性，主要是体现在其功能上，体现为城市在世界经济、社会发展的地位和作用上，同时又要求世界城市必须具备民族性，民族性主要体现在其特有的人文内涵上，也就是城市的历史性和文化性上。只有世界性、没有民族性的城市就失去了特色和根脉；只有民族性、没有世界性的城市就可能游离于世界现代化潮流之外，就没有世界城市的建设发展。

北京作为世界城市建设的最重要条件，就是其拥有国内其他城市难以比拟的代表中华民族文明的深厚历史文化。北京距今有着 3000 年的历史，孕育了其独特的皇家文化、京城文化、现代文化。近代以来北京作为中国的首都，其文化吸引着国内和世界各地的游客纷纷到此，21世纪现代化的发展，又促进了北京文化事业向文化产业的发展。对此，首都各界专家从20世纪80年代就开始对首都文化进行解读、分析。如朱自清的大、深、闲的特色论，冰心的独特魅力论，林语堂的自然、艺术、日常生活三要素论，老舍的空间自由论，梁思成的伟大中轴线论等。综合分析文献，主要从社会学、政治学和历史学三个角度对北京文化进行了分析。

1. 社会学角度

1986年，北京社会科学学院、北京历史学会、北京史研究会邀请首都部分专家和理论工作者，就研究北京文化史的问题举行了首次学术讨论会。会上，阎崇年提出北京文化实质是农耕文化和游猎文化、京师文化和地区文化、中华文化和外来文化的交汇点。① 阎崇年曾于1987年、1995年发表《古都北京》一书，1989年发表《燕步集》概括出北京文化四个特点：一是历史悠久、源远流长；二是主客分明，布局宏大；三是宫殿园林，珍宝荟萃；四是各个民族，熔冶一炉②。张立文则从中国文化的视角提出北京文化的三个特点，即悠久性、保守性、厚存性③。徐大龄从北京文化具有三个基本特征——悠久的文化、封建的文化、新文化来阐述如何批判继承、吸收扬弃北京文化④。丁守和认为北京在近代以来在全国的地位和作用更为重要，因此研究北京地区文化应以近代以来为重点⑤。

1990年，丁守和和劳允兴主编了《北京文化综览》，该书按照历史阶段（远古至1949年）分别讲述各个时期的北京文化内容，包括文学、艺术、体育、语言等，如图2－1和表2－5所示。

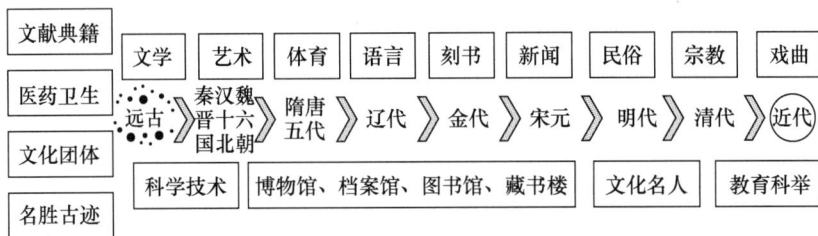

图2－1 《北京文化综览》主要内容

① 阎崇年. 北京文化的重要位置与历史特点 [J]. 北京社会科学, 1986, (3)：161－163.
② 阎崇年. 古都北京 [M]. 北京：朝华出版社, 1995：2－3.
③ 张立文. 谈谈北京文化的特点 [J]. 北京社会科学, 1986, (3)：160－161.
④ 许大龄. 谈北京文化的三个特征 [J]. 北京社会科学, 1986, (3)：156－157.
⑤ 丁守和. 研究北京地区文化应以近代以来为重点 [J]. 北京社会科学, 1986, (3)：157－158.

表 2-5　北京文化资源（远古至 1949 年）

类型	内容
文学艺术	青铜铭文、珐琅、玉器工艺、鼓词、绘画、书法
戏曲	金院本、元杂剧、京腔、相声、评书
语言	北京话、官话、满语、普通话
教育与科举	科举考试、书院、京师大学堂、国立北京大学、国立清华大学、私立燕京大学、
科学技术	《授时历》、《古今图书集成》、大木琉璃技术
体育	击鞠、冰嬉、蹴鞠、杂耍、骑射
医药卫生	协和医院、同仁医院、儿童医院、四大名医
新闻	《京话日报》、《国风日报》、《世界晚报》、《新青年》、《国民》
刻书	官署刻书、私人作坊刻书
宗教	北京四大教堂：北堂、南堂、东堂、西堂
民俗	庙会、豆汁、四合院、会馆、全聚德
博物馆	故宫博物馆、中国历史博物馆、北京国货陈列馆
档案馆	故宫内阁大库、顺天府档案、军机处档案
图书馆	北京图书馆、北京大学图书馆、清华大学图书馆
藏书楼	群碧楼、观海堂、藏园藏书
文献典籍	《水经注》、《东林始末》、《四库全书》、《康有为上皇帝书》
文化团体	强学会、新月社、梨园公所、中国地学会、尚志学会、伊斯兰学友会、宣南诗社
名胜古迹	故宫、王府、坛庙、中南海、颐和园、圆明园、长城、周口店猿人遗址
文化名人	胡适、林语堂、梁思成、华罗庚、齐白石、斯诺

资料来源：丁守和，劳允兴. 北京文化综览［M］. 北京：北京师范大学出版社，1990，58.

　　刘勇用"京味儿"来概括北京文化，包括饮食文化、建筑文化、园林文化、娱乐文化、戏剧文化、庙会文化等。同时按照地域、来源、历史形成、载体的不同来划分北京文化的构成部分。并提出老北京市民所保有的观念、习惯是北京文化中相对凝固和完整的因素，是北京文化深厚坚实的根基。最后作者总结出北京文化是一种依靠道德维系的、基于人情礼数的文化，它包含着人的尊严、人间的温情以及中国人特有的生活方式，代表着中国人传统的理想和希望①。

　　郭勉愈认为 20 世纪 20 年代即北平时期，满汉民族的融合、贵族文化和平民文化互相吸纳，形成了最浓厚、最地道的老北京文化氛围；当时老北京人，既有

---

　　①　刘勇. 从历史深处走向现实与未来——对北京文化独有魅力及发展态势的思考［J］. 北京师范大学学报（社会科学版），2004，（1），99-106.

汉族朴实厚道的古风，又有旗人谦恭多礼的品性。如见面请安问好的热络，提笼架鸟的悠闲，年节丰富的习俗，市井热闹的吆喝叫卖，庭院里的天棚、鱼缸、石榴树等。这些构成现在所说的京味文化氛围①。赵晓阳通过在北京生活的外国人留下的记录北京生活的外文文献，同时结合中文文献来分析北京在外国人眼里所具有的文化特征，即多元北京文化特性②。

王一川提出北京市民文化，即胡同文化是北京文化的一个组成部分。其次笔者发起了一次通过对全国在校大学生中外文化符号观的问卷调查中，对北京文化符号也进行了一次调查统计。如表2－6所示。笔者认为，从时间的古今演变角度，有三种文化形式：第一，属于故都北京的文化符号有京剧、长城、故宫、圆明园、颐和园、天坛，至今仍富有象征力量的历史文化符号。第二，属于现代北京的文化符号有北京奥运会、鸟巢、神舟飞船、北大清华、CCTV、联想、春晚、百家讲坛、水立方、同一首歌。第三，现在北京依旧活跃着的故都文化符号偏少，只有胡同文化和同仁堂③。

表2－6　北京文化符号类型

类型	符号名称
历史、博物类	京剧、长城、故宫、圆明园、颐和园、天坛、胡同文化
大众传媒或时尚类	CCTV、春晚、百家讲坛、同一首歌
体育类	北京奥运会、鸟巢、水立方
产业品牌类	联想、同仁堂
高科技类文化符号	神舟飞船
高等教育类	北大、清华

王东、王放对北京文化和北京精神进行了新的解读，作者从北京文化的九大特点和三个层面来论述北京文化：

（1）风水宝地，生态多样——北京自然山水的显著特征。

（2）人类文明，东方源头——北京文化起源的独特世界历史地位。

（3）都市文化，源远流长——北京城市文化起源上的历史特点。

（4）六朝古都，皇家气派——北京文化最为显著的历史特点。

（5）长城运河，双龙交汇——北京最为独特的人文景观。

---

① 郭勉愈. 大院与北京文化［J］. 北京师范大学学报（社会科学版），2005，（4）：119.

② 赵晓阳. 完整北京城和多元北京文化的探讨和途径——以北京学研究中的外文资料为中心［J］. 北京联合大学学报，2008，（6）：70－73.

③ 王一川. 北京文化符号与世界城市软实力建设［J］. 北京社会科学，2011，（2）：6－7.

（6）纵横中轴，胡同小院——北京城市格局的突出历史特征。

（7）祭坛寺庙，东方神韵——北京特有的宗教文化历史底蕴。

（8）政治文化，交往中心——北京在近现代中国的独特历史地位。

（9）古今中外，文化熔炉——北京城市功能的独特之处。

2. 政治角度

北京作为中国的首都和六朝古都，其文化中必然有其政治特性。2002 年 5 月，中共北京市第九次党代会上报告指出：就文化本身的基本范畴而言，首都文化是一个包含了思想道德、教育科技、宣传文化事业和文化产业、精神文明创建活动在内的广义的文化，它涵盖了党的建设、精神文明建设和宣传思想工作的全部内容。报告第一次明确规定了北京文化建设的基本内涵是："牢牢把握中国先进文化的发展趋势和要求，实践'三个代表'重要思想，继承弘扬中华民族优秀文化传统和人类社会创造的一切先进文明成果，立足于首都现代化建设的实践，着眼于满足人民群众精神文化需求。"并提出，北京文化的基本特征是："博大精深、兼容并蓄、与时俱进、争创一流。"

3. 历史角度

从历史角度看，北京的文化资源可分为以下几类：

（1）世界文化遗产。是指由联合国教科文组织按照《保护世界文化和自然遗产公约》指定的文化遗产。

（2）国家、市、区县指定的文物保护单位。全国重点文物保护单位由国务院文物行政主管部门（国家文物局）在北京市文物保护单位中选择或直接确定；市级文保单位由市人民政府确定；区县级文物保护单位由区县人民政府确定，报市政府备案。

（3）普查登记文物。北京市政府定期组织开展文物普查工作，区县人民政府负责定期对其行政区域内的不可移动文物进行普查登记。尚未核定公布为文物保护单位的不可移动文物，由区县级人民政府文物行政主管部门登记公布。

（4）挂牌保护院落。2002 年，北京市对旧城内现存的四合院展开调查。制定了"现状条件较好、格局基本完整、建筑风格尚存、形成一定规模、具有保留价值"的保护院落认定标准。

（5）优秀近现代建筑。2004 年，国家建设部和《北京城市总体规划（2004～2020）》中提出了该项保护类别，指从 19 世纪中期至 20 世纪 50 年代建设的，能够反映城市发展历史、具有较高历史文化价值的建筑物和构筑物。

（6）地下文物埋藏区。针对北京地下文物保护工作薄弱的情况，划出地下文物埋藏区进行保护。

（7）历史文化保护区。是指由市政府核定公布并报国务院备案的保存文物，如特别丰富并且具有重大历史价值或者革命纪念意义的城镇、街道、村庄。

（8）历史文化名城。是由国务院核定公布的保存文物，如特别丰富并且具有重大历史价值或者革命纪念意义的城市。1982年，北京市被公布为国家首批历史文化名城。

历史文化名城包括旧城整体和市域历史文化资源。旧城整体主要包括传统城市中轴线、"凸"字形和四重城郭、皇城、历史河湖水系、棋盘式道路网骨架和街巷胡同格局、平缓开阔的空间形态、重要景观线和街道对景、传统建筑色彩和形态特征、古树名木及传统绿化；"胡同—四合院"传统居住形态。市域历史文化资源主要包括城市"山水格局"、风景名胜区、市域历史河湖水系、城市遗址和城池格局、非物质文化遗产。

4. 北京文化资源小结

根据以上文献分析，北京文化是多元的、开放的、包容的，是中华民族文化整体的一个重要组成部分。但是从某种角度（全国或国际）来讲，北京文化又突出代表着中华民族文化，是中华民族文化的一个浓缩或精华。北京文化在历史发展中，兼容各民族文化，同时与时俱进，吸收现代元素。所以北京文化呈现出"大"和"和"的特征。

（二）北京文化旅游资源

文化是旅游的灵魂，旅游是文化的载体。特别是在北京，两者之间更存在着密不可分的联系。距今3000多年的建城史、800余年的建都史，赋予了北京丰富的历史文化资源，现代北京的发展，又让这座城市成为时尚文化之都、文化创意之城。历史与现代的交相辉映，给北京发展文化旅游提供了得天独厚的优越条件。从旅游角度分析，徐菊凤根据旅游资源的分类方法对首都的文化资源进行了分类，如表2-7所示。

表2-7　北京文化旅游资源

资源类型	资源名称
文物古迹： 　历史建筑 　宫殿城堡 　宗教建筑 　公共建筑 　陵寝建筑 　园林公园	A类：天安门、故宫、颐和园、圆明园、天坛、长城、明十三陵、雍和宫、毛主席纪念堂、人民大会堂、景山公园、北海公园 　B类：中南海、钟鼓楼、地坛、中山公园、恭王府、胡同四合院、四合院、白云观、戒台寺、潭柘寺、古观象台

资源类型	资源名称
博物馆： 民俗文化博物馆 艺术博物馆	民俗文化博物馆、艺术博物馆、中国历史博物馆、中国科技馆、中国美术馆、炎黄艺术馆、钱币博物馆、北京民俗博物馆、北京艺术博物馆、北京航空航天博物馆、北京自然博物馆、北京观复古典艺术博物馆、鲁迅博物馆、宋庆龄故居
旅游专题线路： 历史文化专线 艺术专线	北京三日游（游览故宫、颐和园、长城、明十三陵，看京剧、吃烤鸭）、胡同游
主题公园： 历史文化主题	公园世界公园、中华民族园、天下第一城、老北京微缩景园、明皇蜡像宫
考古类主题公园： 建筑公园	周口店北京猿人遗址
历史文化活动： 宗教节日 世俗节日 民间节日	白云观庙会、雍和宫佛事活动、牛街穆斯林清真寺、春节庙会、中秋节、重阳节
艺术活动： 艺术展览（表演） 艺术节日	针对旅游者的表演类：梨园剧场、天桥茶乐园、老舍茶馆、湖广会馆、北京之夜 面向大众消费者类：北京国际旅游文化节、北京国际音乐节、"相约北京"国际艺术节

杨培玉等则从开发北京文化旅游产品角度分析北京文化所包含的内容，包括文物古迹、民俗风情、文化艺术、饮食烹调、旅游购物、文化教育、奥运文化等各个方面。

吕亚静（2011）对北京的文化旅游产业及产品进行了分类，分为以下8类：

1. 北京的历史遗存

北京作为中国的六朝古都，荟萃了中国历史文化的优秀遗存，展示了现代中国首都的风采，长期以来对中外旅游者都具有很强的吸引力，如故宫、天坛、颐和园、长城、明十三陵等。

2. 北京的民俗文化

居住民俗，如什刹海的四合院和胡同；饮食文化民俗，如北京烤鸭和各种北京小吃；节庆习俗，如正月初一的饺子、初二的面条、初三的盒子、庙会等。

3. 北京的文化设施

近年来，北京剧场、文化馆、图书馆、文化广场犹如雨后春笋般拔地而起，首都图书馆新馆、北京广播电视中心大楼、世纪坛文化广场、长安大戏院等，为丰富北京市民的文化生活和旅游提供了坚实的基础。

4. 北京的文化艺术

北京已经有梨园剧场、天桥茶乐园、老舍茶馆、湖广会馆等多家专门为旅游者演出京剧、昆曲、杂技等中国传统曲艺的地方剧场，这些场所的布置、工作人员的服饰都具有民族和传统特色。

5. 北京的文化教育

大学，凝聚了一个城市的文脉。北京高校云集，有 70 余所，且清华、北大等学校景色优美，文化气息浓厚，吸引着国内外众多游客，象征着中国古代教育的国子监、孔庙等也极具吸引力。

6. 北京的文化旅游商品

小吃如北京酱菜、北京酥糖、北京烤鸭、茯苓夹饼、北京果脯；工艺品如牙雕、北京绢人、景泰蓝、玉雕、漆雕、宫灯、扇子京剧脸谱、皮影等。

7. 北京的城市建筑

老建筑如人民大会堂、中国革命历史博物馆、中国人民革命军事博物馆、北京火车站、工人体育场、中央广播大厦等，当代建筑如首都国际机场 T3 航站楼、国家体育场（鸟巢）、国家大剧院、北京南站、国家游泳中心（水立方）、首都博物馆、北京电视中心等。

8. 北京的街道社区

若想通过一座城市的物质面貌，深入感受它的灵魂气息，文化、艺术和时尚的汇聚地总是最佳场所。大栅栏、琉璃厂、南锣鼓巷、什刹海、天桥、秀水街、簋街，等等。

（三）北京文化旅游资源分类体系

根据以往对北京文化资源的研究，将北京文化旅游资源按如下标准分类：

第一，按物质文化、非物质文化、城市建设文化分类。除惯常的物质文化和非物质文化外，应将文化视野拓展到城市建设发展上，而不局限于传统的"文化"载体。

第二，按时间进程的文化类型分类。一是历史北京，主要是以二环内城为焦点，代表性的有故宫、长城、颐和园和圆明园皇家园林、历代皇室寝陵、胡同民居、老北京民俗文化等，可总结为以集权统治为核心，为其服务的皇都文化；二是现代北京，主要是以奥林匹克公园区域的现代标志建筑文化、国贸区域的现代商业文化、中关村科技创新文化、金融街现代金融文化等为代表，可总结为建设发展的文化；三是未来北京，主要是以 798 文化创意、三里屯和后海的休闲生活等为代表的生活文化、休闲文化，可总结为以人为本的文化。

第三，按文化影响的类型分类。一是有世界影响的文化中心，如欧亚大陆的中心、东亚儒家文化传播与聚集中心、社会主义阵营和东方红色文化中心等；二是有全国影响的文化中心，如中国北方游牧文化和南方农耕文化的交错带和集聚中心、六朝古都的中国文化中心、新中国建设发展中心等；三是中国北方的文化中心，如饺子等面食，相声、京剧等文艺形式，遛鸟、斗蟋蟀、茶馆等娱乐休闲形式，胡同、四合院等民间建筑文化，瑞蚨祥、同仁堂、内联升等商业老字号。

三、促进北京文化旅游融合发展的措施

目前文化与旅游的结合已经上升到国家层面，有了国家政策的大力支持，有了经济和文化产业发展的双重机遇，北京的文化旅游发展具备了"天时"；北京的特殊地位造就了灿烂辉煌的文化旅游资源，使北京的文化旅游发展具备了"地利"；北京市政府的重视和促进更使得北京的文化旅游产品开发具备了"人和"。在这三大有利条件基础之上，加强文化产业和旅游产业的合作，理顺旅游与文化的关系，进一步做大做强北京文化旅游无疑正当其时。

（一）完善组织机构，创新体制机制

北京虽然具有丰富的文化旅游资源，但这些资源归属于旅游、园林、文物、文化、教育和宗教等不同部门，以及中央、市、区各级政府管理，条块分割非常严重，导致资源无法有效整合，没有功能配套建设，文化旅游信息缺乏整合，无法为游客提供完备的旅游信息。因此，首先应该在组织和机构上保证北京文化旅游资源的永续发展，主要包括加强组织实施、完善制度机制、深化文化旅游体制改革、规范旅游文化市场秩序等方面，加强对文化产业发展的政策保障和体制机制保障，全面创造有利于文化旅游产业跨越式发展的良好环境。具体措施如下：

第一，成立文化旅游领导小组。为加强对全市文化旅游建设工作的领导，成立北京市文化旅游领导小组，由市委、市政府相关领导任组长，北京市旅游委、市文化委部门领导任副组长，文化、旅游相关的部门为成员。领导小组办公室设在市旅游委，主持日常相关工作。第二，建立文化旅游联席会议制度。由市文化旅游领导小组提议，相关部门建立文化旅游联席会议制度，定期召开由官方、业界和协会均参加的联席会议，协调处理相关工作，通过加强联席沟通，及时高效指导文化旅游向更高层次发展。第三，成立文化旅游协会。由市文化、旅游部门指导，由北京市旅游协会和北京市文化协会组织，吸收相关领域骨干企业和单位，成立市文化旅游协会，成为政府决策与业界和大众的纽带，推进文化旅游产业的行业自治和自律。第四，建立文化旅游发展基金。成立专门的文化旅游发展基金，为推进文化旅游资源的深度利用、维护、修缮和融资提供资金上的支持。第五，成立文化旅游产业大会。每年定期召开文化旅游产业大会，成为包括旅游产业交易会、文化展销会、贸易洽谈会等业界自由贸易的平台，进一步促进文化旅游产业的市场化发展。

（二）以旅游发展促进首都文化保护与传承

北京拥有悠久的历史文化资源，这些具有北京特色的文化资源，不仅有着丰富的历史和研究性的符号意义，通过有效的发掘利用，更是北京经济社会发展和世界城市建设的强大动力，是北京市持续发展的一笔巨大财富。旅游让文化深入浅出、传播活泼，不再晦涩难懂，而最重要的是，旅游发展能够有效促进文化资源的保护和传承。通过发展旅游业，在合理的开发利用中去实施文化保护，才能更好地实现文化的动态式保护和活态化传承。因此，以旅游活动的开展和旅游产业的发展，来保护、传承和发扬首都文化，是文化保护与传承的重要途径。

在保护重点上，主要是北京老城区和郊区民俗文化、生态文化。在保护和利用形式上，应强调少开发、多利用，尽量保持文化遗存的原汁原味。如对于二环内的北京文化遗存区域，可进行整体的文化旅游发展规划，强化对历史文化格局的整体保护，具体措施如保持原有的棋盘式道路网骨架和街道、胡同格局；注重吸收传统城市色彩特点，在原皇城范围内强调青灰色民居烘托红墙、黄瓦宫殿建筑群的传统色调；以故宫为中心由内向外分层次控制建筑高度，以保持旧城平缓开阔的空间格局等。而位于城郊县的文化景观，要依据其历史时间轴分别进行特色性的保护和开发。而对于非物质性的文化遗产，则应以各类民间文艺活动、文化旅游商品等形式，进行活态保护和传承。如发掘、整理传统的民间文艺活动项目，增加体现民俗风情方面的文化旅游项目；因地制宜地举办各种具有地方和民族特色的旅游活动，开发美食馆、旅游点文化演出等活动；展销民间工艺制作，包装形成系列"北京礼物"，发展具有北京味的旅游商品。

（三）分级遴选，推进一批重点项目建设

从全市到各区县，各级政区应遴选并重点推进一批文化旅游项目建设。从全市角度看，重点文化旅游项目主要包括以下几类：一是重点文化旅游主题区，如以故宫为核心、环绕四合院以及幽深的胡同为代表的老北京文化旅游区，以奥运公园和亚运村为核心、集中了反映北京现代化形象的现代文化旅游区，以香山、

八大处等为核心的西山文化旅游区。二是重大文化旅游建设项目，如长城文化旅游带，永定河、大运河等文化旅游走廊，后海、三里屯等休闲文化旅游区，CBD区域现代商务文化旅游区等。三是针对主要需求的几条主题线，如针对国际游客对北京和中国传统文化的探奇心理，组织以故宫、长城、钟鼓楼为代表的古建筑文化旅游线和以颐和园、圆明园、天坛、大观园等为代表的东方园林文化系列。四是推进北京新文化旅游运动，推动北京文化创新，促进文化的娱乐化开发、时尚化展示和现代化发展，如引进一批交友婚恋、爱情纪念、选美选酷、形象设计和时装设计比赛等时尚浪漫主题的娱乐文化项目；发掘、梳理和整合富有地域特色的文化资源，开发特色旅游娱乐产品，重点打造一批精品节庆和文化演出项目；推进文化上墙、上路、上车、进村、入户、入社区，营造入眼皆是"山水田园诗"、"京味古风图"的文化环境和浓郁氛围。

文化旅游项目的建设、规划和引导由政府主导，但实施和经营应落实到企业上。主要包括顶天立地的大企业和铺天盖地的小企业。因此，一方面，"抓大"，培育骨干文化旅游企业，倡导宣扬北京文化，将北京文化元素深刻运用到其经营中并以此为指导。鼓励有实力的文化企业或旅游企业以资本为纽带，实行跨行业、跨所有制兼并重组，形成一批有影响、有品牌、有竞争力的文化旅游企业或企业集团，打造一批具有较强国际影响力的"文化旅游航母"。另一方面，不"放小"，明确提出要扶持中小文化旅游企业，通过政府采购、信贷支持、加强服务等多种形式扶持中小文化旅游企业发展，形成富有活力的文化创意、设计服务、信息服务、艺术品展销、文艺演出等中小文化旅游企业群体，尤其是对北京老字号进行扶持。

（四）分类指导，有序开放公共文化设施

首先，应有序开放公共文化设施。在整体的规划指导和分类管理办法下，分类开放各类城市文化遗产、文博资源、主题文化艺术街区、社区公共文化场所。完善城市文化休闲环境，充分利用城市中的文化设施，如体育馆、文化馆、博物馆、科技馆、展览馆、城市广场等公共服务场所和文化设施，充分利用各类文化旅游休闲空间。

其次，应重点考虑社会弱势群体和低收入人群，提出有针对性的举措、政策进行分类指导。分类指导可根据年龄、人群来进行。分年龄：老人、中青年、少年儿童（学生）。重点是针对老人和少年儿童开放相关的专项文化产品和设施；针对学生以课程、学分设置和学假安排等方式开展修学旅游。分人群：高收入人群、中收入人群、城镇居民、农民工与农民等相对低收入人群。重点是对农民、农民工、一般城镇居民，通过针对性地减免相关设施门票等形式加以引导和促进。

（五）倡导参与，全面建设社区休闲文化

首先，注重社区文化休闲场所和设施建设。目前，除少数社区建有文体活动中心、社区公园、文化广场外，大多数社区对此无规划建设，导致居民休闲无去处，文化活动无场所。因此，应加大社区文体经费投入，有计划地规划建设中央文化休闲区、休闲社区、休闲街区、休闲公园和广场，与全民健身运动、社区文化设施建设等结合，提供更便捷的文化休闲空间。

其次，引导开展多种形式的社区文化休闲活动。积极引导、培育社区文化休闲组织，让社区充分享受现代旅游一条龙服务的便捷。充分利用民族民间节庆日，开展花会、庙会、灯会等文化活动，发挥传统民族民间艺术在休闲生活中的作用，扶持民间艺人和民办文艺团体发展，鼓励市民自编自演内容健康的文艺节目，积极组织开展广场文化活动。大力开发晚间文化休闲消费，开发晚间文化演艺、风味餐饮、康体健身、茶艺酒吧、休闲购物等夜间文化消费产品。在社区规划夜间文化消费聚集区，开发建设适应游客和市民休闲需要、满足市民文化需求的夜间游乐设施，激活晚间文化休闲消费。在各社区组建文艺队，挖掘、培养文艺骨干，定期组织开展寓教于乐、喜闻乐见的群体性文化活动，提升居民生活质量和水平。

（六）强化配套，完善文化旅游服务体系

首先，应强化建设文化旅游营销体系。北京文化形象的营造离不开城市政府部门，离不开城市方方面面的工作。应根据不同国家和地区不同市场需求，打造不同的文化特色，通过各种形式，如文化交流、形象推广、召开记者见面会、建立友好旅游城市等活动进行旅游形象的整体促销，选取有国际影响力的明星大腕做北京文化旅游的形象大使。旅游企事业单位和文化企事业单位要强强联合，共同促成联合营销。联合营销既有利于节约营销成本，也有利于北京整体形象的宣传与维护，从而营造良好的文化旅游氛围。

其次，应重点加强文化旅游信息网络等公共服务体系建设。北京游客中80%为散客，更需要准确的旅游信息、便捷的公共交通和完善的导游服务。因此，全市要建立旅游信息的汇总整合机制，将文艺演出、体育赛事、展览展会等各类活动信息进行汇总，通过北京旅游网，电台、电视台，进京的航班、火车、汽车，以及街区宣传栏、旅游咨询点、酒店、景区等各类旅游信息发布平台和渠道，及时发布展览展会、文艺演出等各类旅游活动信息及交通信息。另外，还要不断完善安全、便捷的旅游交通网络和景区景点导游解说服务体系。

四、推进北京文化旅游国际化和现代化的重点工程

以北京近年来的建设发展为基础，尤其是以 2008 年奥运会对首都北京的集中展示宣传为依托，从战略高度探索奥运对北京文化旅游发展的国际化展示、现代化示范以及推动旅游效应持续释放等一系列长远影响，并以三年至五年内将奥运场馆申报成为世界文化遗产、设立亚奥现代文化旅游示范区以及打造 2014 北京国际文化旅游年三大工程为依托，为北京旅游产业升级发展构建新平台，将首都北京和现代中国的发展成果奉献给全世界。

（一）以奥运场馆申报世界文化遗产为契机，构建北京文化旅游国际化展示的新平台

奥运场馆及相关的现代建筑群，是奥运文化和奥运精神的载体，代表了首都北京和现代中国的发展成就，对北京世界城市的建设和中外文明交流产生了重大影响。申报世界文化遗产有助于北京旅游发展的进一步国际化展示，应从三个方面着手：一是设立研究专题尽快形成申报的方案；二是多方联动、积极组织推进遗产申报；三是在申报过程中扩大影响，加速展示北京旅游的国际化。

1. 北京奥运场馆具备申报世界文化遗产的独特优势

世界文化遗产申报要求具备唯一性、代表性和传世性，北京奥运场馆及其蕴含的独特历史文化价值满足这些条件：

从唯一性来看，北京奥运无疑是历届奥运中的一个奇迹。第一，从建筑景观来看，以国家体育馆（鸟巢）、国家游泳馆（水立方）为代表的奥运场馆，以及国家大剧院、新中央电视台等现代建筑群不仅是盛世中国现代化发展的一个缩影，更是中外文明交流、合作的成果，具有独特的时代价值。第二，从投入来看，北京奥运会共投入近 350 亿美元，远高于历届奥运会的投入，几乎改变了北京这一中国首都城市的面貌。第三，从组织和参与程度来看，奥运期间有 50 万以上海外游客入境、五大洲共有 40 亿人收看奥运赛事，这无疑是一次重大的全球文化交流盛会。

从代表性来看，遵循绿色、科技、人文理念的奥运盛会，展示了我国当前在生态文明、科技创新与以人为本发展之路上的辉煌成就。旅游发展的资源基础一般认为有两部分，一部分是老天爷给的自然遗产，另一部分是老祖宗留下的历史文化遗产。北京奥运浓缩了现代中国的发展成就，创造了新时代的中国文化旅

游遗产资源。

从传世性来看，北京奥运是中国对外开放的重要一步，必将载入史册。在世界眼中，中国是一个充满神秘感的历史古国，但实际上，现今的中国更是一个充满活力的开放大国。北京奥运会为世界了解今日中国打开了一扇窗户，缩小了传统中国与现实中国的巨大认识落差，增进了中国与世界的文明交流。

2. 摸清家底、深入论证，尽快形成奥运遗产申报的具体方案

奥运遗产申报具体方案如下：一是成立奥运遗产申报的专家委员会，负责申报的前期研究、论证工作。二是加紧对奥运遗产的普查、认定，摸清申报的资源体系。文化遗产不仅停留在具体物化形态的简单罗列和展示层面上，如何深刻挖掘和全面地认识其所蕴含的价值、作用和意义至关重要。三是加紧对申报程序进行论证。正常的世遗申报程序包括地方组织申报、进入国家预备清单、按顺序每年从清单中挑选一个报 UNESCO 审批，一个遗产申报成功往往需要数年甚至更长时间，考虑到北京奥运的特殊性，应组织论证简化程序（至少在国内）的可行性。四是将以上研究论证结果汇总，形成具体的申报方案。

3. 联合行动、积极落实，尽快推进奥运遗产申报工作

抓紧时间、积极落实，争取将奥运遗产成为申报时间最短的世界文化遗产。第一，建议由北京市首先启动工作、进行宣传，引起政府和社会的重视。第二，奥运遗产申报涉及多部门、多区域，应全盘兼顾，统筹推进。考虑奥运遗产的时代性特征及其巨大的旅游经济效应，可以由国家旅游局牵头，联合国家文物局、国家体育总局、文化部、中宣部等相关部门，抽调骨干力量组成"奥运遗产申报工作组"，具体负责申报的实施工作。第三，从申报形式来看，奥运遗产申报有两种方案：各举办城市联合申报及北京市单独申报。考虑到宜联不宜独的原则，建议由北京、青岛等6个举办城市联合申报。各城市相应成立分领导小组和办事机构，由"奥运遗产申报工作组"领导、统一协调申报工作。

4. 以奥运遗产申报扩大影响、提升形象，推进北京旅游国际化展示的进程

奥运遗产申报的重要意义并不仅仅在于最终成功与否，更重要的是推进北京旅游的国际化进程，向世界展示中国的现代文明成就。第一，奥运改变了北京旅游形象，作为北京城市新形象、中国现代化发展的一种文化符号，奥运场馆申报世界文化遗产的过程就是向国际社会宣传、展示的过程。第二，奥运后北京应在强化奥运品牌和新北京形象上下功夫，让"奥运新北京"成为入境旅游的窗口，成为国际旅游推介和交流的国家名片。第三，世界文化遗产严格的申报管理要求，将有助于奥运场馆设施和精神文化遗产的国际化标准开发、规划和管理。第四，在奥运遗产地开展旅游，不仅是展示"遗产"的一种方式，也利于奥运遗产的持续性开发和保护性管理。

（二）以亚奥板块建立现代文化旅游示范区，构建旅游产业现代化发展的示范平台

亚奥板块集中了反映北京现代化形象的建筑群，在奥运举办过程中形成了一系列现代化的文化旅游产品、旅游业态、运作模式和管理方式，应加紧进行研究、规划、建设和宣传工作，设立为现代化的文化旅游示范区，并以此为旅游发展机制的现代化改革提供示范平台，推动我国旅游的现代化发展。

1. 深入研究、高起点规划，确立旅游示范区的建设内容

第一，深入研究包括产品开发、产业发展和运作管理在内的现代化文化旅游示范内容。初步来看，亚奥旅游示范区至少包括四个方面的现代化文化旅游产品，一是最直接的奥运体育旅游产品系列，二是奥运文化旅游产品系列，三是后奥运的旅游产品系列，四是整体展示奥运北京与现代中国形象的旅游产品系列。从业态形式看，以奥运场馆为龙头的亚奥板块积聚了体育休闲、科教科普、文化创意和高端商务等类型。从运行管理机制的突破来看，主要表现在市场化的投融资机制、国际化的资源组合方式，以及全民参与的运作机制。第二，对示范区的发展目标、建设范围和功能布局等进行高起点规划。对亚奥文化旅游示范区应按照"产品现代化、发展集约化、管理科学化"的原则，体现"政府指导、企业运作、专家参与、市民受益"的发展思路，精心设计、合理布局，为示范区建设奠定高品位的起点。

2. 加强指导、强化功能建设，树立现代文化旅游示范区的示范标杆

亚奥现代文化旅游示范区的建设是一项开拓性、综合性的工程，必须切实加强领导，建立可行的示范模式，强化产业、行业的示范功能建设。第一，构建"部门、地方、学界和园区"四位一体的管理模式，加强组织领导。建议由北京市首先成立"示范区创建工作组"启动工作，由国家旅游局成立"示范区创建指导小组"进行指导，由学界推荐专家组织"示范区创建咨询委员会"提供业务咨询。创建工作启动后，设立"示范区工作委员会"，建立各方联席会议制度，加强对示范区建设的领导和协调。第二，建立产、学、研一体的现代旅游发展示范模式。以现代化的旅游发展和示范为课题，以建设奥林匹克学院、奥林匹克博物馆为龙头，与相关研究院校合作，为现代文化旅游发展的产、学、研有效结合创造条件，形成学界、商界和政界一体化推广的示范模式。第三，从投资机制、项目建设、业态引领、产业带动等各方面取得突破，强化示范功能建设。实行社会化融资、企业化经营，以奥运场馆的会展商务开放、奥运公园地区的休闲文化开发等大型项目推进整体建设，引领旅游发展的高附加值转型，带动亚奥板块的体育休闲、文化创意和商务会展等新兴产业发展，实现旅游发展效益的最优

化和功能的综合化，为我国旅游现代化发展树立示范标杆。

3. 大力推广、形成影响，推进我国旅游发展的现代化进程

依托亚奥现代文化旅游示范区，大力推广现代化的文化旅游经营理念、管理模式和操作方式，推动北京旅游业的现代化发展，增强我国旅游的国际竞争力。第一，抓住奥运后的长期旅游效应，通过市场推广和社会传播形成现代文化旅游发展的社会氛围。第二，邀请国内旅游界各种考察团、观光团访问考察，对旅游现代化转型进行主动推广。第三，以示范区为研究基地和对象，形成一批旅游现代化转型发展的研究成果，通过旅游教学、研究扩大影响，形成持续关注。第四，塑造成为中国旅游业转型升级典范的形象，积极争取在示范区召开中国旅游业现代化发展专题研讨会。第五，以示范区为模板，积极研究制定《我国现代文化旅游发展战略》、《城市现代文化旅游发展指南》等战略、标准和指导意见。第六，借助电视、报纸、杂志等大众媒体做足宣传推广。

（三）打造 2014 北京国际文化旅游年，促进北京世界一流旅游城市建设

奥运会的全球性吸引和世界性关注，让北京知名度大增，中国国际形象大幅提升。打造 2014 北京国际文化旅游年，构建国际化的旅游和文化交流平台，促进北京世界一流旅游城市建设。具体可从三方面着手，一是强化奥运后的国际旅游营销，二是大力推广 2014 国际文化旅游年，三是做好 2014 国际文化旅游年的筹备工作。

1. 强化奥运后国际旅游营销，持续提升北京国际旅游形象

奥运后北京国际旅游形象的进一步提升，依赖完善的旅游营销和形象推广战略的制定和实施。在后奥运时代，要延续奥运的主题风格，在世界范围内采取多种形式推介"奥运北京、奥运中国"形象，全力打造奥运旅游品牌，发展多样化、特色化、代表北京与中国文化内涵的旅游产品。借鉴历届奥运经验，可以考虑从以下六个方面入手：一是要树立旅游的全球营销观念。二是充分开发奥运场馆和奥运村等奥运遗产的文化旅游功能，打造"奥运之旅"旅游专线。三是利用新的与奥运文化有关的节事产品，创新组织，开展新的会展节庆旅游。四是与海内外传媒建立有效的联系，吸引传媒人士参观访问，推介北京甚至中国的文化旅游资源。五是通过与奥林匹克组织及相关机构的联盟，推广新北京和现代中国的形象。六是通过举办国际会议等活动，推动高端商务旅游市场的发展，提升旅游产品的附加值。

2. 大力宣传推广，为 2014 国际文化旅游年预热

通过主动营销和境外游客口耳相传，并随着金融危机中中国作为"负责任大国"国际形象的提升，新一轮的"中国旅游热"必将进一步激发世界了解新北

京、了解现代中国的愿望。抓住这一发展形势和机遇，打造 2014 中国国际文化旅游年，进一步着力进行国际旅游营销推广，必将长久惠及北京旅游，尤其是入境旅游的发展。第一，与文化、商贸、外事等部门合作，将 2014 北京国际文化旅游年与相关部门的日常工作进行捆绑。第二，设立专门机构，对新北京的经济发展、历史文化、自然风光等旅游形象进行整体宣传，提前造势。第三，政府搭桥，组织官方与半官方的团体以访问等形式直接或间接进行旅游促销，以促使举办地游客对北京有更全面的了解。第四，"走出去"与"请进来"相结合。在赴客源地进行宣传的同时，还应邀请客源地有关政府官员、新闻界、旅游企业同仁等进行考察。第五，利用现代传媒手段，发挥电视、广告、互联网等高新科技和信息传递手段，最大限度地推广 2014 国际文化旅游年，提升旅游年的知名度和影响力。

3. 积极动员，精心筹备 2014 北京国际文化旅游年

以国际旅游推介为主线，通过开展一系列国际旅游宣传活动，推进一批重点文化旅游项目建设，促进北京入境旅游经济快速发展。提高认识，明确目标，全面推进 2014 国际文化旅游年活动。打造国际文化旅游年，是在奥运后北京国际旅游形象提升、旅游品牌升值这一利好情况下的重要举措，对于促进北京旅游产品多样化、旅游产业现代化和旅游市场国际化具有重要意义。加强领导，协同配合，整体推进国际文化旅游年各项活动。成立国际文化旅游年活动领导小组，各区县建立相应的组织协调机构，落实工作责任。发挥奥运品牌优势，筹备一系列重大的节事活动推进国际文化旅游年工作。如筹备"中国北京国际文化旅游节"、宣传促销活动，营造浓厚的旅游氛围。建立健全多元化投融资体制和运作模式，抓好重大旅游项目建设。全方位、多渠道、广范围筹集国际文化旅游年的项目开发建设资金，抓好奥运场馆二次开发利用等一批重大旅游项目建设。

第三章

北京市文化创意旅游发展模式与对策

一、文化创意旅游的发展背景

（一）文化创意旅游的产生及国内外发展情况

随着旅游业的迅速发展和体验经济时代的到来，人们的生活观念也随之发生改变，旅游消费活动呈现个性化和多样化的发展趋势，旅游者求新、求奇、求异、求知，注重体验以及文化精神的追求，文化逐渐成为人们旅游需求的重要内容。同时，由于创意能够给旅游活动注入无限的生机与活力，各国重视创意产业的发展，英国有关创意产业的定义（1998）为："起源于个体创意、技巧及才能，通过智慧财产权的生成与利用，而有潜力创造财富和就业机会的产业。"创意产业具有很强的渗透力，可以和多种产业相融合，提高其观念价值，目前在国外是发展势头最为强劲的产业，中国也逐渐兴起。一般来说，文化创意产业主要涉及影视制作、出版发行、广告、演艺娱乐、数字动漫、工艺美术、旅游休闲、商务会展等行业和领域。在创意理念的引导下，将智力因素与旅游资源完美结合，通过对旅游资源要素的重组，用情景化和动态化的理念进行重新定位，以进一步增强原有产品的服务体验性和吸引力，以不断适应日益变化的市场需求。任何一种旅游创意活动，都要在一定的文化背景下进行，但创意不是对文化的简单复制，而是依靠人的灵感和想象力，借助科技手段对传统文化资源的再提升。

旅游业是一个关联度强、产业链长的产业，文化与旅游的本质属性决定了两大产业之间密不可分，相辅相成，具有相互融合、共同发展的条件。"二战"后，各国产业机构调整和优化升级的需要推动了第三产业的发展，形成了以消费空间来拉动经济的发展模式，但由于手段的缺乏和创意的不足，造成旅游的内容和经营模式的同质化竞争，不仅没有拉动经济，反而失去了地域的特殊性。因此，加快转变旅游产业发展模式，促进旅游目的地文化产业与旅游业的融合成为旅游业发展的重点，文化创意旅游由此兴起。文化创意旅游产业是文化创意产业与旅游产业相融合的结果。旅游业作为以满足人们愉悦需求为根本目的的时尚产业，无论是产品开发还是宣传促销，都与创意产业密切相关。促进文化创意产业与旅游业的融合发展，不仅可以延伸旅游产业链条，提升产业文化内涵，同时可以促进文化产业化，促进一个国家或地区文化软实力的提升。总之，将文化创意融入旅游业中，用文化创意来带动旅游业的发展，将成为今后旅游业发展的趋势。

文化创意旅游也称为创意旅游，是用创意产业的思维方式和发展模式整合旅游资源、创新旅游产品、锻造旅游产业链。[①] 联合国教科文组织全球创意城市联盟（UNESCO Creative Cities Network）给出的定义为："参与导向的、真实体验旅游地的艺术、遗产或特色风情的旅行。"20 世纪 90 年代以来，在体验经济成熟、知识经济发展、文化和创新得到全球重视的时代背景条件下，创意产业迅速发展起来。[②] 旅游与创意产业结合成为文化创意旅游产业，其发展前景得到了英国、世界旅游组织、欧盟旅行委员会等的重视。[③] 国外文化创意旅游产业的发展往往有以下一些手段：首先，许多旅游目的地用标志性建筑来彰显地方形象，如英国北部的 Gateshead 用北方天使雕塑；其次，城市用经营某种文化主题来凸显自己，如纽约把自己定位于世界文化中心，英国谢菲尔德打造狂欢城市。另外，利用世界杯、全球文化论坛等大事件来塑造和提升城市形象，以及通过对历史建筑遗迹文化的重新整合来打造自身，如意大利的佛罗伦萨。

近几年来，受国际文化创意旅游发展的影响，国内的创意旅游实践也得到了很大的发展，其中最具影响力的是"印象系列"。"印象系列"是由张艺谋、王潮歌、樊跃组成的文化创意团队在旅游目的地政府的支持下，以当地的实景山水为背景，利用当地的民间文化资本和群众演员共同参与打造的系列创意旅游项目，其中最成功的演艺项目是广西阳朔的"印象刘三姐"。"印象刘三姐"不是一次旅游产品的简单创新，它开创了一种新的文化旅游体验模式，也可以说是一种全新的艺术形式。在"印象刘三姐"之后，浙江的"印象西湖"、云南的"印象丽江"、海南的"印象海南岛"、福建的"印象大红袍"等相继诞生。除"印

---

① 厉无畏，王慧敏，孙洁．创意旅游：旅游产业发展模式的革新 [J]．旅游科学，2007，21（6）：1-5.

② Ray C. Culture, Intellectual Property and Territorial Rural Development [J]. Sociologia Ruralis, 1998 (1)：3-20.

③ Richards G. , Wilson J. Developing creativity in tourist experiences：A solution to the serial reproduction of culture [J]. Tourism management，2006，27（6）：1209-1223.

象系列"之外，河南的"禅宗少林·音乐大典"、张家界的"天门狐仙"、陕西的舞剧"长恨歌"等大型旅游演艺项目在中国迅速发展起来，又给创意旅游增添了新的内容。项目投入越来越大，技术手段和艺术表现形式不断创新。以上几个具有国内创意旅游代表性的案例反映了文化创意旅游在国内的蓬勃发展。

以"印象系列"为代表的中国山水实景旅游演艺项目，是一种基于自然和文化遗产，用创意的方式整合旅游资源，创新旅游产品和体验方式，艺术表现鲜明、智力含量高、具有原创性的旅游开发新模式，是文化创意与旅游相结合的一种典型模式。它是中国旅游为世界旅游做出的一项卓越贡献，它们创造了中国旅游的一个品牌，也是中国旅游进入文化创意旅游时代的一个标志。

国内外的发展实践表明，文化创意旅游产业发展迅速、前景广阔，但也面临着文化和经济的双重风险，出现了过度投资、大量复制、恶性竞争、文化破坏等严重问题。

（二）文献综述

文化创意旅游作为文化创意产业和旅游业结合的新型经营模式，给各个国家和地区的文化创意经济和旅游经济提供了创新性的发展思路和实现手段。

1. 国外文化创意旅游研究

最早提出将文化创意融入旅游业的是 Pine 和 Gilmore，在其著作《体验经济》中提出：在体验消费时代，文化旅游产业中的供应商之间的激烈竞争会引导他们把产品供应提高到一个新的阶段。经营者利用创意手段和过程，通过引导游客体验去完善自己，来创造新型的经济价值。[①] 而创意旅游的概念是由 Richards 和 Raymond 于 2000 年最早提出的，将其定义为：在旅行过程中通过积极参与、学习体验从而达到发展旅游者创意潜能的活动。也有部分学者认为创意旅游实质上来自文化旅游概念。[②] Richards（2005）认为创意旅游的最大特点在于主动地学习而非被动观赏，在实现自我发展的同时也促进了经济发展。[③] Landry 和 Gnedovsky（1997）认为，制造业和传统工业的衰落意味着经济急需新的收入源泉，文化创意旅游作为一个全球性品牌，是一个有着巨大收入潜能的产业，可通过现代化管理、城市推广、旅游基础设施建设来推广。[④]

随着文化创意产业的发展，出现了许多以城市为集聚点的产业聚集区，

---

① Pine B. J. , Gilmore J. H. The Experience Economy ［M］. Harvard University Press, 1999.

② Richards G. C. Creative Tourism ［J］. ATLAS News, 2000, （23）: 16 – 20.

③ Richards. G. Creativity: A New Strategic Resource for Tourism ［J］. International Journal of Cultural Policy, 2005, （9）: 32 – 43.

④ Landry. C. , Gnedovsky M. Strategy for Survival: Can Culture be an Engine for St Petersburg' Revitalisation ［M］. Unpublished Discussion Paper, 1997.

Landry（2000）提出了"创意城市"（creative city）① 这一概念，他认为文化创意产业的空间集聚不仅可以提升城市影响力，重塑城市形象，还可以优化城市整体布局，从而重绘城市。此外，还有许多学者对各国的创意旅游实践进行了研究，并提出了一些不同的观点。Davie（2002a）介绍了南非文化创意旅游的发展情况。首都约翰内斯堡的市中心开始向一个大型艺术馆发展，在道路两旁的建筑物墙体上大约有 70 件大型壁画展出。这一活动的宗旨是将约翰内斯堡打造成非洲艺术文化中心，以此来加强其城市旅游业的地位②。Russo（2002）认为，文化创意旅游中的遗迹开发战略给城市造成了困扰，如威尼斯历史遗迹游中的"恶性循环"。宣传导致游客人数激增，使得游客的旅游环境和体验大大降低，甚至导致了文化古迹的破坏。③

近年来，虽然国外的文化创意旅游发展得很好，但是在文化旅游创意产业方面还有不足之处，并且缺乏理论和实际经验的论证，实际发展没有相应的理论知识作为支撑，因此，要想突破旅游产业发展的"瓶颈"，实现文化创意旅游产业的大发展还存在一定的困难。

2. 国内文化创意旅游研究

国内学界虽然对于文化创意产业研究理论较多，但对于作为文化创意产业重要组成部分的旅游文化产业研究较少。对文化创意旅游的研究兴起于近 10 年，研究处于起步阶段，且大多数学者仅进行了内涵、特征，创意旅游发展形式及部分地区发展模式，文化创意旅游产业的发展形态，旅游产品的创意开发，发展文化创意旅游的意义及相关对策的研究。

2001 年，刘健和应月芳进行了初步的尝试性的研究，试图在旅游开发规划中找到文化创意旅游发展的方向；2005 年，众多学者对上海、北京等若干地方、若干问题进行了思考，正式开始对文化创意旅游进行研究；2006 年，学者们开始进行文化创意旅游产业发展的各种模式研究，并提出了相关的发展模式；2007年、2008 年，文化创意产业与旅游业的融合模式研究、创意旅游产品的开发、文化创意旅游发展对策及意义成为研究重点；2010 年、2011 年开始有了旅游文化创意营销，另外有学者在心理学角度进行了文化创意旅游研究，开辟了新的方向。

（1）文化创意旅游产业内涵、特征研究。我国学者厉无畏等（2007）认为，创意旅游是一种发展模式，是用创意产业的思维方式和发展模式整合旅游资源、

①　Landry C. The Creative City：A Toolkit for Urban Innovations［M］. Earthscan Publications Ltd.，2008.

②　Davie L. Turning the City into an Art Gallary［R］. Unpublished Discussion Paper，2002a.

③　Russo A. P. The "Vicious Circle" of Tourism Development in Heritage Cities［J］. Annals of Tourism Research，2002，（1）：165－182.

创新旅游产品、锻造旅游产业链①。周钧、冯学钢（2008）指出，创意旅游是一种旅游产品，是以旅游者与旅游目的地之间的创意性互动为核心要素的一项旅游产品，旅游者通过此过程实现知识或技能的输入，开发个人创意潜能，形成个性化的旅游体验及旅游经历②。王慧敏（2010）提出，所谓文化创意旅游是一种与传统的自然山水观光旅游不同的旅游发展模式，它以文化为核心，以创意为手段，以技术为支撑，以市场为导向，创造多元化的旅游产品载体，形成产业联动效应，促进城市和区域经济的文化创意化转型③。

潘善成认为，旅游文化创意产业是指文化创意产业在旅游领域的传承和延伸，它将创意元素有机地注入旅游领域，极大地延长了旅游业的产业链，促进了旅游业的多样化、深层次发展④。

关于创意旅游的特征，厉无畏等认为，相对于传统旅游发展模式，创意旅游有以下特点：强调对各类资源的多维化整合，强调对未来文化遗产的创造，强调对旅游消费潮流的引领和塑造，强调旅游产业链的拓展和延伸，以及区域整体价值的提升。周钧、冯学钢（2008）认为，创意旅游是以文化为本位的旅游产品，具有高品位、高流动性特点；创意旅游以产品中的创意元素为基准，具有双向性、高附加值；创意旅游需要旅游者与旅游目的地共同协作⑥。潘善成（2010）认为，旅游文化创意产业的特征，一是将旅游资源与文化创意有机结合在一起，促进旅游资源和文化创意的优势互补，带动旅游业长足发展。二是以创造性的产品延伸文化旅游产业链。三是将实景现场与高科技奇观相结合，充分利用山水楼阁亭台等原有的物质实景，加上高科技、声光电的改造，这些自然景观经过高科技改造，使观众能感受到一种视觉震撼⑦。孙刘伟、伍进等（2010）提出，旅游文化创意产业除具有文化创意产业的一般性特征外，其独特性主要表现在：第一，旅游文化创意产业基于创意元素与旅游元素的完美融合。第二，旅游文化创意产业的产品具有较高的体验性和参与性。第三，旅游文化创意产业具有较高的连带效应⑧。

（2）文化创意旅游发展形态及地方模式研究。赵玉宗等（2009）从时间尺

① 厉无畏，王慧敏，孙洁. 创意旅游：旅游产业发展模式的革新［J］. 旅游科学，2007，21（6）：1 – 5.

②⑥ 周钧，冯学钢. 创意旅游及其特征研究［J］. 桂林旅游高等专科学校学报，2008，3：（19）394 – 397.

③ 王慧敏. 文化创意旅游：城市特色化的转型之路［J］. 学习与探索，2010，（4）：122 – 126.

④⑦ 潘善成. 旅游文化创意产业成为旅游业发展的新空间［J］. 安徽农学通报，2010，9（16）：173 – 174.

⑧ 孙刘伟，伍进. 基于体验经济的桂林旅游文化创意产业发展研究［J］. 科技和产业，2010，10（10）：9 – 11.

度、消费内容、参与特征等角度分析，认为创意旅游的发展形态至少包括"创意景观"，它是创意旅游中最初也是最简单的一种；"创意空间"即指能激发旅游者创意灵感、帮助旅游者发掘其创意潜能的一个空间界限明晰的"飞地"，是一些以创意为特征的空间范畴①。高静、刘春济（2010）对理查德和威尔逊提出的创意旅游发展的三种形式作了进一步解释："创意展示"具有一定的创意或创新要素，往往以艺术、表演和节庆等活动为载体，以现场展演为表达方式。博物馆、艺术馆、各类节庆活动多属于这一范畴。"创意空间"以艺术、建筑及设计为载体，创意氛围浓厚，非主题化特征突出，游客置身其中可以形成互动式的多感官审美体验。创意产业园区是该类空间的主要代表。"创意旅游"是旅游的高级形式，往往需要与"创意展示"，特别是"创意空间"结合在一起。发展模式是抽象、宏观的路径问题，是发展形式的高度概括②。原勃、白凯（2008）提出，创意旅游产业的发展应遵从以传统文化旅游为基础，以创意资本为支持，以游客技能提高为导向，以创意活动过程为手段，以实现游客自我提升为目的的发展模式③。蒋莉莉（2010）认为，创意旅游发展模式，主要包括创意旅游的资源转化模式、旅游商品开发模式、旅游产业提升和城市功能转型模式、连锁经营模式、非物质文化遗产的保护性开发模式等④。李永菊（2011）指出，我国目前有四种发展形态：第一种是旅游文化演出，以桂林山水实景演出"印象刘三姐"为代表；第二种是旅游文化主题公园；第三种是旅游文化街区，如前门的文化街区，还有798、宋庄等街区；第四种是旅游文化节庆，目前发展较典型的如哈尔滨冰灯节、青岛国际啤酒节等⑤。王欣（2012）提出，文化创意旅游发展类型包括创意产品、创意设施、创意景观、创意活动和创意社区，对于文化创意旅游产业发展模式提出了文化流动性问题及文化资本固化机制以及有机更新模式⑥。

（3）文化创意旅游开发意义及相关政策研究。厉无畏等（2007）认为，创意旅游将引领旅游产业的转型，促进旅游产业价值体系的形成与增值，推动城市经济再上新台阶⑦。王慧敏（2010）指出创意旅游有利于扩大城市品牌的公信力和影响

---

①　赵玉宗，潘永涛，范英杰等．创意转向与创意旅游［J］．旅游学刊，2012，25（3）：69－76．

②　高静，刘春济．论创意旅游——兼谈上海都市旅游的提升战略［J］．旅游科学，2010，24（3）：12－19．

③　原勃，白凯．创意旅游理论与实践［J］．城市问题，2008，（11）：97－101．

④　蒋莉莉．文化创意旅游产业发展模式的国际经验研究［J］．商业现代化，2010，（628）：52－54．

⑤　李永菊．文化创意旅游产业的内涵［J］．集体经济，2011，（5）：137－138．

⑥　王欣，杨文华．文化创意旅游产业发展模式及北京市发展对策研究［J］．北京第二外国语学院学报，2012，（9）：30－35．

⑦　厉无畏，王慧敏，孙洁．创意旅游：旅游产业发展模式的革新［J］．旅游科学，2007，21（6）：1－5．

力，是城市特色化的转型之路①。周钧、冯学钢（2008）认为，创意旅游产品在一定程度上改变了我国当前观光产品居多的状况，有利于实现我国旅游业潜力的深度发掘，促进我国从旅游大国向旅游强国转变②。此外，多名学者指出，创意旅游是区域旅游发展的新思路、新途径，有利于区域旅游业的发展和旅游竞争力的提升。

（4）部分区域文化创意旅游研究。厉无畏等（2007）就上海发展创意旅游提出"构建四维链"的思路，即拓展"产业链"、延伸"空间链"、锻造"价值链"、秀出"主题链"③。王慧君（2011）做了文化创意旅游市域下的新疆旅游发展对策研究④。王欣（2012）对于北京市文化创意旅游发展现状及其对策进行了研究⑤。韩冰（2012）借鉴西方文化旅游创意，对于推进秦皇岛文化旅游发展进行了研究⑥。总之，我国众多学者对桂林、上海、广州、北京、张家界等地方的旅游文化创意进行了研究。

国内外学者的研究成果构成了今天文化创意旅游研究的基础，但纵观国内外相关理论的研究现状，文化创意与旅游发展的研究成果相对较少，具有很大的研究空间。在研究的对象和内容要素上，缺乏对文化创意旅游内涵的深层次研究；在研究方法上多是定性研究，缺乏定量及案例研究，缺乏产业融合、跨学科等视角的综合研究，以及文化创意与旅游业业态模式等的全程价值链的角度研究。

二、文化创意旅游的发展类型与模式

（一）基本类型

1. 创意产品（文化创意旅游产品）

主要包括主题公园、文化创意演艺、创意园区（具有旅游体验功能的）、个性体验产品、创意型旅游商品等具体类型。其中主题公园和文化创意演艺是较为

---

① Ray C. Culture, Intellectual Property and Territorial Rural Development [J]. Sociologia Ruralis, 1998, (1): 3 - 20.

② 周钧，冯学钢. 创意旅游及其特征研究 [J]. 桂林旅游高等专科学校学报，2008，3：(19) 394 - 397.

③ 厉无畏，王慧敏，孙洁. 创意旅游：旅游产业发展模式的革新 [J]. 旅游科学，2007，21 (6): 1 - 5.

④ 王慧君. 文化创意旅游视域下的新疆旅游发展对策 [J]. 新疆社会科学，2011，(6): 106 - 111.

⑤ 王欣，杨文华. 文化创意旅游产业发展模式及北京市发展对策研究 [J]. 北京第二外国语学院学报，2012，(9): 30 - 35.

⑥ 韩冰. 借鉴西方文化旅游创意，推进秦皇岛文化旅游发展 [J]. 华章，2012，(22): 39.

典型的形态。中国近年来主题公园发展很快，形成了包括深圳华侨城系列（世界之窗、中华民族园、欢乐谷系列）、陕西的大唐芙蓉园、杭州的宋城等一批投资大、创意水平高、旅游吸引力较大的主题公园产品。文化创意演艺产品除了前述的"印象系列"外，中国很多旅游目的地都投入巨资开发文化创意演艺节目，如河南嵩山"禅宗少林·音乐大典"、陕西西安"长恨歌"等。

2. 创意设施（文化创意旅游接待设施）

主要包括主题酒店和一些具有旅游体验功能的文化创意型餐厅、会所、酒吧等。主题酒店不仅是住宿设施，也是一种吸引物，在国内外已经有了很多案例。如北京的"长城脚下的公社"将长城文化内容以景观建筑的手法进行表现，给游客创造了十分特殊的住宿体验。2000 年左右，北京远郊的山区里出现了一些极具风格的度假设施，后来地方政府的旅游管理部门将其称为乡村酒店，是北京乡村旅游升级的一种业态。它和台湾民宿有相似之处——都有强烈的风格个性、浓郁的人文精神和鲜明的"主人风格"。例如在北京北部怀柔区的莲花池、官地等村庄附近，沿着山谷里的溪流，分布着上百家度假设施，其中的几个代表——山吧、枫情山水、那里、泰莲庭等，都具有前述的特征。

3. 创意景观（文化创意旅游景观）

创意景观大到创意地标或大地艺术，小到创意景观建筑、创意园林景观或创意景观小品。凡是景观设计莫不是一个创意的行为，创意景观主要是指赋予了创作者文化价值的创作类型。例如前述的长城脚下的公社，它既是一种创意设施，也是一种创意景观。创作者的文化体验理念是通过景观建筑的方式表达的，正如其他艺术家用绘画、音乐或其他方式表达精神世界一样。有些景观通过创意工作，呈现出生活中不常见到的样式，极具视觉冲击力，比如前述的山水实景演出即具有此类特征。

4. 创意活动（文化创意旅游活动）

创意活动包括创意节事，以及在旅游营销等方面采用的其他创意活动。北京市旅游发展委员会从 2012 年春节开始举办北京新年倒计时庆典活动，它以北京文化地标为载体，通过现代视觉技术的打造，营造特殊的景观效果和节庆氛围，并通过全球媒体运作向世界投放旅游营销信息，效果十分显著。

5. 创意社区（文化创意旅游社区）

创意社区是指以社区形态呈现的某种创意旅游体验空间，它一般包含前述的创意产品、创意设施、创意景观和创意活动。创意设施包括在城市中的创意街区（如北京 798 艺术街区），也包括创意聚落（如文化创意村、镇等）。

（二）基本模式

"旅游"与"文化创意"融合形成的文化创意旅游，具有较高的体验参与性和高附加值。文化是创意旅游的基础，创意互动是关键。由于文化创意产业与旅游业都没有明显的产业外延，并且产业类型多且核心价值差异大，根据两大产业的特征，可以将文化创意旅游的基本模式分为旅游的创意化和创意的旅游化，其核心均是生活方式和文化观念的输出。

1. 旅游的创意化模式

旅游的创意化包括旅游产品的创意附加和创意新旅游产品两种类型。旅游产品的创意附加是指在原有旅游产品的基础上附加文化创意内容以提升产品价值。例如，通过产品组合方式的创意重构、对产品进行文化注入或对旅游产品重新解读进行新产品的开发。

如"印象系列"、"禅宗少林·音乐大典"、"长恨歌"等旅游演艺的表现形式，主要是在政府的引导和支持下，通过多种类型的文化创意表现形式；戏曲、杂技、魔术、歌舞、动漫等，是运用各种高科技手段（如灯光、舞美、舞台设计等方面），将文化创意的元素融入到传统的旅游产品中，从而促进两大产业的融合发展。在旅游产品上附加文化创意内容，不仅能改变旅游业产业结构，还可以延长旅游产业链、衍生出旅游产品，如音像制品、新闻出版、影视制作、住宿餐饮、工艺美术品以及制造业等产业链条，从而提高旅游产品附加值，增强旅游产业的发展与竞争实力。"印象刘三姐"的成功除了文化创意元素和精英艺术家的品牌效应外，还有桂林山水本身作为旅游景点，具有一定的知名度，通过创意产业的融合延伸，改变了以靠门票收入为主，游客停留时间短的缺陷，从而延长了游客停留时间，丰富了夜间旅游活动，并拓展了产业链，带动了相关产业的发展。通过大型山水实景演出，活化了静态旅游资源，丰富了旅游产品的内容，提升了产品价值，实现产业联动效应。又如以天坛为载体进行创意设计的 2012 新年倒计时庆典活动，将文化创意与旅游产品结合起来，创意出新的旅游产品，提升了传统旅游产品的形象与旅游价值，扩大了影响力。

2. 创意的旅游化模式

创意的旅游化是指文化创意产业或活动产生的产品、空间、社区等成为新的旅游吸引物，既增加了旅游的对象和范围，又扩展了旅游体验的方式和内容。其中，一种方式是简单地将创意产品作为旅游吸引物，例如北京宋庄；另一种方式是创意活动所营造出的或者为游客提供的是一个体验空间，或者说是一种生活方式，如美国 SOHO。伦敦、新加坡等城市提出的所谓"创意城市"，也是一种生活方式的构建和输出。文化创意旅游可能成为未来人们获取幸福感的基本生活方式之一。

首先，通过文化创意形成的旅游吸引物，如文化创意产业园区、文化创意产品等，通过配套服务设施的完善及环境氛围的营造，赋予其旅游的功能，以扩大创意产品消费群体，更好地满足文化型旅游消费者的需求，经过文化创意产业与旅游业的融合互补，实现创意产品的旅游功能，打造出创意产业更好的效益增长模式和可持续发展模式。文化创意产业园区主要涵盖动漫影视基地以及各种艺术创作区等形式，主要负责创意产品的设计构思、生产制作、营销推广和消费交换的价值实现，并包括创意衍生产品的开发和创意人才的培训等。文化创意产业园区具备作为旅游景点的优势，因而可以吸引文化型旅游者到聚集区内参观游览，亲身体验各种艺术品的设计制作过程，实现自我求知的需求。通过在创意产业园区设置游客体验区、创意产品展览区、接待区和交易区等功能区，将文化创意产业园区打造成具有文化创意特色的旅游目的地，使之具有独特的旅游功能。我国发展较好的文化创意产业园区，如北京 798 艺术区、宋庄、上海 8 号桥工业园区等，通过在园区内举办各种与游客互动的文化创意活动，如旅游博览会、艺术作品展览、时装文化节等满足游客的多方面需求，形成独特的旅游吸引力。一般而言，文化创意产业园区是一个集观光游览、休闲学习于一体的场所，具有投资大、回收期长的特点，而旅游功能的注入，可以为其聚集人气、吸引人流，扩大品牌知名度，从而推动文化创意旅游的快速发展。

具有鲜明文化符号的旅游企业也注重通过文化创意打造新的旅游产品，如借助自身产品的市场知名度，突破原有经营模式的业务边界，打造具有独特文化主题内涵的旅游景点。其中比较有代表性的如深圳华侨城、迪士尼乐园主题公园等。深圳华侨城包括锦绣中华、中国民俗文化村、世界之窗和欢乐谷四大主题公园，其中世界之窗主要是将世界各地的自然风光奇观、历史文化遗迹、民俗歌舞表演等汇聚在一个园区，形成具有强大吸引力的文化旅游景区；而迪士尼乐园主要是通过先期米老鼠、唐老鸭等经典动画片的文化内容及市场知名度优势，运用先进科技手段，将动漫艺术产品完美再现，形成独具特色的文化主题乐园，这种文化创意元素融入旅游功能的模式，增强了消费者的体验感受力，形成了更强大的市场增值空间。

其次，文化创意旅游为游客提供了一种新的生活方式的体验空间，其关键在于文化价值主张的构建和输出，它大大扩展了旅游业的发展空间甚至旅游概念本身。所谓文化价值主张的构建与输出是指展示和传达一种生活方式和精神价值，其产品不再是一两种生活要素，而是"生活"本身。它以其渗透性、融合性和精神性，将旅游业的发展边界彻底打破。文化创意旅游不仅着眼于以文化来满足体验，更是以一种"梦想"的方式去满足人类无限的"梦想"，由此，旅游体验的深度化、个性化、高品质和高附加值真正地成了可能。一旦"生活"本身具有价值，则相关产品也就占据了价值的高端，也就能够为一个地方（城市、民族或者国家）带来强大而持续的感召力、影响力和竞争力。这正如古时极盛的罗马或长安，以及现代西方的"美国梦"一样，很多人以一生中去过罗马、长安、纽约为荣。因此，文化创意旅游的发展已经超出了产业范畴，日益成为构建城市和国家的综合影响力，输出文化价值的重要方式。

（三）发展问题与机制

1. 流动性问题与文化资本固化机制

文化创意旅游产业高度依赖资本和创意因素，同时面向广阔的外部市场，又具有强烈的"人为创造"特征，而资本、人力（创意）和市场等要素又具有"流动"特征，因而造成了文化创意旅游产业的"流动性"问题。从国内文化创意旅游产业的发展实践来看，近年来出现的"印象系列"演出产品的大量复制移植以及主题公园投资风潮，以及北京的798艺术家群体向宋庄乃至更远的地区迁移都印证了这种流动性。可以说，产业要素的流动性是文化创意旅游发展的核心问题之一。

流动性给地方文化创意旅游的发展带来了巨大的困难，它导致产品的大量移植、过度开发和无序竞争，带来资本和文化的双重风险。文化、资本、智力要素及其创造出的文化创意资本如何在一个地方固化下来并成为产业可持续发展的关键。构建文化资本的固化机制应当从三个方面入手，一是强化文化资本根植性，即注意从地方背景文化中挖掘创意要素并加工成旅游产品；二是在开发过程中保持背景文化系统的有机发展；三是使新生成的文化要素有效反哺融入原有文化系统。通过以上三个方面的努力，使得地方背景文化系统的一部分转化为用以开发的"文化资本"，文化资本与背景文化系统相"融合"，并通过"存活着"的文化系统的有机生长而更新，开发产生的文化产品和要素的一部分再转化并融入地方背景文化系统，成为可投入再生产的资本要素。在上述"融合"、"转化"和"融入"过程中，实现地方文化资本的固化。

总之，文化创意旅游的发展应注意文化资本的固化，克服流动性带来的文化和资本风险。集中打造具有中国特色文化根植性的项目，避免西方文化旅游项目占据市场中心。从短期来看，引入西方的文化创意旅游项目有利于提高文化与服务行业的整体水平，更大范围地满足游客和居民的消费需求。但是从长期来看，根植于中国文化的项目更具有可持续发展的潜力，文化资本流失的风险也相对较低。

2. 保护与开发的矛盾及有机更新模式

在文化创意旅游产业中，文化保护与旅游开发的矛盾更加突出。相比一般的文化创意产业而言，文化创意旅游具有游客参与生产和个性化体验的特征，因而游客更加深入地介入文化系统，文化系统也需要为旅游活动附加设置相应的功能，这种"介入"和"附加"为文化系统破坏埋下了巨大的隐患，尤其当商业利益介入其中时，文化系统的完整性、真实性与可持续性便更加容易遭到破坏。北京前门、南锣鼓巷、南新仓等均为旅游活动进行了相应的环境、景观和功能的改造，不可避免地触动了原有文化系统。例如，原有社区结构的变化、老商户与居民联系的破坏、房租提高影响商户和居民生存进而改变商户和居民构成等。要保护地方文化系统，不能靠简单地禁止旅游开发，而是要控制开发的方式，掌握开发的"度"。对这样一个"度"的最核心思想是保持文化系统的"存活"，正如一个有机体，可以进行手术和整容，但不能破坏其要害部位，否则就可能造成"整容后变成另一个人"或者"出现生命危险"的结局。保持文化系统的存活就是保证它的完整、真实和可持续，这种开发模式可称为有机更新模式。前门地区的景观环境改造对商户结构以及商户多年来建立的客户关系、经营文化都造成了一些扰动，恢复这些文化要素较困难。

开发中要实现文化有机更新应把握好开发中的力度和方式，提供游客深入社区的机会并进行严格限制，积极引导社区自治管理，稳定社区居民结构，协调社区内、社区与游客、社区与经营者之间的矛盾。

三、北京文化创意旅游的发展条件

文化是旅游的灵魂，旅游是文化的载体。特别是作为中国文化中心和世界文化名城的北京，两者之间更存在着密不可分的联系。距今 3000 多年的建城史、800 余年的建都史，赋予了北京丰富的历史文化资源，现代北京的发展，又让这座城市成为时尚文化之都、文化创意之城。历史与现代的交相辉映，使北京具有发展文化创意产业和旅游业的独特优势。

（一）文化旅游资源

1. 文化遗产旅游资源

北京作为中国的六朝古都，距今有 3000 多年的建城史和 800 多年的建都史，是世界上著名的古都，拥有深厚的历史文化积淀和一大批享誉世界的名胜古迹，如故宫、祭天神庙天坛、皇家园林颐和园、八达岭和慕田峪长城、明十三陵、圆明园、钟鼓楼、世界上最大的四合院恭王府、皇家后花园北海等，形成了强大的旅游吸引力。其中，长城、明清皇宫、颐和园、天坛、明清皇家陵寝、周口店北京人遗址六处为世界文化遗产。居住民俗，如什刹海的四合院和胡同；饮食文化民俗，如北京烤鸭和各种北京小吃；节庆习俗，如庙会等；象征着中国古代教育的国子监、孔庙等也极具吸引力；还有以南锣鼓巷、前门—大栅栏、五道营、东四十条胡同等为代表的历史文化体验街区。

此外，北京老字号的非物质文化遗产，如代表文化艺术方面的戴月轩湖笔、一得阁墨汁、肄雅堂和景泰蓝等；还有众多京城著名的美食老字号，如全聚德、便宜坊、东来顺、都一处、六必居、王致和等；中医养生方面则有同仁堂中医药文化和清华池修治脚病传统技艺。另外，红都、马聚源、内联升、瑞蚨祥和盛锡福这些北京的服装老字号也会让人们听到后备感亲切。这些文化遗产资源对中外游客具有很强的吸引力，形成了北京独具特色的旅游优势。

2. 时尚休闲文化旅游资源

现代北京，涵盖奥林匹克公园区域的鸟巢、水立方以及首都国际机场 T3 航站楼、国家大剧院、北京南站、首都博物馆、北京电视中心等现代地标性建筑文化，国贸区域的现代商业文化，中关村的科技创新文化，金融街的现代金融文化，以 798 和宋庄文化创意产业园区、三里屯和后海的休闲生活等为代表的生活文化、休闲文化，景色优美、文化气息浓郁的北大、清华等高校的学术文化，北京的街道社区如大栅栏、琉璃厂、南锣鼓巷、什刹海、天桥、秀水街、簋街等也是文化、艺术和时尚汇聚的最佳场所。

在文化设施和演出场所方面，北京既有文化馆、博物馆、图书馆、文化广场等文化休闲设施，也有梨园剧场、天桥茶乐园、老舍茶馆、湖广会馆等多家专门为旅游者演出京剧、昆曲、杂技等中国传统曲艺的地方剧场，这些优势资源是其他城市所无法比拟的。国家大剧院不仅是国家兴建的重要文化设施，也是一处别具特色的创意景观胜地。剧院内歌剧院、音乐厅的设计独具匠心，每月举办多场国内外大型文化演出，成为居民文化休闲的重要场所；梨园剧场是京城首家茶座式剧场，它以京剧文化为媒，搭建了一个京剧走向世界的大舞台，现已成为国内外游客品盖碗茶、听京戏、感受老北京惬意生活的重要文化演出场所。北京有代表性的文化演出剧目如《功夫传奇》、《北京之夜》、皇家粮仓的《牡丹亭》及《龙舞京城》等。目前北京已形成以天桥地区等为代表的文化演艺区，以怀柔地区为代表的影视文化体验区，以北京电影节等为代表的节事庆典和演艺活动，它们都带有鲜明的文化特色，这也成为北京文化旅游资源的亮点之一。

会所具有创新旅游经营业态、丰富旅游资源，树立品牌形象的作用，北京作为高端旅游场所的聚集地，拥有多种类型和档次的会所，如高级会所"长安俱乐部"、"京城俱乐部"、"北京美洲俱乐部"，"颐和安缦"；中档会所"阳光时代马球俱乐部"；普通会所"九朝会"；主题型会所"哈瓦那之家"；权益会所"北京香港马会会所以及文化型会所"、"年度国际葡萄酒俱乐部"；等等。这些会所与旅游的融合发展，在丰富北京文化旅游资源、完善旅游服务体系、提升旅游服务品质等方面发挥了重要作用，促进了北京旅游产业的发展。

北京市具有优质独特且丰富的文化资源，发展文化创意旅游具有很好的前景，但同时也面临着文化和经济的双重风险，需要根据产业发展的内在规律，加强研究和引导，制定有效的发展政策，促进产业可持续发展。

（二）文化创意产业资源和基础

文化创意产业是首都北京的重要支柱产业和战略性新兴产业。发展文化创意产业对于全面落实科学发展观，推进产业结构升级和经济发展方式转变，实现经济社会全面协调可持续发展，加快北京世界城市建设具有重要作用。

1. 文化创意产业生产

北京是全国文化创意产业集聚度最高的地区，主要文化产品和服务均位居全国前列。其产业增加值也在全国处于领先地位，形成了软件、网络技术、广告会展、新闻出版业、广播影视业、设计服务为主要支撑行业的产业结构。就其创意阶层和创意机构而言，北京以其作为历史文化名城和政治经济文化中心的优势吸引了大批文化人才，不仅有享誉全国的文化名人、艺术家和学者，而且有众多领导人才、经营人才、创作表演人才，集中了353家科研院所，科技人员达30万人，普通高等院校77所，其中设计类专业院校有37所，在校学生超过万人，是国内拥有设计人才最多的地区；同时，北京拥有包括服装、广告、工农业等在内的多种设计公司，聚集了方正等大批文化创意产业领域的高科技企业以及微软、IBM等跨国公司在北京设立的研发机构，这为北京文化创意产业的发展奠定了坚实的基础。

此外，北京是全国信息交流中心和国际交往中心，国外演出、展览、宣传活动等来华文化交流项目大部分都在北京，为北京市文化创意企业掌握国际文化创意产业最新发展动态，借鉴学习国外最新创意思想提供了良好的环境。北京现已形成的文化创意产业集聚区，如中关村创意产业基地、北京DRC工业设计创意产业基地等，这些文化创意产业聚集区以高科技为支撑，已形成较为完整的创意产业链条。总之，北京依靠自身优势资源，把创意融入到文化资源中，从内容创作、生产制造到营销推广已经具有了比较完善的产业链条，从而提升了产业附加值，目前已经形成一批具有国际竞争力的文化创意企业。

"辉煌北京，光耀世界"——2012新年倒计时庆典在天坛的成功举办，充分阐释了北京文化创意产业的发展。为了积极宣传中华民族文化，向世界推介北京的城市形象，按照"北京元素，中国特色，世界水准"的要求，北京市旅游发展委员会（以下简称旅委）选择具有传统与现代紧密结合的北京标志性场所，打造出特色鲜明、文化主题突出的新年庆典成为北京特色高端旅游品牌活动。在策划过程中，北京市旅委创意以目前世界上最先进的3D投影技术，深入挖掘北京文化底蕴和内涵，结合独具特色的内容创意如生肖柱、万花筒、自行车特效等，以北京著名历史文化景点天坛为创意载体，创作了一场以北京文化内容为主题的实景3D灯光秀。同时为配合活动的推广，主办方制定了全面细致的媒体宣传方案和媒体服务方案，借助全球媒体平台的传播力量，把北京推向世界观众的视野。此次新年倒计时庆典定位准确、全球传播、专业运作、打造品牌，向全世界展示和传播了北京作为世界旅游城市的形象，彰显了北京深厚历史文化底蕴和现代时尚都市的风采，使北京文化创意产业的发展又向前迈进了一步，推动了北京建设世界一流旅游城市目标的实现。

《功夫传奇》是一台集中华武术、传统杂技和现代舞蹈等多种艺术元素于一体的驻场常态演出剧目，该剧目于2004年12月3日在北京崇文区红剧场首演，平均上座率达到80%，并逐渐成为外国游客来北京必看的演出剧目之一，实现了由票房收入支持项目运营的良性循环。红剧场也成为北京旅游演艺市场的一个新亮点，被崇文区确定为文化产业的品牌剧目。通过对国际市场和现代消费需求准确的分析，《功夫传奇》将传统与现代、硬功与柔舞、民族与世界结合起来，经过细致的艺术加工，创意性的传奇故事情节设计，成为具有强大吸引力的文化演艺精品。

2. 文化产业园区

借助于丰富的文化创意资源，北京已经形成一大批发展较好的文化创意产业集聚区，成为北京市文化创意新地标核心的旅游目的地，如"798"、宋庄等地，已成为北京文化创意产业国际化发展的排头兵。

798艺术区是在原有工业建筑闲置空间的基础上逐渐发展起来的以当代艺术为特色的艺术区。从2002年开始，各种风格的艺术家纷至沓来，使北京798艺术区逐步成为雕塑、绘画、摄影等独立艺术工作室、画廊、广告设计、精品家居设计、艺术书店、时装店、餐饮酒吧等各种文化艺术空间的集聚区，形成了具有国际化色彩的"SOHO式艺术群落"和"LOFT生活方式"。目前北京798内的文化艺术类机构接近400家，具有鲜明的当代艺术特色，并且拥有多种文化产业共同发展的多元化产业格局，成为当代艺术展示和交易艺术区，在国内外都具有很大影响力的文化创意产业园区。798艺术区的发展应以科技和文化为支撑，以艺术展示和创意活动为特色，以产业发展为目标，加强艺术区的宣传，完善基础配套服务设施，打造成具有国际竞争力和影响力的文化集聚区。

宋庄由于其便利的交通、低廉的生活成本和宽松的社会环境吸引了大批艺术家在此创作生活，使之作为中国最大的原创艺术家集聚区。宋庄现已由最初的纯艺术家聚集发展成为原创艺术家、经纪人、批评家和画廊等多种成分的艺术集聚区。目前宋庄拥有美术馆13家，画廊近百家，艺术家工作室3000多家，展览、经营面积达10多万平方米，这些都为宋庄文化艺术、旅游经济和会展经济的发展打下了良好的基础。近几年，宋庄大力发展原创艺术与会展交易、动漫网游开发、创意产品设计和休闲娱乐，形成特色鲜明、效益显著的文化创意产业价值链和创意集群。宋庄集聚区作为通州地区文化创意产业的重要载体，要成功走向世界既需要科学规划吸引创意人才，也需要保护与开发并存，使之成为高品质的文化创意产业园区。

此外，还有中关村创意产业先导基地、国家新媒体产业基地、中国怀柔影视基地、北京潘家园古玩艺术品交易园区、中关村软件园及中关村科技园区雍和园、北京时尚设计广场、前门传统文化产业集聚区、清华科技园等文化创意产业集聚区，吸引了大量文化创意企业和艺术家入驻，产业集聚规模不断扩大，品牌效应不断增强。

（三）其他发展条件

1. 旅游市场优势

北京作为国内外著名的历史文化名城，在全国的旅游业发展中处于非常重要的地位。无论是旅游接待人数（包括境外旅游人数与国内旅游人数），还是旅游外汇收入，北京市都处于全国领先地位，形成了强大的旅游市场规模。同时，北京地处京津冀经济圈，核心区位优势显著，区域基础设施及郊区的休闲度假、名胜观光、生态康体、会议服务旅游产品体系逐步完善，集农业科技、休闲游憩等功能于一体的综合性休闲农业园也处于不断发展中，并拉动了天津、河北旅游经济的增长，从而扩大了旅游业的产业效应和市场规模，提高了产业竞争力。

北京作为全国的政治、文化和对外交往中心，巨大的娱乐教育文化消费市场以及政务、商务、会奖旅游市场无疑是文化创意旅游蓬勃发展的助推器。这使得文化消费市场不仅具有很强的示范和辐射带动作用，而且引领了全国文化消费的观念和潮流。同时，在国际市场上，继2008年北京奥运会之后，北京国际形象大幅提高，城市吸引力上升。2012年，北京市旅游总收入3626.6亿元人民币，同比增长12.8%；旅游总人数2.31亿人次，同比增长8.1%；旅游购物和餐饮零售额1880.9亿元，同比增长10.5%，占全市社会消费品零售额比重24.4%。旅游特征产业完成投资额681亿元，同比增长26.8%，占全社会固定资产投资的比重10.5%；旅游增加值1336.2亿元，同比增长12.2%，占全市GDP比重7.5%。[①] 科技含量高、休闲娱乐性强、引领时尚、彰显个性的文化消费服务成为新的需求热点，这样强大的需求市场是北京发展文化创意旅游产业的一个巨大优势。

2. 会展商务优势

北京作为首都，集聚了众多的中央党政军机关、各国驻华使馆以及各类国际组织，是全国性活动、国际会议和国际重大赛事、文化交流活动的主要举办地，这为北京开拓休闲度假、会议奖励、商务会展等高端旅游市场创造了极为有利的条件。同时北京作为国内、国际交往中心，拥有北京国际展览中心、国家会议中心等适合举办跨地区、跨国界的大型会议、会展设施；众多中高档酒店的各类会

---

① 首都旅游协调与区域合作处. 2012年北京旅游业概况［EB/OL］http：//www.bjta.gov.cn/xxgk/tjxx/356494.htm.

议服务中心，也满足了各类小型商务团体的办展需求。此外，北京有多所外语类学校，为举办国际化会展活动提供了语言服务基础。北京各类文化旅游资源丰富，与会议、会展形成了良好的互补优势。

3. 良好的政策环境

北京市相关部门制定了一系列鼓励、支持文化创意产业发展的政策，将文化创意产业政策与体制改革、投融资、担保、高科技政策以及社会政策融合起来推动北京市文化创意产业的发展。2005 年 12 月，北京市做出大力发展文化创意产业的战略决策，把文化创意产业作为推进首都产业结构升级和经济发展方式转变的重要途径，通过政策引导和体制、机制改革，首都文化科技资源优势迅速转化为产业发展和创新优势，文化创意产业呈现出良好的发展态势。2006 年 10 月，《北京市促进文化创意产业发展的若干政策》（以下简称《政策》）出台，《政策》明确了文化创意产业集聚区为今后建设的主要方向，投放 5 亿元集聚区基础设施建设专项资金，重点运用于整治环境、配备基础设施、建设产业服务平台和共性技术平台等公共设施项目。这一系列的政策为北京发展文化创意旅游产业提供了指导和支持①。"十一五"期末，国家和北京市对旅游业的发展赋予了新的定位。《国务院关于加快发展旅游业的意见》（国发〔2009〕41 号）将旅游业确定为国民经济的战略性支柱产业，并且要求旅游业转变发展方式，提升发展质量。《北京市人民政府关于贯彻落实国务院加快发展旅游业文件的意见》（京政发〔2010〕28 号）和《北京市"十二五"时期旅游业发展规划》进一步明确了北京建设世界一流旅游城市的目标，并将发展高端旅游作为首要的战略举措。

四、北京市文化创意旅游发展的重点案例分析

（一）文化创意旅游社区——南锣鼓巷、南新仓

1. 南锣鼓巷

（1）南锣鼓巷概况。南锣鼓巷始建于元朝，距今已有 740 多年的历史，是北京最古老的街区之一，呈南北走向，东西各有 8 条胡同整齐排列，整个街区犹如一条大蜈蚣，所以又称蜈蚣街。其位于北京中轴线东侧的交道口地区，北起鼓楼东大街，南至平安大街，全长 786 米，与元大都同期建成。因地势中间高、南北

---

① 孔建华. 文化经济的融合兴起与北京想象——基于北京文化创意产业集聚区发展的再研究 [J]. 艺术与投资，2009，（2）：69 - 79.

低，如一驼背人，故名罗锅巷，清朝乾隆十五年（1750）绘制的《京城全图》改称南锣鼓巷。① 南锣鼓巷地区较为完整地保存着元大都的历史遗存，也是我国唯一完整地保存元代胡同院落，同时也是规模最大、品级最高、资源最丰富的棋盘式传统民居区。② 美国《时代》周刊，精心挑选的亚洲 25 处你不得不去的好玩的地儿，中国有 6 处被选中，南锣鼓巷榜上有名。

南锣鼓巷是明清以来众多达官显贵、社会名流的居所，这里几乎每一条胡同都有着显赫的历史，从明朝将军到满清末代皇后、从文学大师到画坛巨匠，这里的每一个宅院都有其历史：洪承畴的家祠、僧格林沁的王府、荣禄之父的宅第、清末代皇后婉容结婚之前的住所、北洋大总统冯国璋故居，以及作家茅盾故居、画家齐白石故居等，为南锣鼓巷留下了丰厚的历史文化积淀。南锣鼓巷就如一位历经沧桑的老人，默默地记载着这里的历史变迁的轨迹，诉说着朝代更迭的故事，延续着文化发展的血脉。

（2）南锣鼓巷文化创意旅游发展现状。南锣鼓巷不仅保留了北京胡同的原貌，而且深入挖掘胡同文化，发展文化创意旅游。富于创意和个性的南锣鼓巷特色店使南锣鼓巷已成为充满时代气息与新鲜活力的一个创意空间③。随着文化投资者、艺术爱好者和休闲旅游者的介入，南锣鼓巷将传统文化与创意产业相结合，呈现出快速发展的态势，已具有一定的产业规模和文化创意氛围。在政策引导下，一些具有创意思想、时尚追求的"引领者"租下沿街民房，开起了风格百变的个性店铺。许多文艺小店、时尚酒吧在这条古老的街道上出现，为其带来了新的文化气息。

南锣鼓巷的商铺中既有像"文宇奶酪"、"剪纸"之类充满传统韵味的小店，也不乏像"创可贴8"、"一朵一果"这样充满灵感的创意空间。④ 走进"创可贴8"，感觉像回到了 20 世纪 80 年代的北京，搪瓷红脸盆、老铁皮玩具、儿童三轮车等奇怪的 T 恤随处可见。"一朵一果"更是让每一个拥有文艺情怀的心灵找到了归宿，随意地写封信、寄张明信片给朋友、家人或者自己，不失为一种浪漫。还有乐天陶社，可以一边品味咖啡，一边欣赏这里的陶制品，也可以自己动手制作。

南锣鼓巷是老北京风情保留最好的地方，怀念老北京的人喜欢这里最地道的北京味儿，时尚的年轻人眷恋这里传统而现代的文化气息，而外国人钟情于这里

---

① 360 百科，南锣鼓巷简介，http：//baike. so. com/doc/5382266. html#5382266 – 5618619 – 0.

② 携程网，南锣鼓巷景点介绍，http：//you. ctrip. com/sight/beijing1/64955. html? allianceid = 3052&sid = 133134&ouid = 000401app – &utm_ medium = &utm_ campaign = &utm_ source = &isctrip = .

③ 赵文婕，卢璐. 从老北京胡同到京城"创意空间"——南锣鼓巷特色店调研报告［J］. 北京印刷学院学报，2010，18（5）：6 – 11.

④ 李红武，罗彩娟. 传续与发展——南锣鼓巷社区建设中的文化实践［J］. 社会工作，2011（12），68 – 71.

的雅致情调和浪漫情怀。南锣鼓巷最大的特色在于其至今还保留着元大都时期的胡同肌理，它以深邃悠远的历史文化底蕴、古朴典雅的人文环境和充满灵动的创意空间，不仅让这里的民众生活水平得到提高，而且吸引着全国乃至世界的游客到这里休闲，成为人们了解北京社会历史变迁的活化石。更为重要的是，它为人们创造和提供了了解胡同文化、时尚创意文化以及认识自我、无限创意的空间。在这里，游客可以在创意中感受文化带来的惊喜，可以充分展现自己的创意，了解别人生活的同时，品味自己的心灵。这也是南锣鼓巷文化创意旅游发展成功的一个突出表现。

2. 南新仓

（1）南新仓概况。南新仓，位于北京市东四十条 22 号，俗称东门仓，是明清两朝京都储藏皇粮、俸米的皇家官仓，建于永乐七年（1409），是在元代太仓的基础上建立而成。清初时南新仓为 30 廒，后屡有增建，到乾隆时，已增至 76 廒。清乾隆中期以后，国家财政困难，清晚期又因贪污之风盛行，储粮日益减少。到道光年间，该仓储粮比清初大幅度减少。民国时，该仓改为军火库，新中国成立以后，南新仓由北京市百货公司一直作为百货仓库使用，1984 年 5 月公布为北京市文物保护单位[①]。历经 600 年沧桑之后，现在的南新仓仍保留有仓廒 9 座，是全国仅有、北京现存规模最大、现状保存最完好的皇家仓廒，是京都史、漕运史、仓储史的历史见证[②]。

目前，南新仓经过综合改造，利用原有仓廒、加盖仿古建筑和新建南新仓商务大厦，已经成功打造成为南新仓文化休闲街，占地面积 2.6 万平方米，总建筑面积 3.3 万平方米，整个步行街总长千余米。大多以餐饮店为主，少量文化产业单位，如画廊、传媒等。建筑设施主要由南新仓古仓群、仿古建筑群和南新仓国际大厦底商组成。南新仓占据着京城"文物大道"平安大街的龙头位置。周边皇家建筑、名人故居、胡同、四合院尽显皇城文脉与市井之气，后海、三里屯、簋街等最具京味的餐饮休闲场所相邻左右，保利大厦、新保利大厦、工人体育场近在咫尺。大董烤鸭南新仓店、台湾饭前饭后、天下盐、六百年日本料理、库和美法餐、酷客、锐克斯、尚润等餐厅，也以其鲜明的经营特色，吸引着众多国内外宾客来休闲享用。

（2）南新仓文化创意旅游发展现状。南新仓通过现代元素，改造了以前的旧粮仓，主打文化创意品牌，也是北京历史品牌创意发展的成功典范。街区内既有音乐传播中心、影视文化俱乐部、小剧场、会所等文化场所，也有中外特色风

---

① 高晓红. 古仓新韵——北京南新仓文化街 [J]. The Urban Construction Archives Magazine，2008，(11)：22-31.

② 杨朝朝. 采风南新仓 [J]. 业内观察，2009，(22)：21-23.

味餐厅、酒吧、茶苑等休闲空间。自 2007 年 5 月 18 日至今，在"皇家粮仓"上演厅堂版昆曲《牡丹亭》，深受欢迎。600 年历史文化遗产与 600 年非物质文化遗产的绝妙组合，成为文化发展热点。北京奥运会期间，国内首家奥运冠军俱乐部"柏林北京 2008 冠军俱乐部"设在南新仓，活动非常成功。南新仓文化创意旅游产业作为底蕴深厚的古代文化、时尚艺术、老北京风俗、商业商贸等相互融合的产物，具有高度的融合性、较强的渗透性和辐射力。南新仓的文化创意旅游发展具有典型的"新旧交融，时尚融于历史"的特色。

（二）文化创意旅游活动类项目——功夫传奇

1. 项目背景

《功夫传奇》是由天创国际演艺制作交流有限公司制作的大型舞台动作剧，是一台融中华武术、杂技、舞蹈等多种艺术元素为一体的驻场常态演出剧目。同时其也是天创公司在 2003 年制作的《少林魂》剧目的升级版，《功夫传奇》在创作之初，就把它作为一个面对国际观众的高端演艺品牌剧目来定位。因而《功夫传奇》在创作理念上选取了国际的视角，融入了人性的主题："磨难"与"成长"，这是每一个人的人生主题，人类对心灵完美的精神追求是共同的。《功夫传奇》已在北京"红剧场"连续驻演 7 年，自 2006 年以来，每年接待海外来京游客的 10%，成为北京市文化旅游的一张名片。该剧国内外演出总场次已逾 5000 场，接待观众近 300 万人次。其中先后在美国、加拿大、日本、俄罗斯、英国、西班牙等国巡演、驻演达 1100 余场。2010 年 7 月 1 日，《功夫传奇》在美国布兰森白宫剧院举行首演并开始驻场演出，成为国内唯一一台每天同时在北京、美国各驻场演出两场的经典剧目。[①]

有别于展览式的传统功夫表演，《功夫传奇》成功地将戏剧故事引入了功夫表演中，它讲述的是小和尚纯一挥别母亲入山拜师，从懵懂无知的少年，通过练武、习禅，最终走入大智大勇、大彻大悟的人生境界。历经了启蒙、学艺、铸炼、思凡等重重考验，最终成为一代宗师的故事。该剧的创意设计与总制作人曹晓宁说："磨炼和成长是全人类共同的人生主题，从这个意义上讲，《功夫传奇》也是我们每个人自己的故事。"

《功夫传奇》分为"启蒙"、"学艺"、"铸炼"、"思凡"、"面壁"、"山门"、"圆寂"等章节。这是一部以历史久远的传统武术为主，融舞蹈、音乐、杂技等多种艺术形式为一体的舞台剧，展现了小和尚纯一曲折、艰辛的成长历程。《功夫传奇》在它尽显功夫传奇之时，是与舞蹈、音乐和气势磅礴、神妙精美的舞台

---

① 《功夫传奇》官方网站，公司简介，http://www.gfcq.net/list_news-jj.asp.

美术相结合，来表现故事情节、刻画人物思想感情的。如"思凡"一场，天真活泼的少年纯一和尚进入青春期，他产生了对异性的渴求，追逐着幻想中的仙女，这是一段美妙、热烈的双人舞，舞蹈与杂技结合得十分自然巧妙，顺理成章。剧中不仅淋漓尽致地展示了我国武功的超凡技能，还将芭蕾、杂技、现代舞等表演元素融为一体，并用天籁般的音乐烘托出阳刚之美。

2. 发展现状

《功夫传奇》作为北京市的一张文化旅游名片，自上演以来，曾接待过百余位外国国家领导人、驻华使节等。国家各部委领导及北京市委、政府、奥组委的一些领导也曾观看演出并给予高度评价。爱尔兰副大使赞叹："这是一出比《大河之舞》更振奋人心的演出"，驻北京的英文媒体评论："《功夫传奇》将北京剧场艺术带入一个新时代！"《功夫传奇》通过文化的深度挖掘，绝美的舞台展现，不仅让人惊叹于中华功夫的传奇，更感慨中华文化的神奇魅力。然而，其不能充分展示北京文化特色，未能成为代表北京文化的标志性演出，规模也不是很大，不足以代表北京文化创意演艺的整体水平。

除《功夫传奇》外，皇家粮仓的《牡丹亭》，老舍茶馆、恭王府等地方的一些文化演出活动，也展现了北京的文化，但都未形成一定的影响力，需要进一步扩大宣传，深入挖掘文化内涵。

（三）文化创意旅游园区——798、宋庄

1. 798

（1）798创意园区概况。798创意产业园区位于北京市的东北角，因处于原798联合厂等电子工业的厂区而得名，其位于朝阳区酒仙桥街道大山子地区，故又称大山子艺术区。区域占地面积近30万平方米，保留有20世纪50年代的建筑9.7万平方米，其中德国包豪斯风格建筑近2万平方米。由于创意产业带来的影响，798已经由一个无人问津的废旧工厂区变成了世界瞩目的中国最著名的创意产业园区。

从2001年开始，来自北京周边和北京以外的艺术家开始集聚798厂，他们以艺术家独有的眼光发现了这里从事艺术工作的独特优势。他们充分利用原有厂房的风格，稍作装修和修饰，使798联合厂成为富有特色的艺术展示和创作空间。这批入驻者中，包括设计、出版、展示、演出、艺术家工作室等文化行业，也包括精品家居、时装、酒吧、餐饮、蛋糕等服务性行业。① 在对原有的历史文化遗留进行保护的前提下，他们将原有的工业厂房进行了重新定义、设计和改造，带来的是对于建筑和生活方式的创造性的理解。这些空置厂房经他们改造后

---

① 360百科，798艺术区简介，http：//baike. so. com/doc/520410. html#520410 - 551011 - 0.

本身成为新的建筑作品，在历史文脉与发展范式之间，实用与审美之间与厂区的旧有建筑展开了生动的对话。艺术家和文化机构进驻后，成规模地租用和改造空置厂房，逐渐发展成为画廊、艺术中心、艺术家工作室、设计公司、餐饮酒吧等各种空间的聚合，引起了相当程度的关注。经由当代艺术、建筑空间、文化产业与历史文脉及城市生活环境的有机结合，798 已经演化为一个文化概念，对各类专业人士及普通大众产生了强烈的吸引力，并在城市文化和生存空间的观念上产生了不小的影响。

2003 年，美国《时代》周刊将 798 艺术区评为全球最有文化标志性的 22 个城市艺术中心之一。2006 年，798 艺术区被北京市政府列为首批 10 个文化创意产业聚集区之一，并被朝阳区政府列为首批文化创意产业聚集区。798 艺术区的发展主要得益于城市的文化基础、建筑设施资源和城市功能。798 在 2003～2004 年经历了发展历程上的重要转折，政府放弃了原"北京电子城"的规划，将 798 艺术区作为文化产业园区保留了下来，此后 798 艺术区获得了长足的发展，一方面艺术功能不断强化，另一方面多元功能不断完善，形成北京市最具吸引力的旅游休闲区域之一，旅游休闲与文化创意产业全面融合，相互支撑发展。①

（2）798 创意园区发展现状。截至 2010 年，798 艺术区的文化艺术类机构达 300 多家，成为国内外最具影响力的文化创意产业区之一。798 艺术区逐步成为摄影、画廊、艺术书店、环境设计等文化创意空间汇集的聚集区。② 目前，798 创意产业园区已成为我国典型的文化创意型旅游地，引起了国内外媒体和大众的广泛关注，并已成为北京都市文化的新地标。798 不仅是文化、艺术、创意的集聚，也是一种生活方式的创造和展示。一种生活方式，一种生存方式，不管是否在 798 工作和生活，不管是否懂得艺术，"798 生活方式"，本身就是一种体验。这里形成的文化将是地方资源的国际化，是个人理想的社会化。③

798 强调原创，强调文化创意，其为每一位思想者提供了热土，它极具包容性，任何独特、独到、独立的创意都可以在这里得到滋养、成长。2009 年入驻 798 的创意蛋糕品牌 ebeecake，很好地体现了美味、艺术与文化的结合，丰富着 798 文化创意产业园区的文化内涵。ebeecake 带给游客的不仅是蛋糕纯正的味道，它还让人们在品味蛋糕时可以放松心情，得到极致的生活享受。如同 ebeecake 这样的创意店在 798 有很多，然而它们提供给每一个人的是在艺术中感受平凡的生活，在文化中体会情感的美好，这也是 798 创意产业园区带给每一个人的"创

①　周岚．798 "保卫战" ——电子城到艺术区的华丽转身 [N]．中国经济导报，2010 - 812.

②　马地．创意产业区形成及影响因素研究，以 798 创意产业区为例 [J]．管理观察，2008，8：93 - 96.

③　360 百科，798 艺术区简介，http：//baike. so. com/doc/520410. html#520410 - 551011 - 0.

意"感受。无论从产业集聚的角度，还是从文化创意产业发展的角度来说，798都是非常成功的典范。798虽然具有产业集聚的优势，有丰富的创意型人才，但是，与此同时，过度商业化也给798的进一步发展带来了威胁。

2. 宋庄

（1）宋庄概况。宋庄聚集了许多以绘画为主的艺术家，是一个以城市远郊村镇为空间载体的文化创意产业集聚区，已形成北京乃至中国规模最大、知名度最高的艺术家群落。其位于北京通州区东北部，西与朝阳区接壤，距CBD中央商务区13千米，北与顺义区为邻，距离首都机场2千米。① 宋庄艺术村的最初形成，与圆明园画家村有着不可割裂的联系。1993～1994年，圆明园画家村成为一个国内外记者、画商、艺术爱好者趋之若鹜的热闹去所，这给自由艺术家们带来了各种机会，同时也给许多画家带来了无法安静创作的困扰。于是，1994年初春，画家方力钧、刘炜、张惠平、岳敏君、王音等人就来到了宋庄。随后众多艺术家从其他地方陆续地搬来宋庄定居。宋庄远离城市的喧嚣，又没有彻底脱离作为文化中心的北京，院落十分宽敞，多为传统的四合院格局，青砖灰瓦、花格窗子，透着淳朴和传统之美，十分适合居住以及安静地画画。②

从2004年起，宋庄开启了政府主导扶持发展的新时期。镇政府提出"文化造镇"，目标是最终打造"中国·宋庄"的文化品牌③。2006年，北京市政府正式将宋庄原创艺术集聚区列为首批十大文化创意产业集聚区之一。城市文化背景、土地和空间资源并由政府推动等，是宋庄文化创意产业发展成功的主要因素。到2006年，在宋庄进行居住和创作的艺术家约有2000人，2009年达到3000多人④。到2012年，宋庄艺术区集聚了美术馆22家、画廊113家、文化相关制造企业50家、文化相关服务企业25家、艺术工作区近20个，艺术家工作室多达4500家。⑤ 地方政府因势利导，规划了创意设计、演艺传媒、国际动画、国际金融商务、文化产业会展交易、影视艺术创作合成、艺术展馆、商住开发八大功能区，并开始大力发展赛马、高尔夫球、度假村、农业观光等旅游度假业态。⑥ 发达、便捷的交通、京东经济发展的纽带地位、完整淳朴的人文生态环境和百花齐放的文化艺术资源，成为奠定中国宋庄崛起的基石。

（2）宋庄文化创意旅游发展现状。虽然目前宋庄在政府支持下，已经成为

---

① 360百科，宋庄简介，http：//baike. so. com/doc/5534891. html.

② 互动百科，宋庄简介，http：//www. baike. com/wiki/% E5% AE% 8B% E5% BA% 84.

③ 娄轩. 创意产业之北京艺术群落研究 [D]. 中央美术学院硕士学位论文，2008，(5)：27.

④ 莫星. 古村落文化创意产业集聚区研究——以小洲村为例 [D]. 广州大学硕士学位论文，2011，(6)：20.

⑤ 资料来源：宋庄文化创意产业集聚区管委会提供的资料。

⑥ 源于宋庄管委会印制的宣传资料：中国宋庄。

中国最大的一个原创艺术家的聚居群落，丰富的历史文化底蕴和现代艺术传承创新兼而有之，形成国内规模领先的文化艺术产业基地，在国际上享有很高的知名度，文化创意氛围浓郁，但其缺乏标志性的项目，未能形成完整的旅游消费链。当然，随着社会的发展和进步，人们的物质生活将会一步步得到提高，人们的精神需求将随着物质生活的提高而逐步得到提高，人们的艺术修养将会随着物质生活的改善而逐步培养起来，宋庄也将会有更广阔的市场。①

（四）文化创意旅游环节——北京礼物、特色餐饮

1. 北京礼物

（1）北京礼物概况。"北京礼物"是由北京市旅游发展委员会积极整合首都旅游资源，按照"政府引导、市场主导、企业主体"的原则，以服务旅游产业发展、引导促进旅游消费为宗旨，着力打造的体现"北京地域特点、民族文化内涵、首都风貌特征、城市知名品牌"的旅游商品标志性品牌。其也是北京市立足北京文化，打造旅游精品的重点旅游产业项目，采取特许经营的模式，以旗舰店为核心控制商品质量，实现多企业合作和多产业联盟。销售具有北京特色的旅游纪念品、礼品、收藏品，成为游客和社会各界选购礼物的大本营。② 2006 年"北京礼物"品牌诞生，2010 年北京礼物旗舰店盛大开业，目前，已有 27 家"北京礼物"专营店对外营业，分布在颐和园、"鸟巢"、"水立方"、天坛等著名景区和前门、王府井等商业街区，经过认证的"北京礼物"在售商品近 800 款。其中既有家喻户晓的北京老字号，如红星二锅头、全聚德烤鸭、王麻子剪刀等，也有体现北京文化特点的现代工艺品，如以鸟巢、水立方等奥运场馆为造型设计的文房四宝、以北京园林为主题的精美瓷器等③。

（2）北京礼物发展现状。北京礼物作为文化创意旅游的重要内容，作为弘扬中华文化的重要载体，突出反映了北京元素、体现了北京文化，也是将中华文化传递到游客身边，传递到世界各地的重要方式。"北京礼物"立足了中国特色，整合了传统民俗、中华老字号等非物质文化遗产，是北京文化创意旅游发展的一个重要形式，对于培育新的旅游经济增长点，提高经济效益，促进产业结构调整，形成产业资源，提高旅游景点的知名度，增强北京这座古老城市的文化竞争力，打造世界城市，增强中华文化的国际影响力都具有重大意义，也是一次成功的尝试。但其目前发展未能充分挖掘北京特色文化，附加值仍然较低。因而需

---

① 360 百科，宋庄简介，http：//baike. so. com/doc/5534891. html.

② 360 百科，北京礼物简介，http：//baike. so. com/doc/6678531. html.

③ 卜小平. 品牌影响力提升实行特许式经营，"北京礼物"品牌为北京旅游加分［N］. 中国旅游报，2012 - 11 - 6（8）.

要进一步深入挖掘特色文化内涵，除政府主导之外，应该吸纳多种社会资源，共同协作，创新产品形式，真正成为响亮的"北京礼物"。

2. 特色餐饮

（1）特色餐饮概况。北京不仅集中了全国最美味的餐饮食品，也吸收了国外饮食文化的精华，众多的特色餐饮品牌，洋溢着悠远的文化精神。北京烤鸭、北京涮羊肉、北京烤肉、火锅、谭家菜、全素斋等都赫赫有名，艾窝窝、豌豆黄、杏仁豆腐、莲子羹、懒龙、冰板、驴打滚、三不沾、麻豆腐等也都是老北京的名小吃①。对于现在时尚的年轻人来说，"吃"本身已经成为一种寻找感觉的方式，要吃出创意、感觉、情调、新意和气氛，而北京也能很好地满足这类人群的需求。

谭家菜是清末民初的官僚谭宗浚父子创始的，所以又被称为官府菜，距今已经有100多年的历史了。谭宗浚在清朝翰林院中做官，他一生酷爱珍馐美味，热衷于在同僚中相互宴请。后来，谭宗浚的儿子谭琢青不惜重金聘请京城的名厨，让他的三姨太借此机会学会做更多的名菜。时间久了，三姨太不但成为谭家菜的集大成者，而且又广泛汲取了京城各派名厨的优点，使谭家菜发展到一个新的水平。② 1958年，谭家菜在周恩来总理的提议下进入到北京饭店经营，从此成为北京饭店的一部分。由于谭家菜的创始人谭宗浚是广东人，因而谭家菜综合了南北方菜肴的特点，形成了咸甜适合的口味。谭家菜在口味上的另一个特点就是讲究原汁原味。在谭家菜逐渐流入社会以后，越来越多的人被其独具一格的美味所吸引，于是众口赞扬，名声大噪，甚至有"食界无口不夸谭"之说。

厉家菜是一家以名气、口味、排场等著称的餐馆。厉家菜位于羊房胡同东侧一个很小的院落，门牌是11号，坐北朝南。小小的院门宽仅1米，进门也是只有1米多宽的狭窄甬道。前行数步，左侧一个月亮门，进去是一个相对宽敞的院子，南北两排小房间，有四五间小餐室及厨房，这便是厉家菜。厉家菜只供应晚餐，且数量极其有限，刚开业时，一餐只供应一桌，现在一餐也不过只有五六桌，想来此吃饭的人，都得事先预订，最火的时候，预约订座的顾客，大约排到半年以后才能吃上饭。厉家菜已经成了一个著名的品牌，不仅许多北京人知道它，而且它在海外的名气也很大，已经在澳洲等地有了分店。

梅府家宴餐厅大院是距今有百年历史的贝勒王府，陈列有梅兰芳先生的真迹、家具和照片。梅葆玖先生是这里的名誉董事长，他将家中梅兰芳先生用过的餐具、手摇摄像机、手摇照相机等物品拿到这里，形成了一个小型的梅兰芳艺术博物馆。这里主打南方口味的"梅府私房菜"，需预先定下人均标准，菜式由厨

---

① 祁建. 北京的回味［N］. 人民日报海外版，2009 - 1 - 1（7）.

② 北京谭馔餐饮管理有限公司官网，谭家菜介绍，http：//www. guoyancai. com/page/guanfucai.

师搭配。①

（2）发展现状。北京的餐饮文化长久、耐品而又代代推陈出新。流传的"大排档让位，私房菜上场；煤气罐让位，整体厨房上场；白米饭让位，窝窝头上场"的说法也生动地描述了从最早的吃饱到现在的吃好、吃新奇，吃健康，北京的餐饮小舞台，折射了时代的前进。然而，从目前的发展来看、特色餐饮很多，但分散性较大，没有一个整体的宣传推广，餐饮体系需要进一步完善。对于北京文化餐饮主题场所，也应该进一步挖掘其文化内涵，打造精品。对于老字号餐饮的发展也需要注入"创意"的力量。老字号的创新发展和宣传也是关键，将北京老字号的特色介绍给大家，使人们认识到老字号中蕴含的人文历史精神，使游客们通过美食领略北京的古都风貌②。

五、北京市文化创意旅游发展的方向及对策

（一）北京市发展文化创意旅游的优势、现状和问题

1. 北京市发展文化创意旅游的优势

北京是一座兼具了古典气质和现代气息的城市，拥有丰富文化遗产的同时，又富有现代气息和时尚魅力。作为我国文化中心，同时也是世界名城，北京拥有发展文化创意旅游的丰富资源及基础条件。历史与现代的交相辉映，使北京具有发展文化创意产业和旅游业的独特优势。丰富的文化和自然遗产资源为文化创意旅游开发提供了基本条件，快速发展的创意阶层为文化创意旅游事业的发展提供了支撑，巨大而多样化的旅游消费市场、合宜的政策条件等都为北京文化创意旅游发展创造了基础条件。此外，旅游服务资源丰厚、旅游产业引导资金雄厚、投资环境和产业政策完善、完整的口岸建设和管理体系、大量的技术与品牌、巨大的人力资源等优势都为北京发展文化创意旅游产业提供了条件。

2. 北京市文化创意旅游发展现状

北京作为全国政治文化中心，文化底蕴深厚，科教文化资源丰富，各类创意人才荟萃。自2005年北京确立发展文化创意产业，打造"创意之都"的发展战略后，文化创意产业已经成为北京市的支柱产业，文化艺术、新闻出版、广播影

---

① 携程网，梅府家宴简介，http://you.ctrip.com/sight/beijing1/139691.html.
② 张玉凤. 北京"老字号"餐饮企业生存现状分析与成长机制研究［J］. 旅游学刊，2009，24（1）：48－54.

视、软件网络、古玩艺术品交易等行业发展迅猛。目前，北京文化创意旅游产业发展模式丰富多样，形成了一些典型的成功案例，基本形成了四种模式：一是文化创意旅游社区，如南锣鼓巷、南新仓等；二是文化创意旅游活动、演出，如《功夫传奇》、《牡丹亭》等；三是文化创意旅游园区，如798、宋庄等；四是旅游中的文化创意内容，如北京礼物、特色餐饮等。虽然涵盖了旅游的众多方面，然而在发展过程中，仍然未能充分挖掘文化遗产价值，没有形成标志性文化旅游演艺活动，没有形成浓郁的文化创意氛围。

3. 北京市文化创意旅游发展中存在的问题

我国文化创意旅游发展中出现的一些普遍性的问题，同样存在于北京文化创意旅游发展之中，创意水平低、缺乏文化价值等极为严重。文化创意旅游产业高度依赖资本和创意因素，同时面向广阔的外部市场，又具有强烈的"人为创造"特征，而资本、人力（创意）和市场等要素又具有"流动"特征，因而造成了文化创意旅游产业的"流动性"问题。北京的798艺术家群体向宋庄乃至更远的地区迁移都印证了这种流动性。可以说，产业要素的流动性是北京文化创意旅游发展的核心问题之一。流动性给文化创意旅游的发展带来了巨大的困难，它导致产品的大量移植、过度开发和无序竞争，带来资本和文化的双重风险。此外，文化遗产旅游产品的开发停留在较浅的层面，没能深入挖掘遗产文化价值，开发具有丰富体验性及创意的旅游产品，也没有形成一些典型的创意地标等具有吸引力的创意产品。

（二）发展文化创意旅游对北京建设世界城市的意义

2010年，北京市在政府工作报告中明确提出要把北京建设成为世界城市，这为北京的城市建设提出了一个更高的要求，也成为"后奥运时代"城市发展的重大战略转型和城市经济结构升级的良好契机。世界城市是全球战略资源的凝聚和配置中心，是参与国际政治、经济和社会分工的重要载体，并在全球范围内占据支配统治地位的高端形态城市，建设世界城市是时代赋予北京的历史重任。世界城市是一座大家都向往、大家都梦想、大家都想去的城市，世界城市，有很多人的理想在其中。北京在建设世界城市背景下，文化创意旅游发展无疑是其非常重要的内容之一。

1. 城市形象的塑造

如同每个人独特的个性一样，城市也需要自己的"个性"。北京作为东方古都、世界城市，文化是其灵魂。文化创意旅游发展是一个深度挖掘古代文化的机会，也是让游客广泛体验，更多理解和了解中国传统文明的机会。基于此，北京文化创意旅游发展未来势必要与北京城市形象一致，深入挖掘北京文化，进一步让人们了解北京城市形象。一座创意城市就是"人们想去的地方"，而创意旅游就是"去到人们想去的地方"。世界城市应当成为世界人民向往的地方，为全人类提供有意义、有品位、有示范价值的生活。北京要成为真正的世界城市，不仅要掌握足够的财富和科技，更关键的是要占据人类文化价值的高地。就旅游业而言，业界公认未来全球竞争之核心在于文化，而北京旅游之最大优势也在于文化，这两点便无疑义地标明了北京旅游的前进方向。

2. 城市功能的延伸

北京是现代化综合性的大都市，作为中华人民共和国的首都，北京的功能首先是一个政治中心，其也是我国文化教育中心。北京作为我国国际会议最多的城市，商务旅游，会展旅游发展活跃、成熟，这些都是北京城市新的功能。文化创意旅游的发展是北京城市新功能发展的重要方面，极大地延伸了北京的城市功能。

3. 产业促进

在全域旅游概念中，旅游的发展不是孤军奋战，而是在产业融合中共同发展。产业之间的交叉、互相渗透以及聚变反应创造、形成了全新的产业。文化创意旅游产业就是文化创意产业与旅游业的融合发展，这种结合拓展了产业链，丰富了产业内涵，促进了产业的创新发展。

（三）北京市文化创意旅游发展的方向及对策

北京市文化创意旅游已经基本形成了文化创意旅游社区、文化创意旅游演出活动、文化创意旅游园区、文化创意旅游环节等发展模式，然而，随着经济的发展，时代的进步，人们旅游需求的进一步增长，北京市文化创意旅游发展对于北京文化旅游城市形象塑造、城市功能的发挥具有非常重要的作用，其发展的潜力模板依然有很多。

1. 加强文化遗产的创意开发

文化遗产具有多样的形式，其包含的文化价值信息也十分丰富和复杂。它包括历史、建筑与纪念物、思想价值与信仰、艺术、生活习俗、传统节事以及人为改造的自然景观等类型①，有一些具有物质形态，有一些则为非物质形态。其价值包含了使用价值、历史价值、科学价值、艺术价值、经济价值、社会价值、情感价值、哲学价值等，是一个复杂的整体②。这种复杂性尤其体现在它所包含的精神层面的内容，例如，关于生命的智慧与思考，以及对于现代社会生活的一些

---

① Jafar Jafari. Encyclopedia of Tourism ［M］. London：Routledge，2000：275.

② 崔敬昊. 北京胡同的社会文化变迁与旅游开发 ［D］. 中央民族大学博士学位论文，2003.

启示①。这些无形的内容构成了文化遗产价值的重要环节，也为真正从整体性保护和利用好文化遗产提出了重要课题②。

北京文化遗产丰富，文化底蕴深厚，目前对于文化遗产地的开发多停留在表面的观光旅游上，对于其文化价值的挖掘不够深入，旅游产品创意不够，仍有很大的发展空间。虽然像南锣鼓巷、南新仓这样的开发具有成功典范作用，但是，北京丰厚的文化遗产还有很多，开发并不完善。如长城不仅仅可以实现"不到长城非好汉"的攀登愿望，更多的应该让游客通过参与、体验活动了解到古代人民的智慧以及其传递的文化价值。升级和盘活传统产品，扩大胡同游的体验内容、深度和空间，打造系列主题胡同，以"北京人家"和"皇城精舍"提升和锻造北京民宿品牌，加强推出"北京礼物"的文化创意版，都是可以进一步深入挖掘的文化创意旅游发展方向。

2. 打造标志性文化创意旅游项目

（1）推出标志性文化创意旅游演艺活动。基于北京深厚的文化，目前已经形成了一些具有中国特色的演出。如《功夫传奇》、《牡丹亭》等。但是，这远远不能满足人们对于北京文化深度了解的需求，最重要的是这些演出并不具有代表性。北京没有一个标志性的旅游演艺一提及就让人们联想到北京，联想到北京文化。比如提及"印象刘三姐"，我们就会想到桂林阳朔，提及"魅力湘西"就会想到张家界。因而，北京也应该基于自然和文化遗产，用创意的方式整合旅游资源，创新旅游产品和体验方式，比如可以通过天坛、鸟巢、居庸关等为载体，推出真正代表北京的标志性演出，同时创新首都剧场联盟功能，规划朝阳区和天桥文艺夜生活集聚空间，打造"东方百老汇"。

（2）尝试建设新型文化创意旅游综合体。文化创意旅游综合体是在城市综合体发展的基础上提出的，是一种新型的旅游模式，与城市综合体、旅游综合体密切相关。城市综合体主要是指集商业零售、商务办公、酒店餐饮、综合娱乐、公寓住宅等核心功能于一体的多功能、高效率的综合体③。文化创意旅游综合体主要是指在文化创意产业和旅游业融合的大背景下，由文化创意产业吸引物和旅游六要素（吃、住、行、游、购、娱）相结合而形成的新型旅游产业模式。在现实生活中，我们每个人都能够以不同的方式将旅游体验的不同要素进行组合，

① Ray C. Culture, Intellectual Property and Territorial Rural Development. Sociologia Ruralis, 1998（1）: 3 - 20.

② 张松. 历史城市保护学导论［M］. 上海: 上海科学技术出版社, 2001: 147 - 151.

③ 郭小妮. 解析城市综合体——以"新加坡海滨商业旅游综合体港湾区"为例［J］. 福建建筑, 2011,（11）: 4 - 8.

产生新的创意体验①。作为跨越产业边界融合而成的新型旅游模式，文化创意旅游综合体以市场为导向，以"创意"为内核，对旅游资源的文化内涵进行深入挖掘，体现了高度的融合性、创意性和文化性，具有广阔的市场发展前景。北京具有丰富的人文资源、便利的交通条件，发展文化创意旅游综合体能够较好地满足游客获取知识信息、提高文学艺术修养、体验创意生活等多方面的诉求。文化创意旅游综合体的发展也有利于北京旅游产业结构优化，旅游产业价值链延长，进而推动北京旅游产业的可持续创意发展。

（3）打造文化创意旅游功能区。北京发展文化创意旅游应该着重打造文化创意旅游功能区。以文化创意旅游综合体为核心，形成文化创意旅游发展区块。整合已有的什刹海—南锣鼓巷等文化创意旅游功能区，以标志性文化创意旅游项目为主体，加强文化创意旅游元素，发展形成若干新的文化创意旅游功能区。可以以东城区、西城区为核心，以朝阳区为重要辅助板块，大力发展文化创意旅游体验空间，从而使得北京城市旅游由点线式的游览区向完整连片的生活体验空间转变。在未来北京旅游、文化和城建的管理工作中，东城与西城两区应当走向统一，打造文化创意旅游功能区。

3. 打造高端文化主题场所，推动文化、商务与旅游的深度融合

文化主题场所居于北京文化旅游产品的塔尖地位，在北京旅游品质提升、文化内涵挖掘、附加值和综合效益提升过程中发挥着关键的带动作用。北京市文化主题场所和设施的发展大幅度提升了北京旅游品质，提高了北京旅游服务水平，推动了北京市旅游业整体发展，促进了旅游产业结构升级。北京市文化主题场所的发展与北京文化产业的发展、经济发展方式的调整、世界城市的建设、人民生活幸福感的提高要求相一致，一批有特色、高品质、有影响的文化主题场所将形成一个整体，共同构建北京城市的文化形象、商务形象、环境形象，并与现代服务业和城市生活广泛融合，因而其具有重要的开创性、引导性和实践性意义。

北京具有内涵深厚、体验丰富、管理规范、服务完善的代表性文化主题场所，大体形成了相对丰富的类型，以文化为依托的主题文化场所，如皇城会、曲水兰亭等；以传统文化的专题研究交流为主要活动内容，或以个人作品为主题的艺术馆，如什刹海书院、韩美林艺术馆等；以某个文化元素为主题，在装修、设计、装饰及产品、服务上都围绕该主题进行，并且以打造精品为理念，提供高品质酒店服务的主题酒店，如颐和安曼酒店、长城脚下的公社和七叶香山等；通过一个或多个文化主题为吸引标志的饮食餐厅场所，如梅府家宴、厉家菜等。然而，文化主题场所和设施依然具有很大的发展空间，文化价值仍然可以进一步挖

---

① Cloke P. Creativity and tourism in rural environments ［J］. Tourism, Creativity and Development. 2007, 23 (4): 37 - 47.

掘。老舍茶馆这样挖掘较深入的代表还较少，以人民艺术家老舍先生及其名剧命名的老舍茶馆，在古色古香、京味十足的环境里，客人不仅可以欣赏曲艺、戏剧等精彩表演，同时还可以品用各类名茶、宫廷细点和应季北京风味小吃。提高北京文化主题场所产品的质量，打造精品势必成为北京发展文化创意旅游的又一核心潜力板块。

4. 战略层面设计产业发展的政策体系

（1）推动世界城市旅游形象重塑。建设世界城市背景下，打造北京世界一流旅游城市，提升旅游目的地的形象，塑造文化旅游城市形象是北京文化创意旅游发展的重要方面。加强城市营销与环境建设是推动北京世界城市旅游形象重塑的重要手段。北京作为一个旅游目的地城市以及经济中心，应该加强城市的整体营销。可整合推出"皇城"、"京都会"和"金城坊"等新品牌、新片区。以"皇城"整合什刹海、南锣鼓巷、南新仓和皇城根等片区，以"京都会"整合前门、大栅栏、天桥等会馆、演出和文化老字号资源，将朝阳的商务、酒店、艺术、娱乐元素整合为"金城坊"品牌，编制发展规划，贯通自助体验旅游线路，统一引导系统和营销工作。加强城市环境改善和建设也势在必行。雾霾天气，已经为帝都蒙上了一层"阴影"。除此之外，在城市环境整体建设中，如夜景系统的打造，城市标志地标的建设都是非常重要的。在北京市公务系统和公共服务系统中推出文化创意性视觉标识系统。

（2）系统维护文化遗产价值。文化创意旅游发展的核心是文化价值的构建与输出。北京丰富的遗产和文化的深入挖掘及系统保护开发是北京文化创意旅游发展的关键。系统保护和构建北京文化价值，应该扩大文化遗产地的体验内容、深度和空间，开发系列文化主题旅游产品，打造北京主题会所、餐饮特色品牌。在文化遗产观光旅游的基础上，打造如长城实景演出等真正代表北京文化的标志性演出。与此同时，保护文化遗产，扶持和保护文化系统中的重要而脆弱的要素，如老城社区、民间文化艺术组织、传统生活仪式和技艺、生活服务业老字号等，编列名录和生存状态报告，形成预警和挽救机制，确保其长期生存，并实现在现代环境中的价值发挥。

（3）注重产业政策系统性和连贯性。虽然北京文化创意旅游发展具有政策引导的明显优势，但是产业发展政策应该具有系统性和连贯性。应该由北京市旅游发展委员会牵头组织，由北京市规划、建设和文化部门配合推进。将发展文化创意旅游作为旅游委高端旅游发展处的核心职责之一，并由大型活动处、区域合作与综合协调处配合实施。由北京市哲学社会科学规划办公室组织力量进行相关理论和实践问题的系统研究，从北京城市精神中进一步挖掘出城市文化价值的体验内容。

　　（4）注重创意人才培养。北京虽然拥有众多的文化科研教育机构，各类人才荟萃，但是北京文化创意旅游发展需要的创意阶层不仅要具备相关的专业知识，重要的是要具有创新意识、创新能力，并且需求量大，因此要加强文化创意旅游人才的培养。可以通过制定产业扶持政策、奖励业界精英、引导市属高校专业发展，以及支持整体营销等方式，确保北京在这一核心要素上占据全国的领先地位。

　　总体而言，北京需要从建设世界城市文化感召力高度认识文化创意旅游的发展。提升文化、规划和旅游等部门及业界对北京和中国文化的认知与自信。同时在发展中注意文化资本的固化，克服流动性带来的文化和资本风险。集中打造具有中国文化根植性的项目，打造具有标志性的文化创意演出、大型地标建筑。用创意的方式深入挖掘、开发北京文化，用创意引领时尚生活方式，从而实现北京旅游业的产业升级，加快世界城市的建设。

第四章

北京市旅游景区发展与升级

北京市作为我国近现代政治、文化和经济的中心，历史上曾经是几个朝代的都城，拥有大量明清以来的皇家文化遗迹和近代文化名人遗迹。规模宏大的帝王宫殿、园林、庙坛、陵墓及其他古代建筑井然有序、错落有致，积淀了北京丰富的人文旅游资源。截至 2013 年 10 月，北京市现有景区 214 家，其中 5A 级景区 8 家，4A 级景区 66 家，3A 级景区 87 家，2A 级景区 41 家，1A 级景区 12 家。在各类旅游景区中，人文旅游景区等级最高、影响最大。北京共拥有 6 处世界遗产（2010 年统计），其中故宫、长城、十三陵、颐和园和天坛是具有国际影响力的著名景区。2012 年，全市 A 级景区（点）及其他重点景区（点）共接待游客 2.4 亿人次（含年、月票人数），同比增长 0.1%；营业收入 58.6 亿元，同比增长 6.2%。

总体来说，与旅游业其他分支行业相比，景区行业是一个新兴的行业范畴，我国景区行业整体上是朝阳行业，处于发展成长期，尤其是在 21 世纪后的十几年内，景区行业更是得到了迅猛的发展。但是北京市景区发展、管理等相对于发达国家仍较为落后，景区的转型与升级迫在眉睫，下面对在北京市建设世界旅游城市背景下，旅游景区发展与升级进行研究。

一、北京市 A 级景区空间结构及其演化

（一）景区空间结构特征

北京市 A 级旅游景区在城区（城区包括东城区、西城区、海淀区、丰台区、朝阳区及石景山区）分布较多，共计 76 家，占北京市 A 级景区的 35.5%；其次是延庆县，共有 A 级景区 24 家，占北京市 A 级景区的 11.2%；通州区 A 级景区最少，共计 4 家，约占北京市 A 级景区总量的 1.9%，如图 4 - 1 所示。

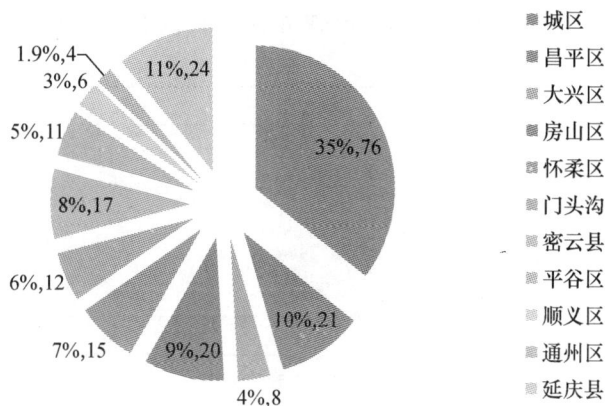

图4-1 2013年北京市A级旅游景区分布

资料来源：根据北京市旅游发展委员会官方网站数据整理。

1. 景区等级呈现"两头大中间小"的橄榄形结构

根据北京市旅游发展委员会官方网站数据统计，截至2013年10月，北京市现有景区214家。其中5A级景区8家，4A级景区66家，3A级景区87家，2A级景区41家，1A级景区12家。与2010~2012年北京市A级景区相比，景区数量尚未有较大的变化，4年来，北京市A级景区数量基本持平，变化浮动较小，但其中5A级景区由2010年的4家增至5家；2010~2013年，2A~4A级景区较多，约占景区总数的90%，其中3A级景区最多，约占景区总数的40%；1A及5A级景区数量较少，约占景区总数的10%，从景区等级结构来看，北京市A级景区呈现出"两头小中间大"的橄榄形结构，如图4-2和表4-1所示。

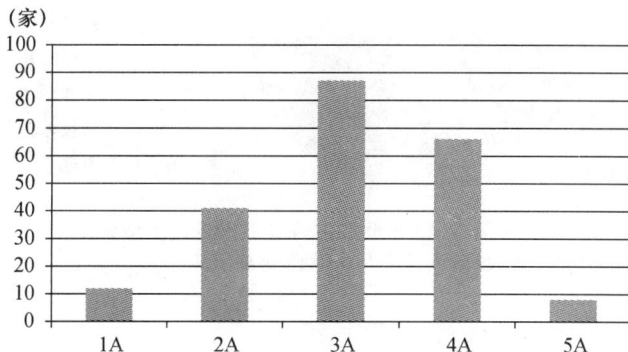

图4-2 2013年北京市A级景区数量分布

表 4－1　2010～2013 年北京市 A 级旅游景区数量统计

单位：家

景区等级	2010 年	2011 年	2012 年	2013 年
1A	15	16	12	12
2A	44	46	36	41
3A	72	80	87	87
4A	66	63	63	66
5A	4	6	8	8
总计	201	211	206	214

资料来源：根据北京市旅游发展委员会官方网站数据整理。

2. 景区以自然景观和历史文化类景区为主

从类型特征来看，北京市 A 级旅游景区仍以自然景观和历史文化类景区为主。截至 2013 年 10 月，北京市 A 级旅游景区以自然景观类为主的共计 67 家，占北京市 A 级旅游景区的 31.3%；其次是历史文化类，共计 54 家，占北京市 A 级旅游景区总量的 25.2%；最后是度假休闲类，共计 39 家，占北京市 A 级旅游景区总量的 18.2%；主题游乐和博物馆等数量较少，分别为 20 家和 17 家，分别占北京市 A 级旅游景区总量的 9.3% 和 7.9%，如图 4－3 所示。

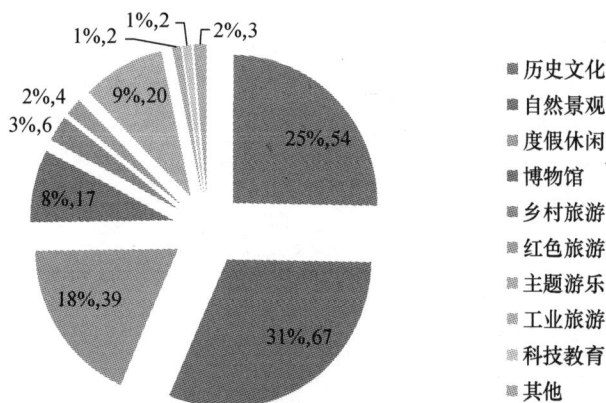

图 4－3　2013 年北京市 A 级旅游景区类型分布
资料来源：根据北京市旅游发展委员会官方网站数据整理。

3. 分区域景区类型及级别特征

（1）分区域景区类型特征。从图 4－4 及表 4－2 可以看出，北京市历史文化类 A 级景区主要分布在城区，共计 28 家，占历史文化类景区的 51.9%，顺义及通州区没有历史文化类 A 级景区；自然景观类景区在城区、昌平区、房山区、怀柔区、门头沟区、密云县、平谷区及延庆县基本呈均匀分布，在大兴区、顺义区及通州区分布较少；度假休闲类景区主要分布在城区及延庆县，分别为18家、9家，分别占23.1%和46.2%；北京市A级博物馆类景区主要分布在城区，共计10家，占北京市A级博物馆类景区总量的58.8%；北京市A级乡村旅游类景区主要分布在大兴区、昌平区、房山区、怀柔区及通州区，但总体数量较少，共计

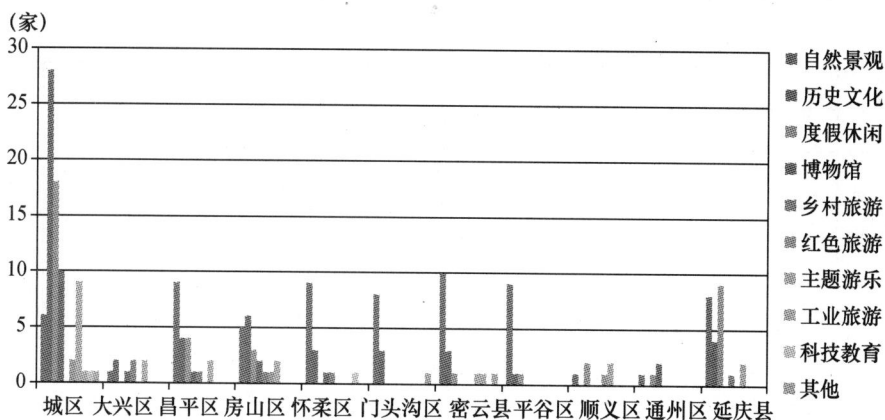

图4-4 2013年北京市A级旅游景区不同类型分区域比较

表4-2 2013年北京市A级旅游景区不同类型分区域比较

单位：家

景区类型 分布区域	自然景观	历史文化	度假休闲	博物馆	乡村旅游	红色旅游	主题游乐	工业旅游	科技教育	其他	合计
城区	6	28	18	10	0	2	9	1	1	1	76
大兴区	1	2	0	1	2	0	2	0	0	0	8
昌平区	9	4	4	1	1	0	2	0	0	0	21
房山区	5	6	3	2	1	1	2	0	0	0	20
怀柔区	9	3	0	1	1	0	0	0	1	0	15
门头沟区	8	3	0	0	0	0	0	0	0	1	12
密云县	10	3	1	0	0	0	1	1	0	1	17
平谷区	9	1	1	0	0	0	0	0	0	0	11
顺义区	1	0	2	0	0	1	2	0	0	0	6
通州区	1	0	1	2	0	0	0	0	0	0	4
延庆县	8	4	9	0	1	0	2	0	0	0	24
总计	67	54	39	17	6	4	20	2	2	3	214

资料来源：根据北京市旅游发展委员会官方网站数据整理。

6家；北京市 A 级主题游乐类景区主要分布在城区，共计 9 家，占 A 级主题游乐类景区的 45%；红色旅游、工业旅游及科技教育类 A 级旅游景区数量较少，分布特征不明显，在此不做讨论。

（2）分区域景区级别特征。从图 4 - 5 和表 4 - 3 可知，城区主要是 4A 级景区较多，3A 级景区次之，其中 5A 级景区 5 家，在北京市的 11 个区域中是最多的。除此之外，北京市不同区域的 A 级景区分布特征不明显。

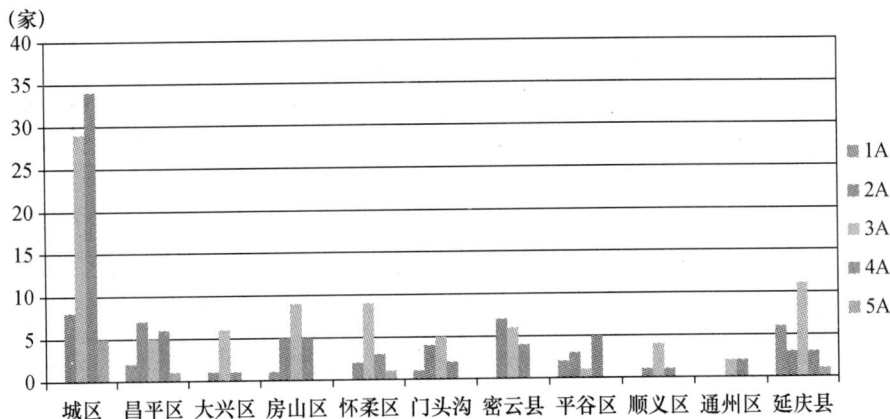

图 4 - 5　2013 年北京市 A 级旅游景区不同类型分区域比较

表 4 - 3　2013 年北京市 A 级旅游景区不同类型分区域比较

单位：家

分布区域 ＼ 景区类型	1A	2A	3A	4A	5A	合计
城区	0	8	29	34	5	76
昌平区	2	7	5	6	1	21
大兴区	0	1	6	1	0	8
房山区	1	5	9	5	0	20
怀柔区	0	2	9	3	1	15
门头沟区	1	4	5	2	0	12
密云县	0	7	6	4	0	17
平谷区	2	3	1	5	0	11
顺义区	0	1	4	1	0	6
通州区	0	0	2	2	0	4
延庆县	6	3	11	3	1	24
总计	12	41	87	66	8	214

资料来源：根据北京市旅游发展委员会官方网站数据整理。

（二）景区演化特征

1. 景区沿交通干道演化

北京新增旅游景区沿交通干道的分布十分明显。沿五环路与六环路的 A 级旅游景区空间聚集明显，此外，由主城区向郊区辐射的多条高速公路（西北方向的八达岭高速、东北方向的机场高速和京承高速、西南方向的京石高速）成为 A 级旅游景区分布不断增多的主要聚集带。

2. 景区沿重要水系和公共绿地演化

城市水系和公共绿地是城市发展依托的重要景观基底。历年来 A 级旅游景区分布沿北京重要水系和公共绿地不断增多演化。城市中心公共绿地 A 级旅游景区聚集分布十分明显；永定河、潮白河、温榆河、拒马河和泃河五大水系流域旁聚集了众多的 A 级旅游景区；此外，白河堡水库地区、密云水库区域、金海湖地区和怀柔水库地区等周边地带 A 级旅游景区空间分布同样比较集中。

3. 景区沿旅游集散中心和集散镇演化

旅游集散中心和集散镇是对旅游者起中转集散作用的地区，它对旅游景区的辐射作用能够极大地带动整个旅游地区的发展。目前，北京已确定了城区的前门和郊区的平谷大华山镇、密云的溪翁庄镇和石城镇、怀柔的汤河口镇、延庆的八达岭镇、昌平的十三陵镇和长岭镇（2009 年已合并为十三陵镇）、门头沟的斋堂镇以及房山的长沟镇为北京市的旅游集散中心和集散镇。A 级旅游景区具有沿北京市旅游集散中心和集散镇空间分布不断增多演化的态势。以前门旅游集散中心为代表的城区 A 级旅游景区聚集非常明显；昌平十三陵镇、密云溪翁庄镇和石城镇、平谷的大华山镇和房山的长沟镇等 A 级旅游景区聚集也较明显；怀柔的汤河口镇和门头沟的斋堂镇周边也聚集了较多的 A 级旅游景区。北京 A 级旅游景区沿旅游集散中心和集散镇不断增多演化的规律其形成机制主要为：旅游集散中心和集散镇一般都是经济发展条件、基础设施配套条件与交通区位条件较好的区域；而旅游集散中心和集散镇的这些条件也正是旅游景区赖以发展的优厚条件，A 级旅游景区除了本身的旅游禀赋等级外，如果交通区位、基础设施配套等条件优越，景区吸引力和发展潜力自然也会更好。

二、北京市 A 级景区发展及接待水平

（一）景区管理模式

目前北京市 A 级景区经营模式主要有以下三种：整体租赁经营模式、股份制

企业经营模式和政府主导型经营管理模式，其中北京市郊区小的景区经常采用政府主导型的开发经营模式。北京市作为中国的首善之区，其景区扮演着很多的公益角色。特别是在未来世界旅游城市的背景下，也将承担更多的教育、科研、社会公益等公益责任，所以北京市景区的社会功能决定大多数不可能成为在市场中自由竞争的经济主体。所以在未来很长的时间内，许多北京景区仍将是以政府主导型景区为主。

（二）景区游客接待量

2008～2012年，北京市A级旅游景区年度游客接待量持续增长，平均接待游客量为18619.18，平均增长率为20.6%，其中境外游客接待量也持续增长，平均增长率为9.8%。2008年，游客接待量为11855万人次，境外游客接待量为730万人次；2012年游客接待量为24278万人次，境外游客接待量为1054.9万人次（见表4－4）。从2008年1月至2013年2月的北京市A级旅游景区月度游客接待量可知，北京市A级旅游景区接待游客量呈现一定的周期性，每年5月、8月及10月是北京市A级旅游景区游客接待的高峰，每年1月、6月、9月及12月为北京市A级旅游景区游客接待的低峰，接待游客数量较少，如图4－6所示。

表4－4　2008～2012年北京市A级旅游景区年度境内外游客接待量统计

景区类型 \ 年份	2008	2009	2010	2011	2012	平均
游客接待量（万人次）	11855	15357	17306	24254.9	24278	18610.18
增长率（%）	—	29.5	12.7	40.2	0.09	20.6
境外游客接待量（万人次）	730	841	978.5	1029.3	1054.9	926.74
增长率（%）	—	15.2	16.3	5.1	2.5	9.8

资料来源：根据北京市旅游发展委员会官方网站数据整理。

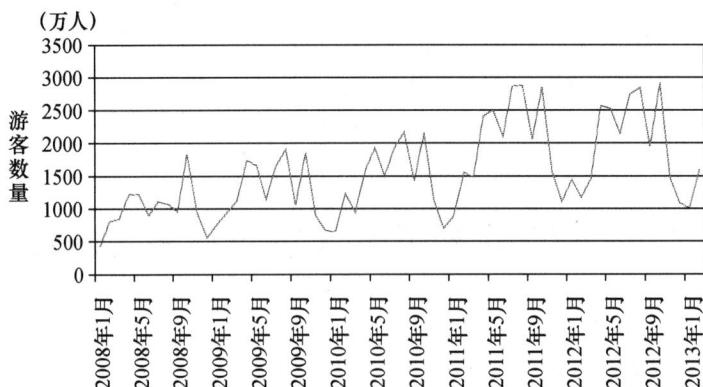

图4－6　2008年1月至2013年2月北京市A级旅游景区月度游客接待量

(三) 景区收入及其构成

2008～2012年，北京市A级旅游景区综合收入呈上升趋势。2012年，北京市A级旅游景区综合收入达到586334万元（见图4-7和表4-5）。从北京市A级旅游景区收入构成来看，北京市A级景区的主要旅游收入来源于"门票收入"，约占综合收入的67.2%；商品销售收入所占比例偏小，约占2.9%；其他收入约占总收入的29.9%，如表4-5和图4-8所示。

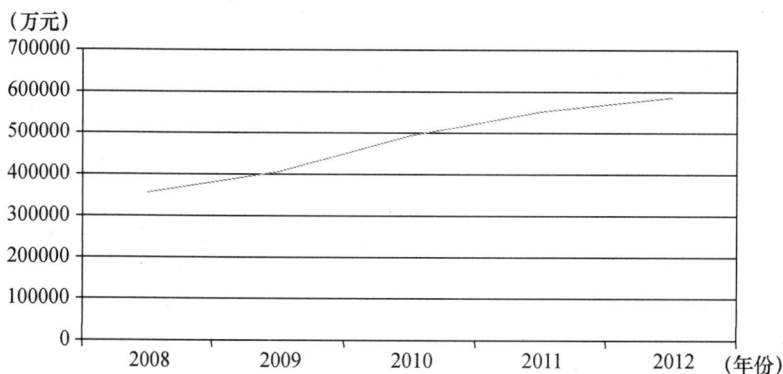

图4-7 2008～2012年北京市A级旅游景区综合收入

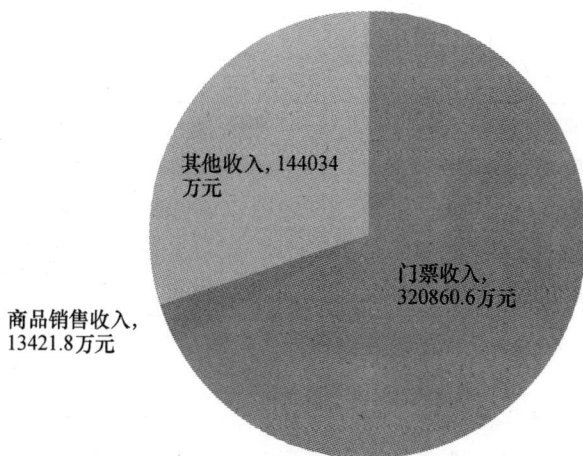

图4-8 2008～2012年北京市A级旅游景区旅游平均收入情况

表4-5　2008~2012年北京市A级旅游景区收入及收入构成统计

景区类型 年　份	综合收入 （万元）	门票收入 （万元）	比例 （%）	商品销售收入 （万元）	比例 （%）	其他收入 （万元）	比例 （%）
2008	355350.0	238996.0	67.3	11739.0	3.3	103671	29.2
2009	405842.0	278041.0	68.5	13812.0	3.4	113992	28.1
2010	492665.0	338632.0	68.7	11968.0	2.4	142067	28.8
2011	552330.0	367641.0	66.6	14136.0	2.5	170553	30.9
2012	586334.0	380993.0	65.0	15454.0	2.6	189887	32.4
平均	478504.2	320860.6	67.2	13421.8	2.9	144034	29.9

资料来源：根据北京市旅游发展委员会官方网站数据整理。

（四）景区经营绩效的景气分析

作为旅游核心要素的景区，其绩效在旅游业整体运营中的影响日益增长，笔者对北京市A级旅游景区绩效进行系统评价，旨在通过景区企业对行业发展、企业自身经营状况以及具体经营指标的判断分析景区行业的发展绩效。

表4-6　北京市A级景区具体企业经营指标评价

年　份	规模指标		绩效指标		就业指标
	接待人数 （万人次）	固定资产投资 （万元）	营业收入 （万元）	利润水平 （万元）	从业人员 （人）
2003	8885.1	268563.32	113350.10	-16366.60	10931.00
2004	12265.5	566297.6	214675.90	-19107.90	19576.00
2005	12862.9	604012.9	118050.80	-10898.90	19880.00
2006	13590.3	772701.2	277184.10	-11292.70	21067.00
2007	14715.5	881213.7	336620.50	-13549.30	26694.00
2008	14560.0	934617.9	289942.40	-17352.70	27351.00
2009	16669.5	1232496.3	439591.87	12166.40	27901.00

资料来源：根据北京市旅游发展委员会官方网站数据整理。

1. 规模指标的时序性变化

2003~2009年景区规模指标显示，景区企业的规模指标整体趋稳。景区企业对规模指标的信心指数整体乐观，接待人数虽然增长率较低，但整体呈增长趋势；固定资产投资增长较快。

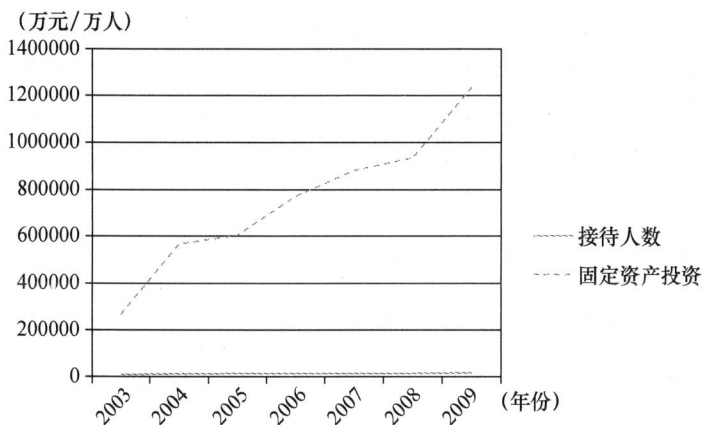

（万元/万人）

图4-9　北京市A级景区规模指标的时序性变化

2. 绩效指标的时序性变化

2003～2009年，北京市A级景区绩效指标显示，相对于景区企业的规模指标，景区企业的绩效指标波动相对较大。景区企业对绩效指标的信心指数整体不容乐观，营业收入虽然整体呈增长趋势，但利润水平仍为负数，只有2009年为正数。

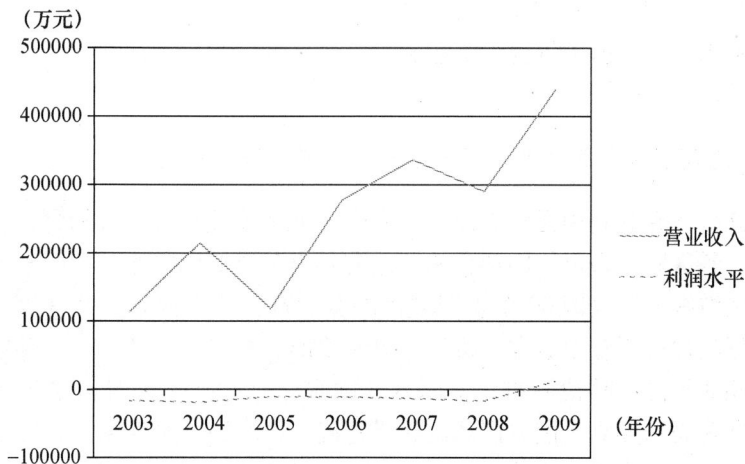

（万元）

图4-10　北京市A级景区绩效指标的时序性变化

3. 就业指标的时序性变化

2003～2009年，北京市A级景区就业指标显示，北京市A级景区就业指标呈持续增长趋势。2003～2004年、2006～2007年，北京市A级景区就业指标增长较快，其他时间变化不大。从业人员的不断增加与北京市A级旅游景区近年来快速发展有关，同时也可能因为景区越来越倾向于精细化管理，分工越来越明确，所以需要更多的景区从业人员。

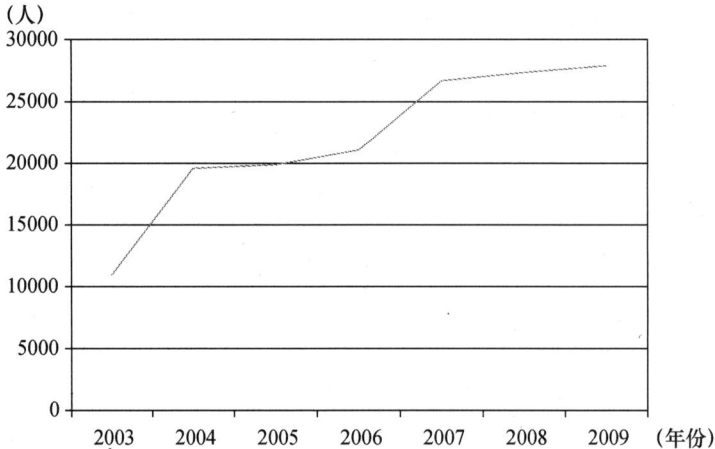

图4-11 北京市A级景区就业指标的时序性变化

北京市A级景区的固定资产投资不断增加、接待人数以较低的增长率增加，就业人数不断增加，但是景区整体盈利仍然呈负数，需改变盈利模式，进一步提高盈利水平。

（五）游客视角下北京市A级景区服务质量满意度评价

中国旅游研究院利用无障碍设施，安全和卫生管理，客流量管理，手册、标志及讲解、景区服务人员、门票价格、旅游景点7个指标，通过国内散客、国内团队及入境游客，对全国60个不同城市的旅游景区的服务质量的满意度进行了评价，根据其评价所获取数据，进行了进一步的分析（见表4-7），并得到了以下结论：相对于国内其他城市，不同游客群体对北京市A级景区游客满意度不同，国内散客满意度高于国内团队游客满意度，国内团队游客满意度高于入境游客满意度，北京市需采取措施提高入境游客对北京市A级景区服务质量的评价。同时游客对景区门票满意度相对较低。总体来说，游客对北京市A级旅游景区满意度较高，但仍有较大的提升空间，如可以改善门票价格、增强游客管理手段、提高景区服务人员服务水平、增加旅游景点吸引力等。以下对国内散客、国内团队及入境游客的评价进行了详细描述：

表4-7　游客对北京市A级景区服务质量具体评价

	无障碍设施	安全和卫生管理	客流量管理	手册、标志及讲解	景区服务人员	门票价格	旅游景点
国内散客	8.51	8.52	8.34	8.32	8.31	7.76	8.42
国内团队	8.38	8.41	8.34	8.31	8.28	7.75	8.38
入境游客	7.54	7.54	7.52	7.45	7.82	7.71	7.88

资料来源：根据《中国旅游景区发展报告（2013）》（旅游教育出版社，2013年9月，第52~68页）整理。

1. 国内散客满意度评价

相对于全国其他的59个城市，国内散客对北京市景区服务质量满意度较高。其中无障碍设施全国60个不同城市排名第1；安全和卫生管理全国60个不同城市排名第1；客流量管理全国60个不同城市排名第2；手册、标志及讲解全国60个不同城市排名第2；景区服务人员全国60个不同城市排名第2；门票价格全国60个不同城市排名第5；旅游景点全国60个不同城市排名第3。

2. 国内团队满意度评价

相对于全国其他59个城市，国内团队对北京市旅游景区服务质量满意度相对较高。其中无障碍设施全国60个不同城市排名第2；安全和卫生管理全国60个不同城市排名第2；客流量管理全国60个不同城市排名第1；手册、标志及讲解全国60个不同城市排名第2；景区服务人员全国60个不同城市排名第2；门票价格全国60个不同城市排名第2；旅游景点全国排名第2。

3. 入境游客满意度评价

与上海、重庆、沈阳、西安、广州、成都和杭州7个城市相比，入境游客对北京市A级景区无障碍设施，安全和卫生管理，客流量管理，手册、标志及讲解满意度，景区服务人员，门票价格，旅游景点7个指标满意度评价分列第2、第3、第2、第4、第2、第2、第2名。

三、北京市景区法律、法规政策研究

（一）相关政策法规

有关旅游景区的立法可以分为两个主要方面：一是直接在法律中加以规定的，即法条中有直接涉及旅游景区管理的法律法规。这些法律法规又可以分为两种类型：一种类型是有关旅游景区管理的专门性立法；另一种类型是包含有关旅游景区管理以及相关内容的其他非专门性立法。二是不直接针对旅游景区管理的规范，但由于管理活动而引发适用的其他法律法规。就旅游景区的管理直接在法律法规中加以列明的立法形态而言，总体来说，我国目前尚未有专门的《旅游景区管理法》，但在宪法及国务院、国家旅游局、其他旅游主管部门以及各地人民政府颁发的旅游法规中，有不少与旅游景区管理有关的规定和条款。我国及北京市已经颁布的一系列涉及旅游景区管理和保护的法律、法规和文件主要可分为三个层次：

1. 全国人民代表大会及国务院颁布的法律、法规和文件

（1）直接的法律、法规和文件。《中华人民共和国旅游法》、《旅游景区质量等级评定管理办法》、《旅游景区质量等级的划分与评定》、《标志用公共信息图形符号——通用符号》、《标志用公共信息图形符号——旅游设施与服务符号》、《旅游厕所质量等级的划分与评定》。

（2）间接的法律、法规和文件。《中华人民共和国森林法》、《中华人民共和国环境保护法》、《中华人民共和国文物保护法》、《中华人民共和国海岛保护法》、《中华人民共和国城乡规划法》、《中华人民共和国水法》、《中华人民共和国土地管理法》、《中华人民共和国矿产资源法》、《中华人民共和国野生动物保护法》、《中华人民共和国陆生野生动物保护实施条例》、《中华人民共和国水生野生动物保护实施条例》、《中华人民共和国野生植物保护条例》、《中华人民共和国自然保护区条例》、《中华人民世界文化遗产保护管理办法》、《国家级非物质文化遗产保护与管理暂行办法》、《风景名胜区条例》、《中国公民出国旅游管理办法》、《旅游发展规划管理办法》、《国民旅游休闲纲要》、《国务院关于加快发展旅游业的意见（国发〔2009〕41号）》、《国务院关于进一步促进中小企业发展的若干意见（国发〔2009〕36号）》、《国务院办公厅关于加快发展服务业若干政策措施的实施意见（国办发〔2008〕11号）》、《国务院关于加快发展服务业的若干意见（国发〔2007〕7号）》、《国务院关于加快进一步加快旅游业发展的通知（国发〔2001〕9号）》、《关于进一步发展假日旅游的若干意见（国办发〔2000〕46号）》。

2. 国家旅游部门及相关主管部门颁布的法规和文件

《关于大力发展旅游业促进就业的指导意见》的通知（发改就业〔2008〕2215号）、关于发布《全国农业旅游示范点、工业旅游示范点检查标准（试行）》的通知（旅管理发〔2000〕046号）、关于印发施行《旅游标准化工作管理暂行办法》的通知。

3. 北京市颁布的景区法规、文件

《旅游景区服务质量标准》、《公共场所双语标识英文译法通则》、《公共场所双语标识英文译法第2部分——旅游景区》、《北京市A级旅游景区游客服务中

心建设和管理规范》、《北京市 A 级旅游景区导览标识设置规范》、《北京市旅游景区监控系统设置规范》、《北京市 A 级旅游景区突发事件应急规范》、《北京市 A 级旅游景区安全管理规范》、《北京市旅游突发事件报告制度规定》、《北京市生态休闲旅游区评定规范》。

总体来说，相对于发达国家，我国关于旅游景区的专门立法较少，甚至没有，但是与景区相关的法律、法规和文件较多，这是由北京市旅游景区资源类型种类多样决定的。北京市建设世界旅游城市，景区作为重要的一环，相应的法律、法规和文件的丰富是必要的。

（二）旅游立法促进北京市景区健康有序发展

《中华人民共和国旅游法》（以下简称《旅游法》）的出台标志着中国旅游业终于有了自己的法律。《旅游法》相关条款在景区资源、门票、安全、人才等方面的规定，对景区未来的管理和发展做出了强有力的法律规定，对景区的可持续发展产生了深远影响。主要在以下几个方面对北京市旅游景区产生作用：督促景区加强资源保护，注重生态建设；促使景区逐渐弱化"门票经济"，转变发展模式；降低景区旅游安全风险；指引景区以人为本，实现惠民发展。

四、旅游景区管理案例分析

（一）美国国家公园体系的管理经验

美国在旅游景区，特别是国家公园的建设和管理方面，走在了世界的前列，是我国旅游景区可借鉴的典型。自从黄石公园于 1872 年在美国建立，至 1997 年，美国国家公园系统已经包括 20 个类别（国家公园、国家历史公园、国家休闲娱乐公园、国家海滨公园、国家军事公园、国家纪念地、国家纪念碑等），共计 369 个单位，总面积 33.7 万平方千米，占国土面积的 3.6%。其中，国家公园 54 处，占国家公园系统总面积的 62%。笔者认为美国国家公园的管理体系在以下几个方面值得学习借鉴：

1. 美国国家公园的法律基础与标准

（1）美国国家公园的法律基础。美国遗产保护是建立在较为完善的法律体系之上的，几乎每一个国家公园都有独立立法。从 1872 年的《黄石公园法》，到 1916 年的《组织法》、1935 年的《历史纪念地保护法》、1964 年的《野生动物保护法》以及《土地和水资源保护法》、1968 年的《国家小径系统法》和《自然风景河流法》、1970 年的《一般授权法》、1978 年的《国家公园及娱乐法》、1980 年的《阿拉斯加国家土地保护法》、1998 年的《国家公园系列管理法》，美国国会的立法、决议、决定以及相关管理政策的制定始终伴随着美国国家公园发展的全过程。美国国家公园局的设立及其各项政策也都以联邦法律为依据。美国联邦政府、内政部、国家公园管理局关于国家公园的决策，大到发展目标及规划的确定，小到建设项目的审批和经营行为的规范，无一不是按照法律规定的程序来进行的。国家公园管理机构只有依法保护国家公园资源的责任和义务，没有不受法律限制的开发权力。

（2）美国国家公园的标准。一个准备进入国家公园系统的新区，必须符合以下标准：①具有全国意义的自然、文化或欣赏价值的资源；②具有加入国家公园系统的适宜性；③具有加入国家公园系统的可行性；④具有由国家公园管理局代替其他机构或私人企业等不同保护方式的要求。这些标准的制定，就是要确保国家公园系统只能包括国家自然、文化和具有欣赏价值资源的杰出范例，同时也说明，进入国家公园系统不是保护国家最杰出资源的唯一选择。

2. 美国国家公园管理与经营

（1）美国国家公园的管理机构。美国国家公园体系的管理者为成立于 1916 年的内政部国家公园管理局。该局专门负责全国的国家公园事务。1935 年通过的历史纪念地保护法规定将国家文化资源和自然资源统一交由国家公园管理局管理。美国国家公园管理局系统有员工约 1.5 万人，总部约 600 人；夏季另雇用 3000 ~ 5000 名临时人员。此外，还有 8 万名志愿者。

（2）美国国家公园的管理。美国国家公园系统内外都有大量的科学家，对国家公园的设立、规划、保护、利用和管理进行了长期的研究。他们围绕着"为什么设立、设立范围"或"保护目标、范围、方法和措施"，进行了大量的研究论证，为国家公园各层级决策者提供了充分的科学依据。来自政府和非政府的各类研究基金，都能有效地用于生物多样性保护、生态保护和恢复、防止外来物质入侵、病虫害防治方法、火灾控制方法、资源利用方式、保护监测方法以及历史文化资源等方面的研究，使各项管理工作具有很高的科技含量。

（3）美国国家公园的经营。1965 年美国国会通过了《特许经营法》，规定国家公园管理机构不得从事商业性经营活动，公园内商业经营项目通过特许经营的办法委托企业经营，管理机构从特许经营项目收入中提取一定比例的费用用于改善公园管理。国家公园管理机构是纯联邦政府的非营利机构，专注于自然文化遗产的保护与管理，日常开支由联邦政府拨款解决。特许经营制度的实施，形成了管理者和经营者角色的分离，避免了重经济效益、轻资源保护的弊端。

（4）美国国家公园的公益性。美国国家公园管理经费主要靠国会拨款维持日常运转，其中较少的一部分来自国家公园的门票收入。国家公园管理局从不下达创收指标，以防止公园借口搞开发项目。国家公园多数对游人免费开放，即使收费门票价格也很低，如约瑟米提国家公园每辆车收入门票 5 美元，黄石公园的门票是 10 美元，可以连续 5~7 天有效。全美国家公园每年游人多达 2.7 亿人，但门票总计为 7000 万美元，平均每人每年才花 0.25 美元的门票。这充分体现了国家公园的社会公益性。

3. 美国国家公园与旅游、休闲

如今，黄石公园已经成为旅游者的天堂，其旅游活动可以说是包罗万象、丰富多彩，适合不同品位、形形色色的旅游者，黄石公园正在接纳越来越多的旅游者。美国国家公园与州立公园分工明确，国家公园以保护国家自然文化遗产，并在保护的前提下提供全体国民观光机会为目的；州立公园主要为当地居民提供休闲度假场所，允许建设较多的旅游服务设施。州立公园体系的建立既缓解了国家公园面临的巨大旅游压力，又满足了地方政府发展旅游、增加财政收入的需要。根据旅游活动的内容，黄石公园最具代表性的旅游项目如下：

（1）初级守护者。黄石公园针对 5~12 岁的孩子开展了一项名为初级守护者的官方项目，其目的是向孩子们介绍大自然赋予黄石公园的神奇以及孩子们守护这一宝贵财富时所扮演的角色。要成为一名守护者，每个家庭只需要为长达 12 夜的活动支付 3 美元，这样孩子们就可以参观公园的任何一个游览中心，其中活动也丰富多彩。

（2）野生动植物教育——探险。黄石公园是全美观察悠闲漫步的大型野生哺乳动物的最佳地区之一。该活动在黄石公园协会的一名有经验的生物学家的带领下，探寻黄石公园内珍稀的野生动物。

（3）寄宿和学习项目。在白天，参与者在黄石公园研究会的自然学家的带领下饶有兴趣地探寻黄石的有趣之处；夜晚，游客返回住处享受美味佳肴和舒适的住宿设施，并在具有历史性的公园饭店内体验丰富多彩的夜生活。

（4）现场研讨会。该活动为游客提供一段相对比较集中的近距离的教育经历，主要涉及一些专业领域。研讨会的指导者一般是对黄石公园充满感情，并愿意与他人共享其专业知识的知名学者、艺术家和作品。活动一般持续 1~4 天，人员限制在 13 人以内，费用为 55~66 美元/天。

（5）徒步探险。在公园守护者的带领下，游客花半天时间，参观鲜为人知的地热区、探寻野生动物的栖息地、经历黄石公园一段荒凉的地带。

（6）野营和野餐。黄石公园有 12 个指定的野营地点，其中大部分野营地点遵循谁先到就为谁先服务的原则。游客不仅可以欣赏美景，远离喧嚣，体验悠然自得的恬静的乡野生活，同时，还可以通过与公园守护者、其他游客的交谈举行一些活动加深对黄石公园的美好经历。

（二）法国巴黎景区经营的经验借鉴

法国作为无数人向往的城市之一，在旅游经营方面发展得已经相对较为成熟，法国巴黎可值得借鉴的经验之一在于其门票价格低，靠人性化的服务盈利，这对于处于"门票经济"模式下的我国旅游业是非常值得借鉴和学习的；同时，法国对于旅游资源的开发，不局限于"传统"的旅游资源，注重非传统旅游资源的开发，这不仅可以分散城市客流，缓解部分景区的压力，还可以为游客提供体验、学习等机会。

1. 非传统旅游资源的开发

巴黎市注重非传统旅游资源的开发，巴黎市的图书馆也面向所有人免费开放，即使是在巴黎短暂停留的游客也包括在内。巴黎还新建了像蓬皮杜文化中心、维莱特科学工业城等一批新的文化科技旅游点。游客在这些地方既可欣赏展出的各种艺术品或最新的科技产品，也可查找各种先进的科技文献或历史资料、旁听学术交流会等。这些文化科技中心不仅成为追求知识的学习场所，也成为巴黎市重要的旅游景点，分散巴黎城市的客流，减少部分重点景区由于游客过多带来的各种衍生问题。

2. 门票价格低，靠服务盈利

巴黎的博物馆向游客免费开放，博物馆内标识清晰，游客可更容易、更快速地找到自己要看的东西；同时，入口下方的贩卖部，更可买到许多仿制的艺术品和精美的印刷品、海报等。

巴黎对参观文化遗产的票价定位较低，也不搞院内有院、层层设卡、层层收费。它们靠周到的服务赚钱。有的服务并不收费，例如罗浮宫外大面积的园地免费向游客开放，罗浮宫还免费向参观者供各种文本、印制精美的"导游手册"，其中中文版"导游手册"是由我国大使馆出资印制、赠送给该馆的。它们为参观的团队提供导游，并向观众出租主要语种的解说词单放机。它们精心印制具有收藏价值的展品图录、与展馆有关的明信片、纪念品、音像制品等，销售量相当大。巴黎拥有自己独具特色的精美别致的旅游商品，如图片、明信片、纪念章、纪念品、图书、光盘等。由于文化遗迹资源丰富，保护得好，管理得当，服务周到，收费公平，世界各国的游客蜂拥而至。这不仅直接推动了巴黎包括图书出版、音像制品等行业内的文化产业蓬勃发展，而且带动了为国外游客提供各种生活服务的第三产业，如交通、住宿、饮食业，甚至整个社会都从中受益匪浅，增加了社会就业，也增加了政府税收，社会效益和经济效益都十分显著。

（三）西班牙马德里景区经营的经验借鉴

西班牙马德里的景区经营经验主要有以下两点：一是马德里注重多元旅游产品的开发，同时注重产品的品质；二是注重旅游产品促销手段的多样化。

1. 注重多元产品的开发，强调品质取胜

坚持开发多样化的产品，注重传统优势产品与开发新产品相结合。西班牙皇宫又叫"马德里皇宫"，是欧洲仅次于凡尔赛宫和维也纳宫的皇宫，也是世界上保存最完整、设计最精美的宫殿之一，目前是马德里重要的旅游观光景点之一；西班牙的斗牛闻名于世，马德里的斗牛场位于市中心，能容纳2万多名观众；另外，马德里也很重视博物馆资源的开发，普拉多博物馆位于市内普拉多大道，是世界大美术馆之一，馆内有100多间陈列室，陈列12～18世纪的美术作品共3000余幅，主要是西班牙画家的作品和英国、荷兰及德国画家的代表作。不同品质的多元产品的开发是西班牙马德里旅游成功的原因之一。

2. 重视促销手段的多样化

马德里很重视网络技术在宣传促销中的应用，以及促销手段的多样化。不仅采用媒体、资料、展览会、邀请境外记者采访、在线等形式，还邀请业界人士赴马德里培训和考察。还将提供预订功能的旅游咨询中心设在主要的旅游景点。西班牙旅游研究院的研究表明，到西班牙的游客有38%使用互联网，面对新形势，马德里非常重视利用互联网进行宣传促销，投入巨资用于旅游信息服务建设，使游客在浏览过程中可以随时得到咨询和产品选择。

五、北京市景区发展存在问题

（一）景区管理效率低下、管理多头

由于北京市A级景区在经营上，基本是等客上门，很少主动宣传促销；在收支上，采取财政拨款加单位创收，有的稍有盈余，有的入不敷出，盈了归自己，亏了归国家；在劳动人事上，机构臃肿、冗员众多、"铁饭碗"、"铁交椅"雷打不动；在分配制度上，死工资、"大锅饭"的平均主义盛行。政企不分导致不讲效率，平均主义导致专业人员与冗员在分配上没有什么差别，上述种种弊端极大地挫伤了专业人员的积极性。

这种管理体制和经营机制导致了许多问题。一方面是资源的闲置和浪费，另

一方面是旅游开发和经营中的无序、低效甚至破坏现象。由于政企不分，景区管理部门既搞管理又搞经营，在景区经营项目、经营主体日渐多样的今天，不能严格、公正地按照国家的法律法规管理景区。除造成与其他企业的不平等竞争外，也严重困扰着资源环境的保护和旅游景区的发展。

由于景区产权不清晰，景区内普遍存在"多头管理"的现象。例如，绿化局管理景区树木、自然景观；文物局（站）隶属于文化部，专门负责景区内文物古迹的管理、修缮及考察挖掘等；宗教局属于宗教部门，专门负责景区内和尚、尼姑、喇嘛等出家人的管理、待遇和政策等；旅游局属于旅游部门，专门负责景区内的旅游开发、物价、村镇等，同时对其他部门主管的业务甚至也交叉管理。由于景区面积一般比较大，资源不是单一型，因此，往往一个旅游景区有好几个主管部门。一个资源类型比较齐全的景区，其管理部门可能涉及旅游、城建、林业、文物、宗教、环保、水利、地方政府等方方面面的政府组织机构。由于缺乏统一管理和协调，各级政府机构和单位都从部门的利益出发，形成了在各个部门管理权限和利益分割下对景区资源占有的人为分割，增加了景区内部的协调成本。

（二）入境游客满意度偏低

中国台港澳地区、日本、美国、韩国、西欧（尤其是德语区国家）、俄罗斯、东南亚始终是北京市的主要客源地。相对于国内其他城市，不同游客群体对北京市 A 级景区游客满意度不同，国内散客满意度高于国内团队游客满意度，国内团队游客满意度高于入境游客满意度，北京市需采取措施提高入境游客对北京市 A 级景区服务质量的评价。在将北京建设成世界旅游城市的大背景下，提高入境游客的满意度是必要的。如可大力开发入境游客市场偏好的旅游产品。针对入境游客的偏好，大力开发历史文化旅游产品、民族民俗文化旅游产品、商务会奖旅游产品、夜间休闲产品以及政治文化关联旅游产品，完善设施、提升服务、优化环境、挖掘内涵、提高质量。还可以提升城市旅游国际竞争力，高品质打造城市商业游憩、公园广场休闲游憩、文化娱乐游憩、体育运动休闲等城市游憩系统。大力发展酒吧街、特色旅游街区，创造轻松、愉悦的城市旅游氛围。完善城市旅游设施与环境，以旅游发展为导向优化城市景观。强化旅游管理与服务，加强城市旅游软环境建设。

（三）景区收入处于亏损状态

北京市 A 级景区盈利模式主要是门票经济模式，这是一个景区景点的粗放式发展模式，是一种低层次的发展模式，这一时期旅游景区主要通过完善景区的市场价格机制和市场竞争机制，调整产业观念和态度期望，从而获得门票收入。总体来看，造成北京市 A 级景区盈利模式层次低的主要原因有以下几点：

1. 部分景区具有公益性质

由于北京市部分景区具有公益性景区的性质，所以其盈利较少、商业化程度较低，即使收门票，价格也非常低。北京市旅游景区运营效率低下的一个重要原因是旅游资源中历史文化古迹占旅游资源较大比重。旅游资源的特性决定了北京市内多数旅游景区必须是公益性景区，公益性景区通常以服务、教育、研究等社会公益为第一要务，在景区的管理目标上，承担社会责任，超越经济效益的追求，成为第一目标，也使得北京旅游景区整体盈利能力较差。

2. 景区缺乏商业策划和科学规划

旅游景区商业策划与规划建设是旅游景区发展和开发的重要组成部分，然而，纵观北京市的旅游景区的规划与策划，虽然有不少的成功范例，但仍有大量的旅游景区未能够达到预期目的和效果。究其原因，一方面，策划和规划人员素质不高，科学性不强，大多处于经验策划阶段，加之行业准入制度门槛低，导致景区开发先期的策划和规划合理性和科学性欠缺，产品设计不符合市场和游客需求，景区引导消费项目设置不够，缺乏盈利点；另一方面，政府对景区策划和规划把关不严，使景区规划和策划陷入规划委托方，编制规划前动机不纯。一个好的旅游规划，是为旅游景区"量身定做"的旅游规划，很多时候，地方政府或景区负责人，因为考虑到政绩、面子、招商引资、工期等因素，对做出来的规划和策划草草结稿，基本起不到监督、把关、补充完善、提高的作用，按照策划和规划开发出来的垃圾景区，毫无盈利可言。

3. 景区的旅游产品附加值低

目前，由于景区产业链尚未形成，景区的附加收入相应也较少，导致景区门票之外的旅游综合收入占旅游营业收入比重很低。国外成熟景区门票收入占总体旅游综合收入的比重很小。即使是门票价格很高的迪士尼乐园，门票收入也仅占其所有收益的 20%。其他则来源于购物、餐饮、服务、娱乐设施等，仅乐园中的 5000 多种纪念品，一年的销售额就可达上亿元。而综合旅游产品的开发仍处于起步阶段，由于观光旅游产品缺乏体验性、创收性和引导消费性项目，景区主要收入来源还是门票，因此，使得景区经营者选择上涨门票价格的方式来增加旅游收入。

（四）旅游营销体系不健全

北京市旅游从整体上看基本是等客上门，很少主动宣传促销，这就限制了北京市旅游对国内外游客的吸引力。由于宣传经费有限，促销手段单一，北京市的旅游整体形象传播和促销受到制约，海外游客，尤其是外国游客对北京了解甚少，限制了来京海外游客人数规模的持续增长。总体来讲，北京市营销体系存在的主要问题如下：虽然北京市历史文化底蕴深厚，但城市特色不鲜明；营销覆盖面积小，力度弱，针对性不足；北京市政府在旅游营销方面，重视程度不够，作为准世界旅游城市，尚未形成完整、有效的市级层面的旅游景区营销系统。

（五）北京郊区旅游相对较为落后

北京郊区旅游发展相对较为落后主要体现在两个方面：一是北京郊区聚散能力差，使游客不能快捷地到达郊区的旅游景区景点。北京远郊区县旅游集散中心建设相对落后，分布严重不平均，如延庆、房山多个区县目前并没有分布集散中心，与"北京市内5公里一个咨询站"的目标有所差距，不利于游客从市中心景区向京郊景区分散和输送。北京市作为准世界旅游城市也将成为特大型旅游交通枢纽城市，周围坐落着天津、承德、大同等旅游目的地，旅游集散地的地位可见一斑，建立旅游集散中心、提高游客聚集和输送的能力至关重要。二是郊区旅游景区一般规模小，缺乏有吸引力的旅游项目。

（六）文化类旅游景区产品缺乏深度与品质

总体来说，北京市文化类旅游景区的开发形成了一定的规模，取得了一定的效果。但是，在开发过程中也存在一定的问题，如20世纪90年代初人造景点的建设，就存在景点建设缺乏文化内涵或文化内涵不够高，大量"人造新景点"的重复建设，景点"仿古"的倾向突出，景点建设缺乏文化内涵或文化内涵不够高等问题。因此，今后景点建设要突出文化内涵，进行科学论证，突出特色，避免雷同。既要防止"仿古"的倾向，又要防止完全现代化和雅化的倾向，还要防止大量"人造新景点"的重复建设。

除此之外，还存在文物古迹类旅游景区虽然是北京永久的招牌产品，对旅游者的吸引力也处于最强层次，但景区内旅游产品层次低，体验性不足；博物馆类旅游产品数量较多，但只有少数品位高，大部分博物馆单体规模小、体制陈旧、观念落后、吸引力不大，文物的展示、教育和传播功能有待完善。

六、北京市景区未来发展方向及建议

（一）景区发展与升级对北京建设世界城市的意义

旅游景区是旅游活动的核心和空间载体，是旅游系统中最重要的组成部分，也是激励旅游者出游的最主要目的和因素。旅游业和旅游服务都是依附于旅游景区的存在而存在的。北京市景区升级与发展对北京建设世界旅游城市具有非常重要的意义。旅游景区是旅游业的核心要素，是旅游产品的主体成分。景区的发展与升级是北京市建设世界旅游城市的重要突破口，是提升北京市整体旅游吸引力的关键。在现有制度环境下，北京市 A 级旅游景区管理应立足于景区的全行业管理，重在为旅游景区发展提供更为全面有效的保证，为旅游者提供更为全面的服务，并约束相关的旅游参与者。主要包括以下几个方面：建设智慧旅游景区，提升游客满意度，加强景区管理；提升城区文化类旅游景区的可持续发展，促进郊区旅游景区健康、有序发展；优化北京市旅游景区盈利模式、营销模式和管理模式。

（二）促进文化类景区发展

1. 增加景区体验值

实施景区深度开发战略，增加景区体验值。首先是从总体上提升景点的管理与服务质量，增进文化资源对游客的体验价值。其次，是进一步拓展新的文化旅游产品。一流的文化旅游景区，应该配以一流的经营管理模式。对故宫、长城、颐和园、天坛、十三陵等不可多得的世界文化遗产，一方面，我们要有强烈的保护意识，使遗产世代永久流传下去；另一方面，我们也要有责任将这些祖先遗留下来的公共产品让公众享有它、观赏它。

如何让观众在有限的展品前做短暂的逗留后能获得更广泛的知识与教益，产生丰富的体验，是遗产的管理经营者责无旁贷的使命。要站在这种高度上，在展示内容安排、展示方式、营销策略、解说系统、环境设计上进行细致考虑，构建提升北京文化旅游产品质量的系统工程，从总体上增强对游客的感官冲击度、情绪调动度、情景体验度、信息接受度。文化类旅游景区的产品，如果没有很好的内涵外化途径和方式，其价值是很难充分传递给游客的。因此，相应地要求旅游产品的经营者充分考虑产品的趣味性、参与性、动感性、场景氛围的同一性，以及外在感知性的设计。

2. 发展北京一日游项目

北京除上述提到的一流资源外，还有数十项在全国具有唯一性、观赏价值高，甚至在海外市场也具有较大影响的文化旅游资源和产品，例如，元大都遗址公园、皇城根遗址公园、卢沟桥、古观象台、中国自然博物馆、中国古动物馆、北京天文馆、中国科技馆、中国现代文学馆、古代钱币博物馆、历代帝王庙和古典艺术博物馆等。这些若干二级资源的景区可以联合经营，打造一日游精品，拓宽文化产品簇群。这些旅游景区由于点多、布局分散、单体规模较小，如同明珠散落于京城四方，如果可以编排到海内外旅游者赴京旅游线路中，能够单独组合成另一类新型观光产品。采取"连线"方式经营，即通过联合经营，或通过某个中介组织直接串联，将北京的诸多各具竞争优势和市场吸引力的二级产品组合成若干"一日游"主题产品。这种"连线"不仅仅是票务上的联合，更重要的是要统一游览车，统一配备导游讲解，把"给游客提供游览便利"作为最根本出发点。

3. 增加动态参与性产品

针对北京市旅游景区内动态产品欠缺，活动性、参与性不足的缺点，北京市应该大力提倡发展活动性旅游项目，实施景区多元产品战略，增加动态参与性产品。活动的文化旅游产品既可以让古老凝重的北京城"动起来"，也可使一般观光产品功能得到发挥。活动类产品对旅游者的吸引力是显著的。法国每年有50个艺术节，吸引了超过50万名的旅游者。英国的伦敦、爱丁堡等城市，也以丰富多彩的动态参与性文化活动，如音乐节、民俗节而闻名，每年吸引着大量来自世界各地的游客。北京还可以建立一两个具有文化内涵丰富、高科技含量高、娱乐性和参与性强的文化类主题公园来补充北京动态性文化旅游产品的重要途径，它既能为北京市上千万的市民提供休闲旅度假场所，也能为每年从外地到北京的回头客创造富有新意的新去处，为北京旅游增添新的活力。

（三）促进郊区景区发展

北京郊区旅游资源极其丰富，人文和自然资源独具特色，具有广阔的市场前景。辽阔的平原腹地、壮观的奇峰峡谷、悠久的历史古迹、五彩的田园风光、古朴的农舍民宅，编织成一片美丽如画的风景，是北京郊区旅游业发展的坚实基础。北京市郊区分为近郊区和远郊区，近郊区是指近郊休闲旅游带，包括朝阳、海淀、丰台、石景山、顺义、通州、大兴全部，昌平小汤山地区，门头沟的可纳人妙峰山、潭柘寺、戒台寺和西峰寺。近郊区交通方便，最接近城市消费群体，以农业观光、康乐休闲、宗教朝拜、观赏园林为主。近郊休闲旅游带旅游景点主要以众多的高科技农业观光区、寺庙古迹、人造景观和皇家园林为主。远郊度假旅游带包括房山、延庆、怀柔、密云、平谷5个山区县，昌平区的西北部和门头沟的西部区域。远郊度假旅游带是以山林水域风光、古遗址寺庙和奇峰洞穴为主的名胜古迹与自然风光相结合的风景旅游区。

郊区旅游必定会成为城市居民出行旅游的首选之一，尤其像北京郊区，其旅游资源具有规模大、范围广、种类多、品位高的特征，无疑是北京郊区发展最宝贵也是最独特的优势，区位优势和资源优势十分明显，这为未来的发展提供了极为广阔的空间。为了合理开发利用城郊旅游资源，在开发、管理、经营等方面应从以下几方面着手：

1. 精心设计景区游憩项目

郊区旅游活动一般是以一日游或两日游为主，由于郊区的一级客源市场是城市中心区和局部地区，因此保证旅游产品和服务质量的同时，旅游项目应具有文化性强、参与性广的特征，并做到不断创新。

2. 规范景区管理秩序

目前，北京市景区发展存在的主要问题之一在于市场秩序不规范，存在景区及产品的同质化，恶性竞争等不良发展态势。应由政府等机构对郊区旅游景区进行统一的规范化管理，减少恶性竞争，为游客提供良好的服务。

3. 应用科技人才优势

科技人才优势在北京具有得天独厚的条件，郊区各区县党政领导和企业管理层应加强与各大院校、科研机构专家、学者的联系，发挥其雄厚的科技创新能力来推动北京郊区的旅游景区发展。

（四）优化景区盈利、管理与营销模式

1. 优化景区管理模式

北京旅游资源丰富，但是一个突出的问题是旅游资源过于丰富，导致不少3A级以下的景区被淹没在少数几个著名的旅游景区的光环中，进而成为阴影区，经济效益差。这些小景区接待的游客，往往以北京本地居民为主，在服务社会的职能上仍承担着重要作用。为了提高这些景区的经济效益，同时又不减少服务社会的职能，通过集群的方法做好景区集中管理显得尤为必要。对于在地域上比较靠近的景区采用集群管理（包括合并），可以增加区域类景区的集中度，减少冗余人员，提高景区的经营效率。做好景区的集群化管理要注意以下几点：

（1）核心带动。在集群管理过程中，在众多旅游资源里，必须精选一个或几个精品资源予以开发，使其成为吸引客源的核心，先将旅游者引进来，进而在整个区域范围内进行客源共享，使周边竞争力相对较弱的资源得到精品资源的辐射，带动区域旅游资源的同步发展，达到区域旅游合作的目的。因此，在实施集群管理的过程中，选择类型各异、极具代表性的景区打造精品，具有相当重要的战略意义。

选择核心管理对象，要优先考虑那些在特定空间范围内具有垄断性或在同类资源中占有相对优势的旅游资源。凭借它们特有的资源优势，依照原有的资源特色，在提高资源档次、丰富旅游项目和塑造旅游形象上下功夫，加大宣传力度，树立精品形象。另外，要依据旅游市场需求，不断对精品推陈出新：依据现有的市场半径，分析旅游者偏好，针对旅游者需求，深入挖掘旅游资源内涵，打造新

的旅游项目，使精品更精，吸引力更强；凭借现有或潜在的旅游资源，分析新的目标市场，打造新的旅游精品，扩大原有的市场半径，以期获得更多的客源，增加旅游收益。

（2）错位发展。在集群管理过程中，在打造精品的基础上，错位发展至关重要。凭借旅游资源的差异性，组合不同的旅游产品，能发挥产品之间的协作功能，增强产品竞争力，做到相互拖动、相互影响，使冷点、热点共同升温，还能使旅游资源和基础设施得到充分利用，便于在淡、旺季各景区协调客流，缓解景区季节性差异。同时，也能为旅游者提供多种多样的旅游产品，使他们拥有更大的选择空间，根据喜好选择合适自己的旅游产品。

在错位发展战略中，首先，要注重景区类型的错位。将不同类型的旅游产品组合到一起，避免同类产品的重复，使旅游者在一次出行的过程中能同时享受多种类型的旅游经历。其次，在景区功能上也要错位。不同类型的旅游景区功能不同，对旅游者体力要求也不同。体力投入多的要与体力投入少的结合，有效调节旅游活动节奏，做到快慢相宜，减轻旅游者的身体负荷。同时，要充分利用资源的季节差异特性，不同的时间推出不同的主打产品，配合各种促销活动，吸引更多的旅游者，缓解旅游淡、旺季差异，推动区域内旅游发展。

2. 优化景区盈利模式

为应对外部环境的变化，北京市一部分景区开始自觉或者不自觉地向一种综合性盈利模式发展，如通过产品创新增加游客重复购买率；通过挖掘细分市场吸引新兴客源市场；采取信息化手段和利用网络平台改变销售渠道，降低景区宣传推广成本；通过建设酒店、组建旅行社实现产业链的延伸。这些盈利模式或多或少地改变了北京市A级旅游景区的单一盈利模式，但是，对于已经成为北京市支柱产业的旅游业来说，处于核心层次的旅游景区的发展和对地区行业的带动效应与其支柱产业的地位不匹配，北京市A级旅游景区的盈利模式急需升级和更新换代，发挥其应有的作用。

（1）产业链盈利模式。景区产业经济模式包括以下三层含义：景区产业链的核心是门票和游乐项目；产业链的纵向延伸是在旅游景区通过向旅游者提供餐饮、住宿、购物等相关外延服务来获取盈利；价值链的横向延伸是旅游景区相关联业务的拓展，如节庆、会展、招商、影视、广告、房地产等，从而达到盈利目的。通过产业盈利的模式主要是指旅游景区在经营核心业务的基础上，拓展产业链的宽度，延伸产业链的深度，实现旅游产业各要素合理配置的旅游产品提升的阶段，以全面满足目标顾客的需要，并实现景区盈利能力最大化、可持续的盈利模式。从而使北京市A级景区及相关旅游企业的生产能力、管理能力、营销能力与发达国家的旅游企业差距大大缩小，旅游企业的盈利水平稳步提高，旅游产业结构趋于合理，产业内交易规则、竞争规则全面形成并被广泛遵守，平均产业利润提高，产业增长方式发生变化，产业发展规划实施的认同度提高。

（2）多元化盈利模式。旅游目的地经济模式，指的是旅游产业的发展涉及直接旅游从业企业和间接旅游从业企业，而这一阶段是旅游产业整合资源的阶段，通过各项资源的整合，逐步改造传统的区域产业体系，以旅游为产业基础，旅游产品附加值的生产与经营为着眼点，加强产业理念的引领与扩散，尽最大努力来延长产业链，从而构建一个核心产业、外围产业和大区域产业的三圈层产业体系，创建一个以旅游业为主的产业集群，并形成产业间良性发展的互动局面，从而发挥出强大的整体组合优势，逐步从门票盈利模式向产业链模式提升，再从产业链模式向多元化盈利模式提升，最终将北京市打造成为一个囊括各种旅游要素的旅游目的地。需要注意的是，在注重多元化产品开发的同时要注重旅游产品的品质，以旅游产品的多元和品质取胜。

3. 优化景区营销模式

国际上许多城市都启动了旅游形象塑造工作。北京市旅游局近几年大力实施"走出去，请进来"的战略，频频赴日本、美国、法国、英国等主要客源国进行促销工作，同时也把各国新闻媒体记者请到北京，产生了明显效果。但是，城市形象塑造是一项系统工程，还应该探讨多种方式。

（1）加强旅游营销过程中的信息供给和管理。在旅游市场营销中，政府有一个重要任务，就是要加强对信息的供给和管理，创造公平、公开、公正的旅游市场环境。主要包括以下几个方面：政府要建立强制性信息披露制度，强制有关经营者披露相关信息，对在媒体上发布错误信息者，要提出警告或对其行为进行披露；政府应加强对旅游企业销售宣传活动中的信息监管职能，保证企业的各种销售、宣传材料，包括游程安排、接待标准、报价等内容的准确性、真实性；加快建立旅游信息系统和旅游问询中心，由于旅游信息的公益性质，对旅游信息的提供和旅游信息系统的建立主要应当由政府投资进行，政府应加强对旅游产品和服务信息的采集，发布和传播，提高市场透明度，克服旅游消费市场信息不对称的弊端。另外，要建立旅游问询网络，这既是旅游促销的基本手段，又可以杜绝违规旅游经营者利用游客因初到一个陌生城市信息高度缺乏而进行欺骗性宣传、违规拉客等损害旅游者权益的现象。

（2）抓旅游联合促销，为景区企业搭台。从旅游者的角度看，旅游目的地的旅游产品是一种总体性的产品，是各有关旅游企业为满足旅游者的多种需求而提供的设施和服务的总和。因此，政府作为营销主体在对外促销时所推销的也应该是这种概念上的旅游服务，这就要求政府充分发挥自身的协调功能优势，有效调动各方力量，促使各相关企业在资源上进行有效整合，为形成以核心景区带动的、具有吸引力的旅游新产品提供服务。

4. 规范景区日常运营

（1）提高旅游市场准入制度。北京市应对景区实现市场准入制度，投资者、经营者、管理者等应依法取得相应的从事旅游经营的资格。同时，景区要提高对景区导游等工作人员的准入制度及水平；同时，选择具有良好业界信誉的旅行社等作为合作伙伴，为游客提供一个"全程无忧"的体验。

（2）提高景区解说系统水平。以人文景观为主要内容的旅游景区应通过图文、讲解、随身语音导览等方式为旅游者提供景区介绍服务。北京市 A 级景区为旅游者提供讲解、导览等服务的讲解员或导游应该具有较高的综合素质和良好的个人形象，讲解员应当熟练掌握景区人文、历史知识，完整准确地向旅游者提供讲解服务，必要时，要提供相应的外语导游服务；景区还要有多语种的自助导游讲解器，供游客租赁；景区内应设置相应的讲解标识、方向指示标识、温馨提示标识等，标识要结合景区内境外游客的语种，规划设计多语种牌示，同时参照《风景名胜区解说系统技术规程》等规范。

（3）规范旅游景区开放条件。景区的开放经营应当具备以下条件：具有符合条件的旅游配套服务和辅助设施；具有完备的安全设施及制度，经过安全风险评估，满足安全条件；具有其他必要的设施；符合其他法律规定。至少具备上述这些条件的，才可向有关部门提出开放许可申请。

（4）控制景区服务质量评定。严格执行国家实行的景区服务质量等级评定制度。认为符合相应等级的景区可向当地旅游行政管理部门提出景区等级评定申请。旅游行政管理部门根据 A 级景区的相关评定标准做出决定。未被评定等级的旅游景区景点，不得使用等级称谓从事经营活动。旅游景区服务质量等级评定办法由国家旅游行政主管部门制定。

（5）控制旅游景区游客流量。景区应当结合智慧景区中流量控制系统，实行旅游者流量控制制度。景区的旅游者最大承载量，应在发放开放行政许可证时核定。景区应当根据旅游者最大承载量制订旅游者流量控制方案，并根据旅游者即时流量实施该方案。

（6）加强景区门票价格管理。景区门票执行政府定价的应符合有关规定。自行定价的景区门票价格调整时应当于调整执行前 6 个月向社会公布。利用公共资源向旅游者开放的景区，其服务应该体现公益性。门票价格的确定应该举行听证。门票价格应对老年人、残疾人、军人、学生等特殊群体实行优惠。

（7）及时公布景区服务调整。景区因修缮等自身原因导致服务不完整的，应该提前 30 天向社会公布。因紧急情况而导致景区服务不完整的，应该及时公布。景区部分项目不能提供服务的，应相应减少收费。

5. 构建景区智慧系统

建立基于景区的智慧管理系统是北京成为世界旅游城市的重要步骤，也是提高游客满意度的重要手段。北京市的"十二五"旅游规划指出："鼓励在旅游产业利用高科技成果，形成旅游科技创新体系。将高科技手段运用于景区建设，改革旅游产品的表现形式，提升景区景点旅游价值，开发高科技主题公园和情景模拟体验项目。应用网络技术推行个性化定制服务，利用便捷的全球化网络沟通联络方式，为游客提供全方位咨询服务。利用智能化采集、记录、整理、分析、反馈信息网络系统，对游客进行全天候服务。加大信息技术的推广力度，建立数字化旅游城市和智慧景区。在旅游消费的全过程推广使用信息技术。支持旅游电子商务企业发展。引入旅游业数字管理理念和管理方式，推动信息化管理。在旅游管理各项事务中，运用地理信息地图，以标准方格为基本单位将旅游地域划分为若干网格单元，对网格实施全时段监控，同时明确事件、要素的问题处理流程，实现旅游分层、分级、全区域管理，建立覆盖全时段、全范围的管理体系。"

智慧旅游是以游客为核心，通过各种管理、服务、营销流程（包括信息流程、服务流程、资金流程等）的优化，实现了旅游信息的高度共享、及时有效传播。智慧旅游在旅游业发展中具有重要的地位和作用，它是传统旅游业转型升级的重要依托，是旅游景区深化旅游信息服务的有力抓手，是提升游客满意度的有效途径。为游客提高快速、便捷的信息与服务，提高景区的管理水平，提高游客满意度，符合智慧城市建设的大背景，建设智慧景区。智慧旅游的总体目标在于：通过智能网络对风景廊道的资源、旅游者、工作人员服务设施等进行全面、透彻、及时的感知；对游客、景区工作人员实现可视化管理；优化景区业务流程和智能化运营管理；提高对旅游者的服务质量；实现景区环境、社会和经济的全面、协调和可持续发展。

景区可建设"三个平台、三个基本系统、四个主要系统、一个辅助系统"的智慧景区框架。具体如下：

（1）三个平台。

1）信息感知与传输平台。

信息自动获取设施主要是指位于智慧景区信息化体系前端的信息采集设施与技术，如遥感技术（RS）、射频识别技术（RFID）、GPS 终端、传感器（Sensor）以及摄像头视频采集终端、地感线圈或微波交通流量监测等信息采集技术与设备。信息高效传输设施是指有线及无线网络传输设施，主要包括有线通信网络、3G 无线通信网络、重点区域 WLAN 网络、视频采集终端、传感网等，以及相关的服务器、网络终端设备等。

2）数据管理与服务平台。

数据集成管理主要是借助于数据仓库技术，分类管理组成"智慧景区"的数据库系统，涉及空间数据与属性数据库、栅格数据与矢量数据库、资源数据库与业务数据以及面向应用的主题数据库；在数据库集成管理的基础上，借助云计算技术，通过共享服务平台为 5 大应用系统提供数据信息与计算服务。

3）信息共享与服务平台。

信息共享与服务平台是基于 SOA 和云计算的共享服务中心，平台集成遥感技术（RS）、地理信息系统（GIS）、全球定位系统（GPS）、虚拟现实技术（VR），面向智慧景区的 5 大应用系统提供技术及信息服务，可以实现整个智慧景区的信息管理、应用请求响应、应用服务提供的任务，保障整个景区信息的共享与服务。

（2）三个基本系统。

1）通信网络系统。

通信网络系统是智慧景区实现的基础。为此，通信网络系统是景区首要建设的基础系统，并为其他智慧系统的建设提供基础条件。

2）内部控制系统。

内部控制系统主要针对景区内部管理者及其所有员工。只有拥有良好的景区内部控制与管理，才能为游客提供更好的服务，并提高景区的服务水平。

3）智能安防系统。

智能安防系统主要是指保护景区内自然、旅游等资源受到最低程度的破坏；使景区内的游客人身、财产安全受到一定程度的保护。

（3）四个主要系统。

1）经营管理系统。

经营管理系统主要实现对景区旅游管理与游客服务的信息化。主要包括景区资源管理系统、人流控制系统、电子门禁门票系统、预订系统、智能引导停车系统等。

2）信息管理系统。

信息管理系统主要分别针对内部与外部管理系统。内部管理系统主要是提供给景区工作人员使用，实现系统维护、设备管理、旅行社、商家管理、游客和导游管理、游客行踪追溯管理、综合统计查询等功能；外部管理系统主要是对游客服务，为游客提供准确、及时的信息。

3）智能营销系统。

智能营销系统的发展和普及在为营销提供新型的、高效率的"知识包装"，同时，智能营销也越来越备受人们的喜爱，为此，景区应与时俱进，开展智能营销。

4）智能解说系统。

利用现代化的技术手段与方式，为游客提供贴心、舒适、多样的智能解说服务，增强游客在景区内的体验，改变以往的单调解说方式。

（4）一个辅助系统。

一个辅助系统即为决策支持系统。

决策支持系统主要是在应用系统的基础上，结合专家知识系统，综合数据分析、数据挖掘与知识发现，通过虚拟现实、情景模拟等手段对景区的重大事件决策、应急预案演练等多系统综合应用，提供技术支撑和信息支持。

（五）增强景区人文关怀

1. 景区物质硬件建设方面

一般意义上，旅游者对环境感知的形成总要依托一定的载体，这一载体最基本的表现效果是基础服务设施带给游客的方便性和舒适性。为此，旅游资源的开发及旅游设施的建设，除解决基本服务功能外，要突出设施的实用性、外观特色和文化含量，倡导文化旅游和人文关怀，这就需要在景区规划和建设中，本着以人为本、崇尚人与自然和谐共生的原则，体现人与自然相融共处的美好意愿，力求景点的多元化，丰富游园内容，满足游客需求，突出旅游景观的人文文化、历史文化和现代科技文化，从而体现出人性的、合理的、适宜游客永久性休闲娱乐和丰富游客生活乐趣的精神取向。旅游休息设施在保证舒适度的基础上，还要考虑到其材质、色彩、使用者的生理以及心理需求等，在位置安排上，应夏季可以避免烈日的暴晒，冬季可以接受太阳的直射，同时还要关注老弱病残等弱势群体。

2. 景区行为软件建设方面

一般意义上，游客感知到的人文关怀直接来源于景区员工的服务，所以景区行为建设要牢固树立以人为本、以人为中心的指导思想。正确处理好景区与游客之间的关系，首先有赖于处理好景区与员工、员工与员工之间的关系。就景区与员工的关系而言，要实现和谐统一，有效地调动和发挥员工的工作热情和积极性；就员工与员工的关系而言，良好的人际关系，有助于景区内部形成合作共事、优势互补，使景区在激烈的旅游市场竞争中成为克难制胜、坚不可摧的团队；就景区与游客之间的关系而言，旅游资源的无形性决定了旅游产品在被消费过程中，不能实现使用价值的完全转移。旅游产品的独特性决定了旅游景区与游客之间的关系，遵循从"景区——员工——游客"逻辑关系的行为氛围建设路径，是景区营造人文关怀氛围，实施诚信服务、细微服务、优质服务的关键条件。其中员工的作用是较为重要的，不仅要普及景区人性化服务意识，还要设立特殊性服务机构，对特殊人群进行特殊照顾。

3. 景区规范制度建设方面

制度建设是支撑景区人文关怀成功的保障。景区管理制度是景区为求得效益最大化，在生产管理实践活动中制定的各种带有强制性义务，并能保障一定权利的各项规定或条例，包括景区的人事制度、生产管理制度、民主管理制度等一切规章制度，这些管理制度是实现景区一切目标的有力措施和手段，当然也包括基于人文关怀的游客优质感知环境的建设。景区员工作为服务实施的主体，决定了营造这种感知环境的制度建设必须从其服务的角度入手，首先使员工个人的活动得以合理进行，同时又维护员工共同利益，破除旧观念，从制度角度规范和保障，强调通过员工参与景区的管理决策，改善人际关系，发挥员工的聪明才智，赋予员工参与景区管理的民主权利，使员工树立与市场经济及符合人性相适应的新观念。

第 五 章

北京国际网络营销平台分析与构建

一、引言

在 2011 年 8 月召开的北京旅游产业发展大会上,北京确立了打造国际一流旅游城市的发展目标,制定了《关于贯彻落实国务院加快发展旅游产业文件的意见》,提出了"大旅游"的发展思路和旅游资源多样化、服务便利化、管理精细化、市场国际化的工作要求,制定了"十二五"旅游发展"一、十、百、千、亿"的任务,即创建国际一流旅游城市,旅游产业增加值占全市 GDP 的 10% 以上,年入境旅游收入超过 100 亿美元,入境游接待量超过 1000 万人次,国内游客达到 2 亿人次。所有这些发展目标中,创建国际一流旅游城市成为重中之重①。

然而创建国际一流旅游城市,离不开国际网络营销平台的建设。下面围绕北京如何建设世界一流旅游城市国际网络营销平台,通过与既是国际大都市又是世界一流旅游城市的巴黎、纽约、伦敦、罗马、巴塞罗那、威尼斯、旧金山、佛罗伦萨、布拉格、悉尼等相比;发扬和保持优势,克服和改进劣势,作为建设北京国际网络营销的平台努力方向和工作目标,最后提出构建北京国际网络营销平台的对策。

(一) 网络营销的重要性与意义

近年来,随着计算机和网络的普及,基于互联网的电子商务已得到广泛应用,并且在逐步演化成为一种全球范围的、分布的、动态的信息仓库。据美国市场调研机构(Comscore Networks)提供的报告显示,2007 年 1 月,全球使用互联

---

① 张凌云. 北京建设国际一流旅游城市研究 [C] . 2012 年首都旅游产业研究报告,2012:3 – 45.

网的人数达到了7.47亿人，同比增长10%。中国网民数量高达1.37亿人，年增长率高达20%。

2004年，美国网上旅游服务市场已达到520亿美元，占整个美国旅游市场份额的23%；中国网络旅游2007年第一季度总体市场规模达到5.4亿元人民币。网上游客成为旅游市场份额的主导趋势。2006年，中国网上旅行预订市场规模在2005年的基础上大幅增长了82%，达到15.4亿元。预计2007年整个中国网上旅行预订市场将继续保持增长，增长比例为63%，市场规模达到25.2亿元；2010年突破65亿元大关。网上预订成为旅游消费的最普遍的出行选择方式。

网络这种新兴媒介和商务平台所具有的即时性、互动性、分众化（个性化）、社群化、娱乐性、全球化的特点，最符合旅游产品信息流特点，网络传播成为游客首选的出行参考工具，也就成为最符合旅游城市营销的工具。而国内外旅游城市网络营销发展也验证了这一点。网络电子商务已经成为广大消费者购买或者浏览商品的主要形式之一。网络的信息传播模式体现出推拉互动的信息供需关系，并且以无与伦比的优良品质冲击着传统的信息传播模式，信息源推出的是素材，用户拉出的是各自感兴趣的内容，视频信息、音频信息和文字信息同时在网络上展现。个性化的信息需求成为风潮，越来越多的人从个人需求出发来接收信息，主动地上网搜寻所需要的信息，互联网消费需求特征逐步形成。人们已经认识到，网络媒介有利于以较低的成本换取较高的信息传播效率，网络营销可以实现产品直销，能帮助企业减轻库存压力，网络营销更为企业架起了一座通向国际市场的绿色通道①。

总体来说，随着网络的普及以及社会对网络的使用越来越频繁，网络对社会的舆论导向、对公共事件的评价都有巨大的影响力，网络已经成为公众旅游消费的重要信息来源。因此，网络也会日益成为旅游企业以及目的地进行营销和公关活动的主要阵地。通过网络扩大对外宣传、树立品牌、加强沟通、增强其市场竞争力，将成为未来世界各国进行旅游营销的新策略。

（二）北京进行国际网络营销的重要性与意义

随着信息技术和互联网的飞速发展，人们获取旅游信息的方式已发生重大转变，越来越多的人倾向于通过互联网来获取信息，并在网上进行相关交易，这就为旅游网络营销提供了市场基础，也为旅游企业提供了重要的网络营销渠道。当前的旅游网络营销不同于传统的旅游市场营销，它是指旅游企业借助互联网，利用网络信息技术以及其他高科技手段，通过与潜在旅游者在网络上直接接触的方

---

① 李静. 峨眉山旅游景区网络营销平台的构建与应用研究［D］. 成都：成都电子科技大学博士论文，2007.

式，来促成旅游产品交易成功的一种营销模式①。

互联网介入传统的旅游业，使旅游网络营销的发展成为一种必然。因为旅游业被认为是对互联网敏感度最强的产业之一，它与软件、网上书店一起被称为"最适合在网上经营的'三大行业'"。相对于其他行业而言，旅游服务绕开了中国相对薄弱的支付与配送环节。因此，"旅游网络营销"是中国最具有发展前景的网络营销方向，它实现了旅游服务的传统资源和网络资源的一次整合。

同时，国际互联网的出现为高效率地传递国际旅游资讯带来了新的机遇。通过互联网浏览器，旅游者可以得到多语种的旅游目的地的旅游图文信息，从而促进旅游者进行旅游决策。互联网因而成为众多世界旅游目的地对外发布旅游信息、引导消费的战略营销要地。很多国际著名的旅游城市都在互联网上拥有多语种、数量、类型、功能丰富，覆盖各个方面信息的旅游信息系统与网上旅游产业体系，用以吸引来自全球的游客与潜在游客。

随着国际旅游业的发展，我国许多城市明确提出了建设国际旅游城市的发展目标，在旅游城市的基本特征和建设国际旅游城市的基本条件等方面也进行了相当程度上的探讨。然而，我国国际性旅游城市的营销工作基本还停留在传统的宣传方式上。和国外旅游城市相比，我国在利用互联网进行境外网络营销的理论和实践上都存在着一些差距。

北京是中国的首都，是中国旅游资源最丰富的城市之一。长期以来，北京高度重视旅游产业的发展，确立了"投资消费双轮驱动，城市、农村两个市场，国际合作共同发展"的旅游发展战略。北京旅游产业的蓬勃发展，为推动中国特色世界城市建设起到了重要作用，也为与世界各个城市旅游交流合作提供了良好的平台。但是，北京要想在日趋激烈的国际旅游市场上占据一定的市场地位，必须重视网络营销的重要性。

二、北京与国际一流旅游城市比较

（一）国际旅游城市平台网站比较

随着中国国际地位的提高，奥运会、世博会等大型盛会在中国的举行，中国入境游人数不断增加。而旅游网站则是入境旅游者了解旅游信息最常用、最方便

---

① 蒲实，尹奇凤．我国旅游网络营销发展现状及对策分析［J］．旅游纵览（下半月），2013（3）：147－148．

的手段，所以，下面选择旅游网站的国际化程度作为衡量旅游网站质量的重要指标之一。

1. 案例城市的选取

为了保证研究具有代表性，国际旅游城市的选择参考了 tripadvisor 据全球年度数百万名旅游者调查结果评选的 2013 世界最佳旅游城市前 10 名，即巴黎、纽约、伦敦、罗马、巴塞罗那、威尼斯、旧金山、佛罗伦萨、布拉格、悉尼；国内选择的是中国首批向世界推介的最佳旅游城市北京和上海。

表 5 - 1　2013 年全球最佳 10 大旅游城市

名次	城市	国别	所属大洲	官方语言
1	巴黎	法国（首都）	欧洲	法语
2	纽约	美国	美洲	英语
3	伦敦	英国（首都）	欧洲	英语
4	罗马	意大利（首都）	欧洲	意大利语
5	巴塞罗那	西班牙	欧洲	西班牙语
6	威尼斯	意大利	欧洲	意大利语
7	旧金山	美国	美洲	英语
8	佛罗伦萨	意大利	欧洲	意大利语
9	布拉格	捷克（首都）	欧洲	捷克语
10	悉尼	澳大利亚（首都）	澳洲	英语

资料来源：http：//www. tripadvisor. com。

2. 搜索引擎的选择

是否提供搜索引擎搜索是网站建设中针对用户使用网站的便利性所提供的必要功能，同时也是研究网站用户行为的一个有效工具，高效的站内检索可以让用户快速、准确地找到目标信息。相关研究网络的信息资料，在很大程度上依赖网络信息搜索引擎的选择。根据美国的调查报告显示，90% 的美国人使用搜索引擎获得信息（袁萌，2005），而其中 49.2% 的人都在使用谷歌（www. google. com）。作为首选的搜索引擎，Google 同时也是阿根廷、澳大利亚、比利时、巴西、加拿大、丹麦、法国、德国、印度、意大利、墨西哥、西班牙、瑞典、瑞士、英国的首选搜索引擎。所以，本次研究选择谷歌作为网络信息搜索引擎的代表。

3. 英文信息总量

英文作为世界使用最广泛的语言，也是国际交流场合中的通用语言，使用英文传递的信息能够被更多不同语种的境外旅游者所了解，所以这里把英文旅游信息的总量作为衡量网络信息体系友好度的一个重要指标。

利用全球信息覆盖量最大的搜索引擎谷歌，在高级搜索中定义为搜索含有 Paris travel、New York City travel（为了和纽约州区别），London travel，Rome travel、Barcelona travel、Venice travel、SanFrancisco travel、Florence travel、Prague travel、Sydney travel、Beijing travel、Shanghai travel 的所有英文网页，就可以大体上得到在世界范围内，在互联网上提供上述城市旅游信息的英文网页数量，虽然这些信息存在一定程度的缺失，也可能不完全有效，但是从信息总量上仍然可以做一个大致的比较。

表 5 - 2　世界旅游城市英文旅游网页信息总量比较

名次	城市	关键词	信息数量（条）	国别	官方语言
1	伦敦	London	760000000	英国（首都）	英语
2	旧金山	San Francisco	544000000	美国	英语
3	纽约	New York City	359000000	美国	英语
4	悉尼	Sydney	207000000	澳大利亚（首都）	英语
5	巴黎	Paris	174000000	法国（首都）	法语
6	佛罗伦萨	Florence	138000000	意大利	意大利语
7	巴塞罗那	Barcelona	70200000	西班牙	西班牙语
8	罗马	Rome	60400000	意大利（首都）	意大利语
9	北京	Beijing	47900000	中国（首都）	汉语
10	上海	Shanghai	46900000	中国	汉语
11	威尼斯	Venice	25000000	意大利	意大利语
12	布拉格	Prague	19100000	捷克（首都）	捷克语

从比较中发现，在被研究的 12 个城市中，英语国家，如英国伦敦的信息数量为 760000000 条，美国旧金山的信息数量为 544000000 条、纽约为 359000000 条，澳大利亚悉尼的英文旅游信息量为 207000000 条，这些英语国家英文旅游信息量排名都比较靠前，占据英文旅游信息总量的前 4 位。这是因为这些旅游城市的经济发展水平高，都是世界发达国家的重要旅游目的地，其旅游发展历史也比较长。然而北京的英文旅游信息量仅为 47900000 条，排名第 9 位，上海略低于北京，排名第 10 位。总体来说，中国城市的英文旅游信息量与国际化大都市相比，还处于弱势地位。而中国的首都北京作为亚太地区乃至全球中华文化中心，其完整的文化体系影响着人类文明的进程，其不仅具备政治中心的优越地位，具

有独特的政治影响力和控制力，作为重要的世界名城，它本身也具有国际知名度。但与世界主要大都市相比，北京的综合实力受经济发展的制约，与世界发达国家相比还有一定的差距，国际化水平还有待提高，所以我国英文的旅游信息量相对于其他城市显得尤为缺乏。

4. 英文信息质量

面对互联网上的海量信息，旅游者获取境外旅游信息的来源最有可能是通过国际搜索引擎搜索。而根据美国最早的搜索引擎营销专业服务商 iProspect 2002 年发布的一项调查结果表明：75% 以上的用户使用搜索引擎，56.6% 的用户只看搜索结果前两页的内容，大约 16% 的用户只看搜索结果的前几条内容，只有 23% 的用户会查看到第 2 页的内容，查看前 3 页的用户数量下降到 10.3%，愿意查看 3 页以上内容的用户只有 8.7%（冯英健，2002）。用户使用搜索引擎的这些特点决定了排在搜索结果前列的旅游信息的质量将在很大程度上决定国际旅游者对于旅游城市英文网络旅游信息质量的判断。所以在英文信息质量的研究中，选择谷歌中以"城市英文名 + travel"作为关键词过滤出来的首页信息作为研究对象。从搜索的结果来看，在首页结果中，各大国际旅游城市的旅游信息主要来源于以下几类网站：区域性旅游资讯网站的该城市站点、官方网站、城市旅游网站。下面介绍区域性旅游资讯网站的该城市站点的信息质量和专门的城市旅游站点的信息质量。

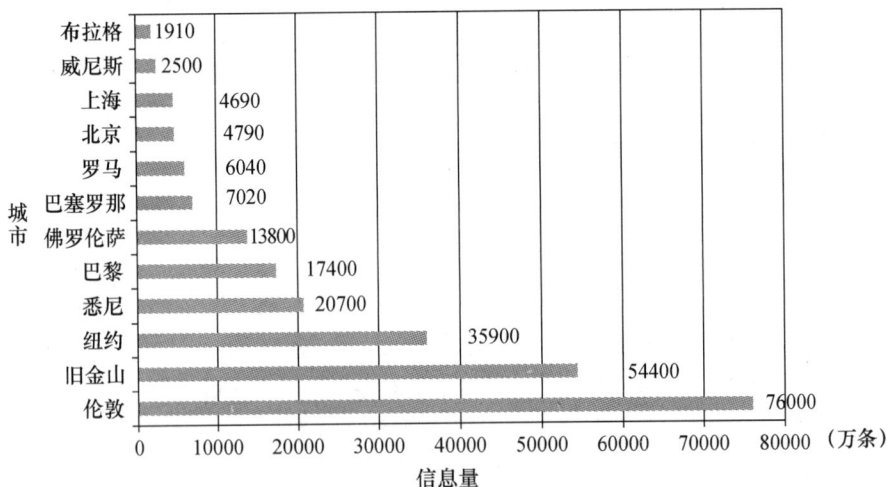

图 5 - 1 英文旅游网页信息总量比较

（1）全球性旅游资讯网站内各城市站点信息质量比较研究。埃里克斯（Alexa）（www. alexa. com）是全球最权威的排名网站，它每三个月公布一次新的网站综合排名，即某一个网站在因特网所有网站中的名次。本书选取其排名作为旅游网站比较研究的一个重要方面。从中发现，旅游类网站排名第1位、第2位和第3位的分别是 www. tripadvisor. com、www. travelocity. com、www. lonelyplane. com 网站，它们是全球旅游资讯的门户网站，提供全球各旅游城市的英文旅游信息。它们作为信息平台为每个城市提供的旅游信息结构是基本一致的，都反映了一个城市的景点、宾馆、节庆、交通等信息，然而从信息的质量来看，各城市之间有所不同。本研究中，选择三大旅游类网站即 tripadvisor、travelocity. com、lonelyplanet 信息更新量作为主要的质量指标，研究从 2013 年 8 月 1 日到 12 月 21 日的三大门户网站上的中外城市旅游信息更新量的不同。研究结果显示：纽约、伦敦、巴黎等城市在全球性资讯网站上的信息质量和更新量都比其他城市要好，这也是全球性资讯网站判断全球客源对于旅游目的地关注度的不同而做出的倾向性服务。所以，我国的旅游城市要建成国际性旅游城市，仅仅依靠国际性旅游资讯网站提供的信息服务还是很不完善的，还需要建立自己的城市旅游信息网站以提高国际知名度。

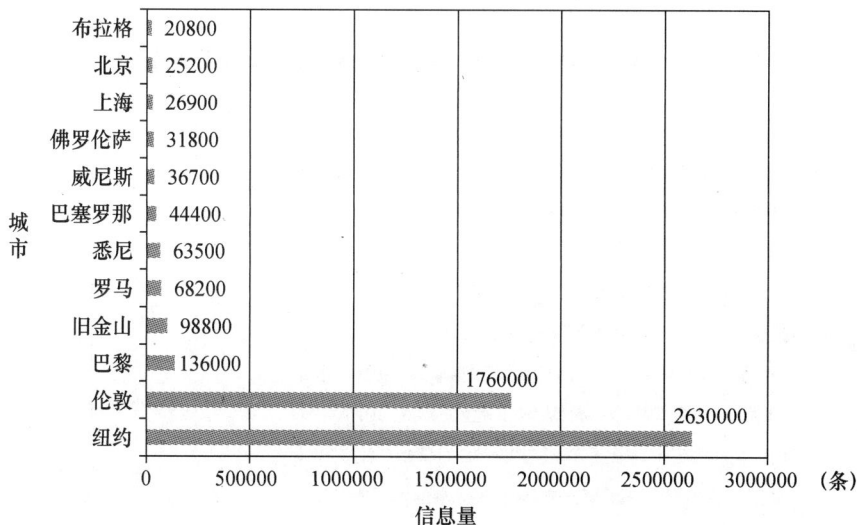

图 5 - 2 www. tripadvisor. com 国际旅游城市站点信息更新量比较

（2）城市英文旅游站点旅游信息质量比较。利用谷歌对城市英文旅游站点搜索，从搜索结果的前 10 项统计结果来看，有 11 个国际旅游城市都拥有自己的城市旅游资讯站点，其中，纽约 6 个，北京 5 个，悉尼、巴黎各 4 个，佛罗伦萨

3 个，伦敦、巴塞罗那、罗马、上海布拉格各 2 个，旧金山 1 个，威尼斯则没有城市英文旅游咨询站点。

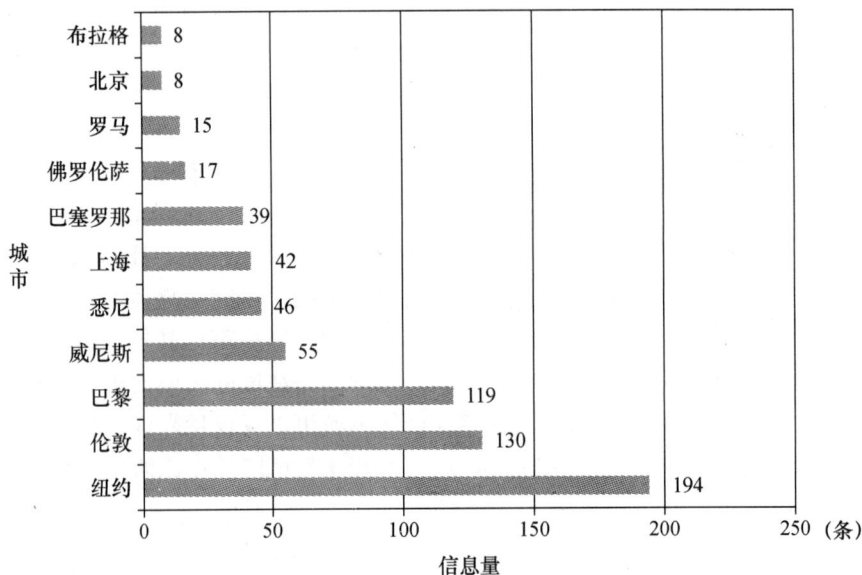

图 5-3 www. travelocity. com 国际旅游城市站点信息更新量比较

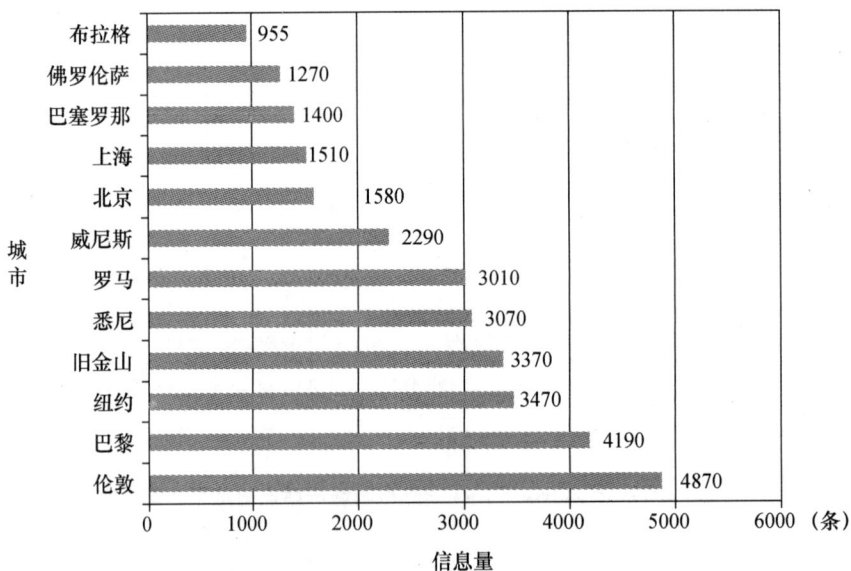

图 5-4 www. lonelyplanet. com 国际旅游城市站点信息更新量比较

表 5 – 3　世界一流旅游城市的旅游咨询站点数量及站点在 Alexa 的全球排名

城市位次	城市	关键词	城市旅游咨询站点数量	城市旅游咨询的站点	网站在 Alexa 的全球排名
1	纽约	New York City travel	6	www. newyorktourshuttle. com	776975
				www. newyorkpass. com	60359
				www. nycgo. com	28573
				gonyc. about. com	85
				www. nyc. com	51595
				www. nyctourist. com	129625
2	北京	Beijing travel	5	www. beijinglandscapes. com	945793
				www. tour – beijing. com	188243
				english. visitbeijing. com. cn	154099
				www. beijingtraveltips. com	8276331
				www. beijingtrip. com	15341379
3	悉尼	Sydney travel	4	www. sydney. com	17132
				www. sydneytallships. com. au	1170273
				www. sydney – travel – guide. org	2357322
				www. sydney. visitorsbureau. com. au	2144077
4	巴黎	Paris travel	4	en. parisinfo. com	34701
				goparis. about. com	85
				www. aparisguide. com	337870
5	佛罗伦萨	Florence travel	3	www. florencetown. com	3291075
				www. visitflorence. com	403030
				www. aboutflorence. com	934360
6	伦敦	London travel	2	www. visitlondon. com	14480
				golondon. about. com	85
7	巴塞罗那	Barcelona travel	2	www. barcelona – tourist – guide. com	56996
				www. barcelonaturisme. com	104470
8	罗马	Rome travel	2	www. rome. info	206542
				www. turismoroma. it	163603
9	上海	Shanghai travel	2	www. meet – in – shanghai. net	10655565
				www. shanghaihighlights. com	1154641
10	布拉格	Prague travel	2	www. praguewelcome. cz	153814
				www. pragueexperience. com	161933
11	旧金山	SanFrancisco travel	1	www. sanfrancisco. travel	73057
				www. sanfranshuttletours. com	434065
12	威尼斯	Venice travel	0		

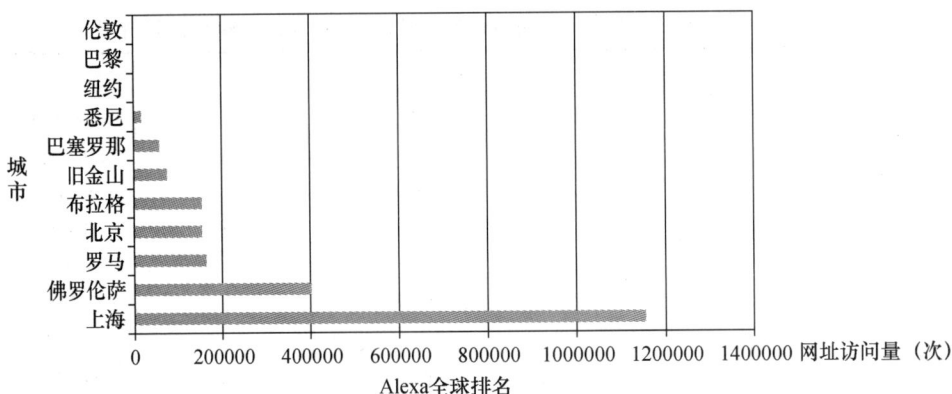

图 5 - 5　城市主要英文旅游咨询站点在 Alexa 全球排名比较

研究选择埃里克斯排名作为网站信息质量评价的标准，将搜索的站点用埃里克斯排名分析后发现：城市英文旅游网站的排名和数量并没有相关联系，比如纽约的 6 个站点中，有 5 个在埃里克斯上的排名都比较靠后，北京的情况也是一样。而且几乎都是由旅行社提供旅游产品报价和预订宾馆旅游的网站，提供的有效旅游信息并不多，这和北京的大部分自有网站的情况基本是一致的。研究中发现：纽约、悉尼、巴黎的城市旅游站点质量相对比较高，在埃里克斯上的综合排名都比较靠前。中国上海的 Alexa 排名在最后，北京也几乎排名最后，这说明，中国与世界著名旅游城市相比，在世界性的网站中信息严重缺乏，旅游信息在国际化网络平台中还比较匮乏，要做大做强我国的旅游业，在世界旅游大国的行列中取得一席之地，中国必须投入更多的精力来宣传自己的旅游业。

搜索方法为"谷歌里搜索城市名 + travel"，看网址第一个域名是否带有该城市的名字，来看是否属于城市旅游咨询站点。

（二）官方英文旅游网站比较

信息化社会，互联网迅速成为旅游目的地营销的重要渠道，旅游目的地管理机构、旅游景区等纷纷建立旅游网站，提供旅游信息服务。在众多旅游网站中，由旅游目的地管理机构暨政府开发运营的官方旅游网站，不仅是各级政府旅游行业管理和服务的重要平台，而且由于其信息的权威性和客观性，在旅游目的地营销信息沟通中也发挥着举足轻重的作用。

因此，本书选取世界旅游城市的英文官方旅游网站作为研究对象，选取在世界旅游目的地研究中，旅游目的地网站成熟度来比较 12 个国际旅游城市的官方旅游网站。由于旧金山、威尼斯、布拉格没有官方英文旅游网站，因此，本书只选择了除旧金山、威尼斯以外的国际一流旅游城市根据旅游目的地网站成熟度评价的6项基本指标——可达性、体验性、有效性、互动性、商务性、营销力——来对它们官方网站的成熟度进行比较研究[1]。

1. 可达性

可达性是指用户可以访问到该网站的能力,其主要标志是用户在24小时内可连线、站内页面链接正确关联,可无错误双向跳转、在搜索引擎或者引擎广告中排名优先,文字页面加载速度是否低于5秒,图片页面是否低于10秒,视频页面开始播放是否低于10秒。

在本次研究中,将网站在搜索引擎谷歌中的排名作为评价其可达性的主要指标。在谷歌中将城市的英文名称用作搜索词,如搜索所有网页以测算其官方网站的排名,可以看到,除了佛罗伦萨、旧金山、威尼斯没有官方英文旅游网站外,纽约、北京、巴黎、伦敦、罗马、上海、布拉格7个城市的旅游官方网站的排名都在前5名,也就是顺利可达。虽然在探索研究中中国的旅游信息官方网站和国外城市可达性都比较好,但是在此基础上进行深化研究,会发现中国城市官方旅游网站存在以下一些问题:

表5-4 世界旅游城市的英文官方旅游网站的可达性统计

名次	城市	关键词	官方网站
1	佛罗伦萨	Florence travel	http://www.aboutflorence.com
2	旧金山	SanFrancisco travel	无官方旅游网站
3	威尼斯	Venice travel	无官方英文旅游网站
4	布拉格	Prague travel	无官方英文旅游网站
5	纽约	NewYork city travel	www.nycgo.com
6	巴黎	Paris travel	en.parisinfo.com
7	上海	Shanghai travel	www.meet-in-shanghai.net
8	北京	Beijing travel	english.visitbeijing.com.cn
9	伦敦	London travel	http://www.visitlondon.com/
10	罗马	Rome travel	www.turismoroma.it
11	巴塞罗那	Barcelona travel	www.barcelonaturisme.com
12	悉尼	Sydney travel	www.sydney.com

首先,考虑到一般用户的搜索习惯,一般都会在搜索引擎中限制使用本国语

---

① 钟栎娜,吴必虎.中外国际旅游城市网络旅游信息国际友好度比较研究[J].旅游学刊.2007,(9):12-17.

言。因为中国城市官方旅游网站在网页标题上均是中文，因此，一旦国际旅游者使用的搜索引擎受到限制，中国城市的官方旅游网站在搜索引擎中就无法获取。

其次，国外旅游城市的官方网站在网页说明的关键词中除了含有城市英语名称外，一般还带有 travel 等限制行为的关键词，以便游客搜索。而国内旅游城市的官方网站一般都缺乏这方面的考虑。研究发现，用"城市英文名称 + travel"进行搜索，除了北京、上海外，国内其他城市的官方旅游网站也排到了至少 30 名之后。

另外，研究中还发现，因为上海的官方旅游网站两年前还没有英文版本，而 2013 年却有了官方英文网站，这表明随着我国经济的快速发展，我国主要的发达城市的国际化水平还在明显提升。

2. 体验性

网站体验性主要是运用合理体贴的设计（功能、界面等）帮助网站浏览者方便舒适地使用网站，获得网站内容。它主要表现在多语言版本支持、良好的内容组织架构和导航系统，利于扫描内容和阅读的界面风格，简单的注册程序等（Zhong 等，2007）。就内容而言，国际旅游城市的官方英文网站，内容架构大部分都是按照旅游的六要素"游、购、娱、食、住、行"来组织内容结构的。所以研究中选取多语言版本和不同版本下对不同国家浏览习惯和审美观念的支持程度作为评价国际旅游城市官方网站的体验性的主要标准，研究结果如表 5 - 5 所示。

表 5 - 5　国际旅游城市官方旅游网站多语言版本支持情况

英文	关键词	中文简体	中文繁体	日文版	韩文版	西班牙语版	法语	意大利语	德语
佛罗伦萨	Florence travel	●	●	●		●	●	●	●
旧金山	SanFrancisco travel								
威尼斯	Venice travel								
布拉格	Praguetravel								
纽约	NewYork city travel	●	●	●	●		●	●	●
巴黎	Paris travel	●							
上海	Shanghai travel								
北京	Beijing travel	●	●	●	●		●		●
伦敦	London travel	●							
罗马	Rome travel					●			
巴塞罗那	Barcelona travel	●		●				●	●
悉尼	Sydney travel	●	●	●	●				

注："●"代表该网站提供此语言版本，旧金山、威尼斯、布拉格三个城市官方英文旅游网站，所以并未统计。

　　研究发现佛罗伦萨的官方旅游网站包括了所列的所有语言版本，充分考虑了世界各国的旅游者使用网站的便捷性；巴黎官方旅游网站提供了 7 个语言版本，纽约官方旅游网站也提供了 7 个语言版本，悉尼的官方旅游网站也与这些网站的语言版本数量相同，这几个城市都充分考虑到了国际游客的语言需要。值得注意的是：北京也提供了 7 个语言版本，这说明北京与世界旅游城市相比，自身的网络平台建设还是取得了一定的成效，在世界旅游业蓬勃发展时，也能紧跟世界的步伐。此外，伦敦官方旅游网站提供了 5 个语言版本，意大利的罗马、西班牙的巴塞罗那官方旅游网站在中英文版本的基础上提供了 4 个语言版本，中国的上海，几年前，还没有自己的官方旅游网站，但是目前建立起来的官方旅游网站支持的语言版本还是比较多的。

　　本次研究还调查了官方旅游网站不同语言版本对用户体验的考虑。研究发现，大部分官方网站不同语言版本只是对内容的文字进行了变化，信息内容和信息展现方式并没有根据不同用户习惯进行变化。其中，只有北京、纽约 2 个城市官方旅游网站在不同语言版本网站上内容及表现方式有所不同。北京的中英文网站在界面结构上有所不同，尊重了中英文不同的阅读习惯，而纽约官方网站考虑到德国游客的浏览习惯，主要是德语的界面风格有所不同。

　　3. 有效性

　　网站信息的有效性主要是由提供的信息量、信息的可靠程度和信息的更新程度来决定的。官方的旅游网站信息的可靠程度一般都比较高，研究中以主要官方旅游网站的英文信息量在 8 月 1 日到 12 月 21 日的更新量作为有效性的主要标准。在研究中，还剔除旧金山、威尼斯及布拉格，因为这三个旅游城市的官方旅游网站目前还没有建立起来，无法获得最近更新数据量。

表 5 - 6　世界旅游城市官方旅游网站的信息更新量比较

城市	关键词	信息更新量（条）	官方网站	排名
纽约	New York city travel	2640	www. nycgo. com	1
伦敦	London travel	1540	http：//www. visitlondon. com/	2
悉尼	Sydney travel	1540	www. sydney. com	3
巴黎	Paris travel	1050	en. parisinfo. com	4
巴塞罗那	Barcelona travel	540	www. barcelonaturisme. com	5
北京	Beijing travel	150	english. visitbeijing. com. cn	6
上海	Shanghai travel	94	www. meet - in - shanghai. net	7
罗马	Rome travel	41	www. turismoroma. it	8
佛罗伦萨	Florence travel	7	www. aboutflorence. com	9

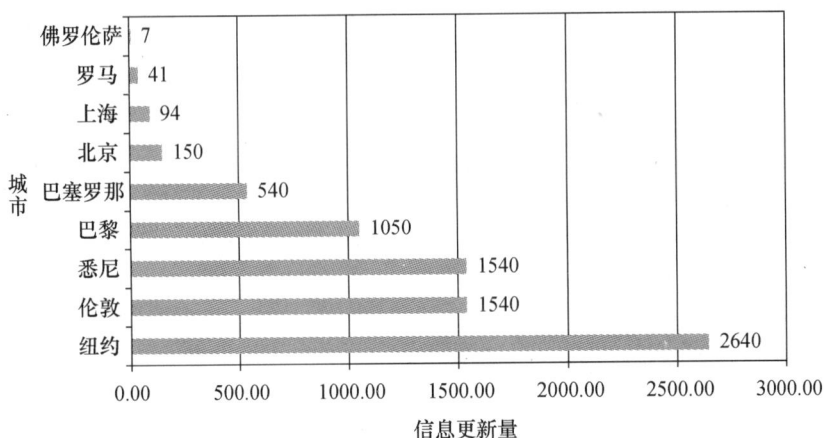

图 5－6　世界旅游城市在其官方旅游网站上在 2013 年 8 月
1 日～2013 年 12 月 21 日的信息量

　　研究发现，纽约的官方旅游网站在近四个月更新量最多，高达 2640 条，平均每天更新 18.8 条，伦敦和纽约的更新数量相等，都是 1540 条，每天更新约 11 条，巴黎的更新量为 1050 条，平均每天更新 7.5 条。巴塞罗那的月平均更新量相对较少，约为 3.8 条。北京的官方旅游网站的信息更新数量比较低，仅为 150 条，每天仅更新 1.06 条，而上海的信息更新量比北京的略低，此外，佛罗伦萨的信息更新量在所有的城市中是最低的，仅为 7 条。

　　4. 互动性

　　互动性主要指用户和网站交流的能力，包括在线游客的服务与咨询、游客投诉的处理方式、提供网络调查、网络论坛、留言板、联系信息、呼叫中心等服务。集中考查网站提供的在线游客服务和咨询的及时反馈信息系统。本次研究中发现，国际旅游城市官方网站基本没有提供在线及时答疑的服务，都是用电话、传真、电子邮件与留言系统来解决与游客之间沟通的问题，纽约、北京等城市在官方网站上明确给出了线下旅游服务中心的具体地址，以便游客能够在实体地址处获得有效帮助。

表 5－7　各城市官方英文旅游网站互动方式比较调查

城市	官网	联系电话	留言板	传真	电子邮件	论坛
纽约	www. nycgo. com	●	●		●	●
伦敦	http：//www. visitlondon. com/	●			●	●
悉尼	www. sydney. com	●	●	●		●

续表

城市	官网	联系电话	留言板	传真	电子邮件	论坛
巴黎	en. parisinfo. com	●			●	
巴塞罗那	www. barcelonaturisme. com	●		●	●	
北京	english. visitbeijing. com. cn	●	●		●	●
上海	www. meet－in－shanghai. net	●		●	●	
罗马	www. turismoroma. it	●			●	●
佛罗伦萨	www. aboutflorence. com	●	●	●		

注："●"代表该网站提供此互动方式。

5. 商务性

商务性主要研究网站为游客提供实时有效的旅游产品价格信息，并且支持在线电子商务功能的能力，包括访、付系统安全性、便捷的在线预订、旅游区门票预订、线路产品预订及其他相关预订等。研究发现，所有的国际城市官方网站都提供在线预订服务，只是在服务的范围上稍有不同，宾馆预订是所有城市都提供的，提供线路预订的城市网站也很多，提供交通工具预订、餐饮预订、娱乐活动预订（包括景物门票等预订服务）的相对较少。纽约、伦敦、悉尼的官方旅游网站提供了最全面的电子商务活动，从宾馆、景区门票、交通工具到旅游线路都可以预订，并且支持线路产品的自由组合和打包，应该说是城市旅游电子商务系统的典范。

北京与其他城市相比，也提供了非常全面的电子商务活动，赶上了世界发达国家的旅游城市的发展水平。但是上海官方旅游网站创建时间不长，因此尚缺乏相应的商务功能。

表5-8　各城市官方英文旅游网站商务功能比较调查

城市	宾馆预订	线路预订	交通工具预订	餐饮预订	娱乐活动预订
纽约	●	●	●	●	●
伦敦	●	●	●	●	●
悉尼	●	●	●	●	●
巴黎	●	●	●		●
巴塞罗那	●	●			
北京	●	●	●		●
上海	●	●			
罗马	●	●			
佛罗伦萨	●	●			

注："●"代表该网站提供此商务功能。

6. 营销力

营销力网站的营销力主要展现网站对外营销，也就是让更多的旅游者访问并记住这个网站的能力，包括在线优惠、相关网站友情链接、旅游论坛链接、旅行社网站链接、个性化营销、电子杂志及简报、DMS 及旅游门户网站链接。

在本次研究中，我们选择与该网站友情链接的网页数量作为衡量标准，因为从用户角度来看，相关网站链接可以使用户快速进入到其他网站，更方便地检索到所需信息。我们在 Alexa 排名中搜索官方英文旅游网站的有效链接，得出如下研究结果：巴黎、悉尼、纽约排名为前三位，友情链接网站数量分别为 7376 个、6499 个、5412 个；巴塞罗那的友情链接数量为 2283 个，排名第五位；北京的官方英文旅游网站的网页链接量仅为 688 个，排名第七位，佛罗伦萨和上海的网站官方英文旅游网站的网页链接量分别为 386 个和 246 个，排名为最后两位。这说明，北京和上海与其他世界一流旅游城市相比，官方英文旅游网站的营销能力较弱。

表 5 - 9   各城市官方英文旅游网站营销能力比较调查

排名	城市	官方英文旅游网站	链接数量（个）
1	巴黎	en. parisinfo. com	7376
2	悉尼	www. sydney. com	6499
3	伦敦	http：//www. visitlondon. com/	5412
4	纽约	www. nycgo. com	3788
5	巴塞罗那	www. barcelonaturisme. com	2283
6	罗马	www. turismoroma. it	997
7	北京	english. visitbeijing. com. cn	688
8	佛罗伦萨	www. aboutflorence. com	386
9	上海	www. meet - in - shanghai. net	246

通过以上分析，可以得到如下对比研究结论：从信息的数量和质量上分析，国外国际旅游城市通过英文网络信息向国际游客表达和传递旅游信息的功能整体来说都要比中国的旅游城市要强。从英文信息总量上分析，一般来说，城市的国际化程度越高，英文旅游信息数量也就越多，这和城市发展中对于英文信息和网络使用程度的认同息息相关。因此，北京作为国际旅游业发展比较突出的城市，就更应该在城市的旅游目的地信息网站上提供更加丰富的英文信息以满足游客的需要，提高自身网站的竞争实力。从英文信息的质量上分析，大型的全球旅游资讯平台上提供的中国国际旅游城市信息都不够充分。为了方便国际上很多已经习

惯使用这类网络平台的旅游者，北京应该主动争取和这些网站在信息的共享和更新上进行合作，主动丰富其在全球信息平台上的旅游信息。在城市英文旅游网站的建设上，国外旅游城市的访问量和网站排名都较国内旅游城市高，主要原因是中国城市的英文旅游网站建站经验不够，同时建站的目的也更加功利化，所以整体的信息质量不够高。在对官方的英文网站进行对比分析时，不同的城市对于6个评价方面有不同的表现，其中美国纽约、英国伦敦、澳大利亚悉尼、法国巴黎等几个城市在各方面的综合表现都比较优秀，值得其他城市借鉴。北京作为一个国际化的旅游城市，在建设国际一流旅游城市过程中需要注意自身网站水平的建设，提升网站的知名度，使其成为北京走向世界的重要平台。

三、北京国际网络营销平台的构建

在比较北京与国际一流旅游城市在网络平台构建方面后，发现北京与世界一流旅游城市在网络营销方面还存在一定的差距，北京要建设成国际一流旅游城市，离不开国际网络营销平台的大力构建。

前文论述了此次研究选用的搜索引擎，实际上，北京进行国际化网络营销平台的构建前提是提高旅游网站在搜索引擎的排名。旅游网站制作完成并上传至因特以后，必须采取相应策略进行全方位、多渠道的宣传及推广。在互联网上推广网站，最基本的方法是在著名的搜索引擎上进行注册登记。据 CNNIC 调查报告显示，用户在互联网上获取信息最常用的方法中，通过搜索引擎查找相关的网站占71.9%。搜索引擎应有针对性地选择搜索速度快、搜索准确、信息量大的知名网站，目前网络中流行多种搜索引擎，如搜狐、新浪、网易、百度、Google、搜狗等，其中以知名度高低排序，搜狐、新浪两大门户网站是目前使用最多的搜索引擎，也是旅游网站进行注册的首要选择。因此，北京官方旅游网站的建设也必须考虑注册相应的搜索引擎，提高其在搜索引擎中的排名。

（一）北京国际网络营销平台构建的目标

北京国际网络营销平台的建设目标是，充分运用网络手段和实时通信功能，为分布式营销提供广泛的客户服务，充分利用其他相关网站及搜索引擎提供的功能，为网络营销提供充足的动态信息支撑。基于网络营销平台，进一步完善现行的分销管理体系，建立更有竞争力的新型营销管理体系，扩大旅游经营的范围、增加直销、分级代理等多种营销模式，完善营销的绩效管理体系和奖励体系。

要真正、完全地实现北京网络营销的四大职能，北京网络营销平台应有如下网上业务操作环境特征，以保证访问量转化为准客户：

（1）该网络营销平台应是最易被网上游客认同接受的平台。即是面向公众服务的专业旅游网站平台，其应同时具有公共性、中立性、开放性、互动性、及时性、交易性等众多特性。

（2）该网络营销平台应不仅拥有围绕旅游消费所需的资源方、供应方、服务方、分销方等相关的全面旅游资讯，并且可以利用因特网技术关联性形成旅游资源共享，向游客提供完整的本地化的旅游产品服务链。这是维护网上游客即景区游客忠诚度的重要条件。

（3）该网络营销平台须拥有足够游客访问量来支持各种数据调研与分析，为网络营销的市场监测职能提供可能性。

（4）该网络营销平台须拥有即时记录网上游客网上操作过程的统计分析及数据挖掘技术，其中包括客源地分析、目的地分析、游客需求分析、产品反馈分析、信息发布分析、消费倾向分析、消费预测分析等，从而为景区提供了解市场的工具，使网络营销的市场监测与决策辅助职能具有可行性。

（5）该网络营销平台须为景区提供完善的网络营销工具，如搜索引擎、关键字、网络实名、邮件、网络传真、即时通讯、论坛及博客（BLOG）、网站信息发布与统计系统等，从而能使景区最大化利用互联网自有特性开展网络营销，也能同时满足网上游客与同行合作伙伴的沟通习惯。这是保证售前服务继而产生销售职能的重要条件。

（二）北京国际网络营销平台构建的设计原则

所谓"三分技术、七分管理、十二分数据"，在北京国际网络营销平台建设项目中，如何有效地组织数据、展示北京景区景点的特色、提升服务管理能力，是做好景区网络营销平台项目的核心。网络营销平台必须强化旅游营销功能，为达此目的，北京网络营销平台系统应提供旅游信息（包括产品信息）的收集、处理、（远程）发布、（远程）更新等功能。它广泛支持传统营销方式和业务，存储在数据库中的旅游营销信息，可通过 CMS（内容管理系统），处理、生成并发送到传统媒体和印刷品上，如报纸、杂志、各种印刷品（宣传册，宣传单张，营销指南等），大幅提高传统营销的反应速度；同时，系统可作为语音化的旅游问讯服务中心的后台支持，为旅游者提供问讯服务，为景区相关其他旅游企业提供销售服务。

（三）北京国际网络营销平台构建

通过前面分析可知，北京在世界性的平台网站，即 Tripadvisor、Travelocity. com、Lonelyplanet 上的总量和质量都排名靠后，与世界一流旅游城市的官方旅游网站的成熟度相比，即从网站的可达性、体验性、有效性、互动性、商务性、营销力六个方面来比较，可看出北京的官方旅游网站也需要进行改进。因此，下面立足北京与世界一流旅游城市的比较，来分析北京国际化网络营销平台的构建。

1. Tripadvisor、Travelocity. com、Lonelyplanet 简介

（1）Tripadvisor（www. tripadvisor. com）。Tripadvisor 是全球最大、最受欢迎的旅游社区，也是全球第一的旅游评论网站。月访问量达 3500 万人，同时拥有超过 1000 万人的注册会员以及 2500 多万条的评论，并且数量还在不断增加中。旅行者的真实评论是 Tripadvisor 最大的特点。目前 Tripadvisor 已成为一个大型的在线"数据库"，它拥有大量关于旅游景点的 UGC，以及住宿和其他旅游相关信息，每月能有 2 亿名活跃用户。TripAdvisor 在美国、英国、西班牙、印度、中国等地都设有分站，一共包含了全球超过 400000 家酒店和 90000 个景点的信息介绍。TripAdvisor 媒体集团由 TripAdvisor 有限责任公司运营，旗下有 18 个旅游网站品牌，每月吸引超过 6000 万名用户。

TripAdvisor 旗下众网站组成了全球最大的旅行社区，每月有超过 4500 万名独立用户，2000 万名用户以及超过 5000 万条点评和评论。全球有 30 个国家的子网站。TripAdvisor 的商务部门（TripAdvisor for Business）还独立运营，专注于帮助有关旅行机构接触 TripAdvisor 的百万用户，此部门涵盖了酒店全球通业务（Business Listing），旨在帮助酒店获得直客订单，以及度假租屋业务（Vacation Rentals），旨在帮助业主将度假租屋收录在 TripAdvisor 中，向用户提供除了酒店之外的其他选择。此外，其 Local Picks 覆盖了全世界超过 85 万家餐馆，从 Tripadvisor 上百万食客评论和意见中收集数据，尤其看重当地居民和朋友们的贡献。Local Picks 的每个餐馆都有一个介绍页，评级系统在 1 ~ 5 分，这个评级系统，旨在通过知道本地区哪家店最好的当地居民将地点附近最好的餐馆和所谓"隐藏的宝石"发掘出来。

（2）Travelocity（www. travelocity. com）。Travelocity 是世界上成立最早的在线旅游公司，成立于 1996 年，由美国知名的旅游业者 Sabre 集团所创办。2005 年其旅游销售额达到了 74 亿美元。Travelocity 被评选为全球领先的在线旅游服务商，连续八年赢得世界旅游大奖。拥有全球数以百万计的注册用户，并为世界各地使用多种语言的旅游网站提供支持。Travelocity 拥有 ZUJI，泛亚太地区领先的推广 Travelocity 酒店净价批发销售方案和技术的在线旅游公司。

Travelocity 网站可显示全球 60000 家酒店，其中 20000 多家酒店参加净价批发销售方案，酒店经营者们从 Travelocity 的无缝链接技术和巨大的产品推广商机

中获益。另外，Travelocity 拥有并管理 lastminute. com，一个在欧洲居领先地位的旅游网站。Travelocity 为全球旅游产业中领先的 Sabre Holdings Corporation（纽约证券交易所代码：TSG）拥有。

Travelocity 主要业务为各种旅游票务行程代销，上游是航空公司、旅馆等旅游供应商，定位是在网站上提供数百家航空公司、数千家旅馆与船务、租车以及促销案代理服务，本身不提供行程。由于机票、饭店等价格利润空间高，在线上经营可以省略传统中间代理商利润。只要通过折让部分佣金，降低票价，就可以使消费者到网站上订购，因而 Travelocity 获利空间极大。

（3）Lonelyplanet（www. Lonelyplanet. com）。孤独星球出版社（Lonely Planet Publications，简称 Lonely Planet，缩写为 LP）被认为是世界上最大的私人旅游指南出版社，由托尼·韦勒（Tony Wheeler）夫妇于 1972 年在澳大利亚维多利亚州墨尔本西郊的富兹克雷区（Footscray）创立。其出版社出版的旅游书籍为《孤独星球》系列，历史相当悠久，是第一个针对背包客撰写的旅游系列丛书，受到背包客及其他低开销旅游者的广大回响。至 2004 年，一共出版了 650 个主题，涉及 118 个国家，年销售量达 600 万本，约占英文旅游指南销售量的 1/4。

孤独星球另一个电视节目制作公司 "Lonely Planet Television"，已制作及发展四个节目：《Lonely Planet Six Degrees》、《The Sport Traveller》、《Going Bush》和《Vintage New Zealand》，另外还有一个即将出炉的节目《Bluelist Australia》。

2. 北京在国际平台网站上的网络营销

www. tripadvisor. com、www. travelocity. com、www. lonelyplanet. com 三个世界门户网站是全球受欢迎的网站，最大的魅力就是互动、交流、影响传播力强。因而很多旅游城市利用该网站的超高人气，为城市旅游营销传播服务。因此，北京应该利用好世界上已有的这些旅游门户网站，做好北京市的市场营销工作。

一般而言，当明确旅游需求感知之后，旅游者会通过内部搜寻或外部搜寻的方式进入信息搜寻阶段，旅游者进行信息搜寻的目的是为了更好地做出选择（旅游目的地在此阶段的网络营销目标应该是保证旅游者能够顺利地找到该旅游目的地较全面的信息）。旅游者网络信息搜寻过程分为三个阶段：一是信息搜寻的初始阶段，即利用搜索引擎访问门户网站，或是以直接键入网站地址的方式进行信息的浅搜索；二是信息搜寻的持续阶段，即进入相关的内容页面进行信息的收集和过滤；三是信息搜寻的整理阶段，即对有价值的信息进行收藏整理，"留以备用"。

国际旅游者计划来北京旅游时，他们通常会优先考虑国际上比较著名的旅游网站。因此，北京应该提升在国际网站的知名度，扩大这些国际旅游门户网站的宣传。利用国际旅游网络平台的方法很多，最重要的就是鼓励旅游者在旅游门户网站上形成宣传，显而易见，网络口碑传播发挥着重要的作用。

（1）旅游目的地网络口碑信息的生成策略。旅游目的地网络口碑传播的第一步就是如何生成网络口碑。所谓旅游目的地网络口碑的生成策略就是由目的地网络口碑营销传播组织提供信息素材，设置网络议题，策划网络事件，刺激网络受众关注议题或事件，并以发表博文、发帖、跟帖等形式形成网络口碑①。当然，良好的口碑必须考虑以下三点：

1）优质的产品与服务（attraction）。优质的产品与服务是网络口碑传播的起点。无论是传统营销还是网络营销，产品与服务的优良品质是一切营销的基础，旅游目的地只有拥有优秀的旅游吸引物和高品质的旅游服务才能形成正面网络口碑和良好的旅游目的地形象。所以，优质的产品与服务是正面口碑的来源和良好形象的基石。网络虽然虚拟、匿名，但旅游产品与服务确是现实存在的，虚拟的网络同样厌恶欺骗、欺诈行为，而且会以比传统营销中百倍、千倍的惩罚来惩戒不良行为。网络内对某种劣质产品的千夫所指，对某些不法者的"人肉搜索"无不令众多的企业和违法者胆寒。大部分负面口碑也主要是反映旅游服务人员态度恶劣、欺诈，当地居民素质低以及旅游产品（如景区、饭店等）产品质量不过关等问题。因此，开展网络口碑传播之前，目的地旅游组织首先就是开发、组织并提供优质的旅游产品与服务。

因此，北京建设世界一流旅游城市，利用国际旅游门户网站，吸引外国游客时，必须提供优质的服务，以树立良好的旅游目的地形象，使游客对北京进行口碑传播时能够有据可依。

2）充分的旅游目的地信息（information）。充分的旅游目的地信息是网络口碑传播的素材，旅游论坛中网民谈论旅游目的地的主题主要涉及具体的旅游产品，包括食、住、行、游、购、娱等多个方面。这些主题一方面表达了旅游者自己对旅游产品的亲身感受，另一方面是在传递旅游目的地旅游产品方面的知识。前者通过旅游者自己的语言文字表达来实现，后者则需要目的地口碑营销组织协调目的地各旅游企业与组织提供相应的信息素材。因为旅游者毕竟不是当地人，也不是行业内人士，对涉及旅游产品的专业知识有限，其在帖子或文章中表达的关于目的地的知识主要也是通过网络信息查询或旅游途中导游和当地人士的介绍获得，因此，旅游目的地要实现网络环境内正面口碑和正确信息的目标，必须利用线上和线下所有与旅游者接触点提供关于目的地旅游知识的准确信息，为旅游者在线谈论目的地提供正确的引导，也提供谈资。这些旅游信息包括目的地的历史、文化，景点的由来、相关传说，景观形成的地质环境、民俗风情、饮食风

---

① 柴海燕. 旅游目的地网络口碑传播研究［D］. 武汉大学博士论文, 2011.

格等。

北京在建设世界一流旅游城市时，应该丰富世界旅游网站平台上的内容，提供完整、有效的"吃、住、行、游、购、娱"的充分旅游信息，为口碑宣传奠定基础。

3）设置网络议题或策划网络事件（events）。网络口碑的引爆点是具有优质的产品与服务，提供充分的信息素材是网络口碑传播的前提，但网络口碑的生成仅依靠这些是远远不够的。为在浩如烟海的目的地网络信息海洋中崭露头角，目的地口碑营销组织必须为网民提供谈论的"话题"，即设置网络议题或策划网络事件，以吸引网民的关注，引发其兴趣，鼓励其参与网络议题或事件的讨论，从而生成网络口碑，并引爆流行。目前，成功的网络口碑营销都是通过类似的方法实现的。

北京在对国际市场进行网络营销时，也必须关注热门的旅游网络事件，设置网络议题，以引起国际游客的注意力。

（2）旅游目的地网络口碑传播策略。旅游目的地网络口碑传播策略通过网络口碑生成策略形成目的地网络口碑后，还需要借助网络力量进一步扩大影响力和传播效果，旅游目的地网络口碑传播策略就是解决由谁来传播、怎样传播和传播何种口碑信息的问题，涉及信息源、传播渠道和传播信息的特质等方面。

1）信息源——网络意见领袖（influeneer）。活跃在人际传播网络中的网络意见领袖，经常为他人提供专业性的信息、观点或建议。他们一般都在某社区或论坛内拥有较高的等级、关注度和支持率，是旅游领域的专业人士或酷爱旅游的行家，拥有丰富的旅游经验和技巧。他们一般都会出任旅游论坛不同版块的版主，为网友提供旅游咨询与建议。旅游目的地网络口碑传播人员首先要联系、邀请有影响力的网络旅游意见领袖到旅游目的地旅行观光，并为其提供相关的口碑素材，奖励其通过网络发表旅游感受和目的地旅游介绍，利用其在网络内的影响力提升目的地的网络知名度。

北京进行对外网络营销时，应密切关注网络意见领袖的动向，选好网络营销的信息源。

2）网络口碑传播渠道（communication channel）。利用不同的口碑传播工具形成多方位、全面的口碑传播网，全面覆盖网民接触的所有口碑平台。目前口碑营销共有7大营销工具，包括网络视频传播、网络 WIKI、虚拟社区（论坛＋博客）、CLUB 粉丝圈群、微博客营销、问答知道、SNS 与 IM、微信等，目的地口碑营销传播组织应根据不同渠道的特点，开展具有针对性的口碑传播。

利用好国际三大旅游网络平台，选取合适的网络口碑传播渠道，对北京网络营销的成功也是至关重要的。

（四）北京自身国际网络营销平台构建

根据北京旅游网站性质的不同，将其分为如下七类：政府旅游部门网站、应用服务供应商网站、旅游企业网站、专业旅游网站、网络内容供应商网站的旅游频道、各类旅游目的地咨询网站和地方性旅游网站、个人旅游网站。下面重点介绍北京官方旅游网站，即从网站的可达性、体验性、有效性、互动性、商务性、营销力六个方面来比较。北京与国际一流的旅游城市相比，无论是在可达性、体验性还是在有效性、互动性、商务性、营销力等方面都存在巨大的差距。因此，下面也着重在这些方面来探索北京自身构建国际网络平台的策略。

1. 提高可达性

设计美观大方且兼具合理性、系统性、逻辑性的网页，以提高北京官方旅游网站的可达性，提升北京官方旅游网站的吸引力。

在虚拟的网络世界中，旅游网站的首页如同企业、公司的门面，必须精心设计。当游客点击进入旅游网站时，首先映入眼帘的将是网站的首页，首页外观的美观性、设计的科学性都将给游客留下深刻的第一印象。网页的美观度是首先需要考虑的，应将平面设计中的审美观点，如对比、均衡、重复、比例、近似、渐变以及节奏美、韵律美、色彩的搭配等应用到网页的设计中。此外，运用多媒体技术，在网页中加入 FALSH、3D 片头动画、三维实景演示；MPS、MIDI、WAVE 等音频效果；AVI、RM、RMVP、WMV 等视频播放下载，可以极大地加强信息展示的生动直观性，从而加大首页的吸引力。此外，首页中的文字、按钮、色彩、图片以及多媒体影像的整体组合，都应尽量做到专业化、艺术化，以期给游客留下赏心悦目的感觉。在满足首页审美性的同时，也应处理好首页打开速度与网页美观度之间的矛盾。一方面，为使首页更具吸引力，大多数旅游网站都在首页中放置大量旅游景点的图片，安排背景音乐，甚至自动播放 FLASH 和各种音频视频，这虽然使网页显得生动活泼，但过多使用声像资料，会大大延长网站首页的打开时间，严重影响网站的可进入性。因此，首页中图片的数量不宜过多，尺寸也不宜过大，可以将图片以较小尺寸在首页上显示，通过点击放大浏览原图。各种 FLASH 动画和音频、视频资料，不宜在首页打开时设置成自动播放，而是应该在首页上给出超级链接，让有兴趣观赏的游客点击相关链接后再下载收听、收看或在线播放。网站的网页结构设计必须注重科学性。由于旅游网站中一般包括的内容较多，因此网页中所有内容的安排应具有合理性、系统性、逻辑性。一般而言，网站中的信息应按树形结构分门别类放置，并在首页上设置网站信息的总目录，以使游客能快速方便找到所需信息。另一方面，在做到网页内容层次清晰的同时，为便于游客浏览，应尽可能将主题内容放在首页，减少游客点击进入第二层甚至第 N 层网页查阅重要信息的次数。在网页层次较多的情况下，应注意每层网页应设置返回首页的按钮以及网页各个栏目之间的互访按钮。此外，在首页上应有描述网站版权所有者的信息和设计者的信息。为使游客能经常光顾网站，网页还应注意更新，不能长期保持一成不变。首页上的内容应定期或不定期更换，尽量多以崭新的面目面向游客，使游客保持对网站的新鲜感。更换下来的内容可放入第二层或更后一层的网页中。

2. 提升体验性

游客的美好体验是北京进行国际网络营销的重中之重。中国地大物博，历史悠久，丰富多彩的旅游资源不仅吸引着国内的众多游客，也不断吸引着全世界寻幽猎奇的旅游者。因此，北京可根据我国主要国际旅游客源地情况制作不同语言版本的网页，以满足来自世界各地的语言的需求。随着我国的进一步开放和加入世界贸易组织，我国在旅游接待和国际旅游收入方面已位居世界前列，而网络是一个开放的世界，北京的旅游网站所面对的也是全球旅游市场，来自世界各地的游客都可能成为旅游网站的浏览者和客户。因此，旅游网站的语言版本问题也是网站建设者必须重视的。鉴于目前北京旅游网站只有中文简体、法语、西班牙语、繁体中文、英语、日语、韩语、德语、阿拉伯语 9 种语言版本，尚无法满足全球不同地域游客的需要，因此，应根据我国现有的主要国际客源市场，尽量增设其他语言的网页版本，世界语言等，以满足不同语种和区域游客的需要。此外，还可根据需要，单独开设面向不同国家、不同民族的外语板块，有针对性地提供相关信息。对国外旅游者提供信息，尤其是商务信息，应使用国际通用的标准语言。

3. 增强有效性

前文对北京官方英文旅游网站与世界一流旅游城市在 4 个多月内的时间的更新量做了比较，判定北京官方旅游网站的有效性，研究结果显示，北京与纽约、伦敦、巴黎、悉尼相比，差距显著，纽约的官方旅游网站在近四个月内更新量最多，高达 2640 条，平均每天更新 18.8 条；伦敦和纽约的更新数量相等，都是 1540 条，每天更新约 11 条；巴黎的更新量为 1050 条，平均每天更新 7.5 条。巴塞罗那的月平均更新量相对较少，约为 3.8 条，北京官方旅游网站的信息更新数量比较低，仅为 150 条，每天仅更新 1.06 条。因此，北京若想在日趋激烈的国际化市场中站稳脚跟，也必须实时更新网站的内容，增加网站的月更新量，从而使得网站的访问量增加，以增强网站的有效性，为其实现国家化网络营销平台的构建铺平道路。

4. 增强互动性

由于网上用户中年轻人占了相当数量，而年轻人对互动型的栏目情有独钟，因此，设置各种类型的交互性栏目，互动设施的建设也是旅游网站必不可少的。通过互动栏目，网站的管理者可以了解游客在浏览网站后，有什么收获，还需要得到什么信息，希望进行什么样的交流，从而对旅游网站构成作进一步改进，增强了网站与游客的互动性。北京的官方英文旅游网站应提供完整的社区服务，如语音聊天室、BBS 论坛、留言板、个人免费邮箱、网站 QQ 群等。使游客在网站浏览后不做匆匆过客，而是能长时间驻足社区，进行各种交流，从而培养网站的忠实用户，进而培养出旅游产品的积极消费者。北京官方旅游网站若不能建设完整社区，也应在网站中选择社区的一些功能进行设置。如 BBS 论坛就是一个很好的交流工具。旅游网站的论坛可以根据旅游业的特点，在论坛中分设旅游法律法规、旅游交通、旅游餐饮、旅游商品、景区景点、旅游住宿、旅游常识、游记等各类主题板块，让游客在相应讨论区发表意见或咨询相关问题，吸引游客踊跃参与讨论。设有聊天室的旅游网站，可以开展在线咨询服务，定期或不定期地聘请旅游界的专业人士与游客直接在网络上对相关问题进行直接交流。此外，还应在首页上设置用户意见调查表，让游客对网站的建设提出自己的意见和建议，集思广益，让网站的建设精益求精。

5. 推进商务性

与其他世界一流旅游城市相比，北京官方旅游网站的商务功能比较全面，与国际化程度比较高的上海相比，也是比较完整的。但是，北京官方旅游网站要达到世界一流旅游城市的水平，并赶超它们，必须建立一个符合大多数游客及各相关单位使用的电子商务网站，实现订票、包车、订房、订餐、自助游预订、购物等多种旅游产品与服务的网上交易。但是，由于旅游电子商务目前存在网上支付功能不完善、交易安全缺乏保障等诸多问题，使大多数游客不能真正适应和接受旅游电子商务，网上查询、线下交易的情况还相当普遍，因此要在北京旅游业中推进电子商务的发展，一方面，需要通过各种媒体进行舆论宣传，提高公众对旅游电子商务这一新事物的认知度；另一方面，旅游网站应与银行通力合作，借鉴发达国家的经验，普及信用卡、电子现金、电子支票等电子支付方式，使网上付款变得安全、方便、快捷、高效，真正实现交易的电子化，解决网上支付的问题。

6. 打造营销力

北京在建设世界一流旅游城市的国际网络营销平台中，打造其营销力的重要措施之一就是与相关网站交换链接，这是其进行推广的一个重要手段。交换链接即相互在网站里设置对方网站的超级链接，使浏览者在进入其中一个网站后，通过点击友情网站的超级链接直接链入相关站点。北京旅游网站应尽量多与性质相似或有合作可能的网站交换链接，如与国内外其他旅游网站进行链接、与政府及相关服务机构进行链接、与银行等商业机构进行链接等，使游客在本网站中能方便找到其他相关信息，尽可能多地满足游客的需求，培养游客对网站的忠实度，也加大游客对网站的依赖程度，从而提升网站的营销能力。

四、结　语

人类社会进入新千年，随着计算机技术、信息技术、网络技术的迅猛发展，信息革命已在全球掀起改革大潮，深刻影响着众多产业的发展，同时因特网的触角也正遍及全球，政府、企业、个人利用因特网传递信息、提供服务，网络正日益改变着人们的工作、生活。网络营销也正顺势而发展，在这股信息化浪潮中，国际一流旅游城市目前已取得了一定的成就，北京要想在激烈的国际旅游市场竞争中，与世界旅游城市争夺世界旅游市场，并赶超世界一流旅游城市，就必须致力于建设自身国际化网络营销平台，加快其步伐。

第六章

北京低碳旅游发展模式

自国家实施节能减排发展战略以来，许多旅游目的地纷纷提出建立低碳旅游景区，积极探讨如何发展低碳旅游对于旅游业节能减排与低碳可持续发展具有十分重要的意义。北京市作为世界旅游城市，发展低碳旅游有助于提升城市形象、美化城市环境、促进旅游产业可持续发展。2011年，密云县建成北京首个低碳旅游试验区，积极探索都市生态涵养区旅游发展新模式。下面从低碳旅游的缘起与意义、低碳旅游研究进展、低碳旅游的概念内涵、低碳旅游发展现状及存在的问题、低碳旅游发展理念与原则、低碳旅游发展模式与保障机制、低碳旅游发展策略、低碳旅游经典案例等九个方面对北京低碳旅游发展进行研究。

一、低碳旅游的缘起与意义

（一）全球气候变化的影响

伴随着化石能源的大量消耗，全球能源和环境问题日趋严重，积极应对全球气候变暖已迫在眉睫。2008年国际金融危机爆发以来，全球化呈现出的新特点之一就是气候变暖、温室效应问题凸显。全球气候变暖严重影响人类环境和自然生态，导致水资源失衡、农业减产、生态系统严重损害，对人类可持续发展带来了巨大冲击（冯之浚等，2009）。政府间气候变化专门委员会（IPCC）全球气候变化研究第四次评估报告表明，气候变暖的原因除了自然因素影响以外，主要是归因于人类活动，特别是与人类活动中排放 CO_2 的程度密切相关。以当前全球社会经济发展态势与能源消费结构来分析，如果未来仍然延续当前高碳发展模式，到21世纪中期地球将不堪重负。IPCC评估报告的结论是：为实现全球控制温度上升的目标，未来10~20年必须扭转碳排放增长趋势，2050年必须低于目前排放水平甚至减半。这对于世界各国社会经济发展均提出了严峻的挑战。

（二）低碳理念与低碳经济的提出

低碳理念是在应对全球气候暖化趋势、倡导减少人类生产生活中温室气体排放的背景下提出来的。低碳发展理念已从一个生态问题转变成为影响人类发展的全局性问题，并成为国际政治、经济、外交和主流媒体关注的热门话题。

首次出现低碳经济（Low Carbon Economy）术语的官方文件，是2003年2月由英国前首相布莱尔发表的《我们未来的能源——创建低碳经济》的白皮书，该书指出英国将在2050年将其温室气体排放量在1990年的水平上减排60%，从根本上把英国变成一个低碳经济的国家。随后欧盟各国、日本、美国等国家和地区均给予了积极评价，并采取了相似的战略。2006年10月，由英国政府推出、前世界银行首席经济学家尼古拉斯·斯特恩牵头的《斯特恩报告》指出，全球每年以GDP的1%投入环保，可以避免将来每年GDP的5%~20%损失，呼吁全球向低碳经济转型。联合国环境规划署把2008年世界环境日的主题定为"戒除嗜好！面向低碳经济"，希望低碳经济理念能够迅速成为各级决策者的共识。

然而，欧美发达国家的低碳发展战略并不仅仅是为了应对全球气候变暖和节能减排，这些国家更着眼于在新能源和环保技术带动的低碳产业链上占领新的制高点，并为其经济增长寻求新的增长动力。由此可见，现阶段低碳发展已经远远超出了"生态话题"，成为关乎各国经济长远发展的"政治议题"。有专家甚至预言，低碳经济会像工业革命那样改变世界经济发展的格局。随着"巴厘路线图"与《哥本哈根议定书》的达成，与应对气候变化的国际行动不断走向深入，低碳发展理念将逐步深入社会经济发展之中，在国际上也将越来越受到关注。

（三）中国发展对全球气候变化的积极响应

全球气候变化研究自20世纪80年代以来成为最活跃、发展最快的科学领域之一，气候变化对社会经济发展的影响是其研究方向之一。全球气候变化对许多国家造成了不同程度的影响。针对全球气候变化的影响，2009年9月，国务院常务会议上国家领导人部署了中国应对气候变化的工作。会议明确提出中国要把应对气候变化纳入国民经济和社会发展规划，积极开展低碳经济试点示范，培育以低碳排放为特征的新的经济增长点。同年12月，中央经济工作会议强调，要更加注重推动经济发展方式转变和经济结构调整，发展战略性新兴产业，推进节能减排，抑制产能过剩，开展低碳经济试点，努力控制温室气体排放，加强生态保护和环境治理，加快建设资源节约型、环境友好型社会。

（四）气候变化与旅游业的关系

20 世纪以来，旅游业获得快速发展，根据世界旅游组织统计，2008 年全球旅游收入已经达到 9440 亿美元，国际跨境旅游人数达到了 9.22 亿人次。旅游业是严重依赖自然资源、生态环境和气候条件的产业，气候变化对全球与区域旅游业产生着现实和潜在的影响。全球气候变化给旅游产业体系带来的影响是全方位、多尺度和多层次的，从旅游资源、旅游市场、旅游产品和旅游服务体系来看，旅游业是全球气候变化影响下的敏感和脆弱的产业部门之一。然而，旅游业也对气候变化产生了一定的影响。Scott D.（2007）等研究指出，旅游业是能源密集型非常高的产业，当前作为通过温室气体排放的气候变化重要贡献者，得到了关注。据估计，旅游业贡献了全球 5% 的 CO_2 排放（UNWTO, 2007）。作为社会经济中重要的产业，旅游业与气候变化之间的研究工作，也得到了很多部门的关注。

2003 年 4 月，世界旅游组织在突尼斯召开气候与旅游关系的主题会议，提出了旅游业可持续发展的新课题。为探讨旅游业如何控制温室气体排放及如何应对气候变化对旅游业的影响，UNWTO 于 2003 年和 2007 年召开了两届国际气候变化和旅游会议，并将 2008 年世界旅游日主题确定为"旅游——应对气候变化挑战"。

（五）低碳旅游是中国旅游业可持续发展的新形式

2009 年 11 月 25 日，国务院常务会议讨论并原则通过了《关于加快发展旅游业的意见》，会议认为，旅游业兼具经济和社会功能，资源消耗低、带动系数大、就业机会多、综合效益好，提出把旅游业培育成国民经济的战略性支柱产业，推进节能环保，大力倡导健康旅游、文明旅游、绿色旅游。中国首次将旅游业作为国民经济的战略性支柱产业进行培育，这充分说明旅游业在当前国民社会经济发展体系中所处的重要地位。为响应当前全球与中国社会经济大力提倡低碳理念、发展低碳经济的新形势，作为中国的战略性支柱产业，旅游业的发展也必须融入低碳理念，为整个社会经济可持续发展做出应有贡献。而低碳旅游则是中国旅游可持续发展的新形式。

二、我国低碳旅游研究进展

发展低碳经济已成为各国应对气候变化和转变社会经济发展方式的重要途径（唐承财等，2011）。2009 年 9 月，国务院常务会议部署中国应对气候变化工作，积极开展低碳经济试点；同年 11 月《国务院关于加快发展旅游业的意见》（国发［2009］41 号）提出，把旅游业培育成国民经济的战略性支柱产业，推进节能环保，大力倡导低碳旅游方式。低碳旅游作为一种新型的可持续旅游发展形势，强调尽量减少旅游活动产生碳排放量，低碳旅游成为气候变化情景下中国旅游业负责任的选择（王洁和刘亚萍，2010）。发展低碳旅游有助于促进我国旅游业节能减排和带动其关联产业低碳化发展，从而推动社会经济体系的低碳化建设，有助于提升我国应对全球气候变化与能源环境等问题的综合国力（唐承财等，2011）。下面依托中国知名网络数据库综述分析我国低碳旅游研究现状，首先回顾研究进程，然后综述分析了研究方法，从低碳旅游概念内涵与特点、低碳旅游与生态旅游的差异对比、低碳旅游企业建设、低碳旅游规划设计与低碳教育、旅游业能源消耗与碳排放测度、低碳旅游发展模式与对策 6 个方面对我国低碳旅游的研究内容进行综述，最后提出当前我国低碳旅游研究中存在的不足及研究展望。研究成果以期为我国旅游业节能减排和旅游业可持续发展提供理论指导与参考。

（一）研究回顾

低碳旅游的概念正式提出之前，我国低碳旅游实践已经获得一定程度的发展。早在 20 世纪 90 年代，为保护生态环境，九寨沟等旅游景区禁止机动车进入，以电瓶车代替，以减少 CO_2 排放量，不少旅游者自觉选择公共交通工具作为出游工具等。随着低碳旅游实践在我国不断发展，而我国对此的相关理论研究却相对滞后。李鹏等（2008）较早地对旅游线路产品的能源消耗与碳排放进行了研究。"低碳旅游"概念的正式提出，最早见于 2009 年 5 月世界经济论坛"走向低碳的旅行及旅游业"的报告。同年同月，刘啸在《中国集体经济》上发表的《论低碳经济与低碳旅游》，成为我国最早以低碳旅游为题的期刊论文。而 2009 年国发［2009］41 号文件的出台，标志着提倡低碳旅游正式成为我国旅游业节能减排与保护环境的重要途径之一。随着国内各界热切关注节能减排与应对气候变化的响应，不少学者从概念内涵（蔡萌和汪宇明，2010）、旅游产业功能与结构（郭来喜和桑海洋，2009）、低碳经济与低碳旅游（魏小安，2010）等方面进行探讨如何发展低碳旅游。此后由于低碳经济与低碳理念的不断快速发展，低碳旅游的研究文章逐渐增多，个别学者对国内外低碳旅游的研究现状与进展进行了分析（谢园方和赵媛，2010）。截至 2011 年 3 月，在中国知网总库平台检索以低碳旅游为关键词的文章，共检索到 70 篇学术论文，其中硕士学位论文 5 篇，学术期刊论文 61 篇，学术会议论文 4 篇。研究领域主要分布于低碳旅游概念内涵与特点、低碳旅游与生态旅游的差异对比、低碳旅游企业建设、低碳旅游规划设计与低碳教育、旅游业能源消耗与碳排放测度等相关研究、低碳旅游发展模式与对策等方面，且以定性研究探索类文章居多，理论研究和案例分析相对较少。

（二）研究方法

当前我国研究低碳旅游的方法主要为以定性分析为主，定量与定性研究相结合分析为辅等。

1. 定性分析

定性分析是当前我国学者对低碳旅游研究采用最为广泛的方法，大部分学者基于全球气候变化和低碳经济发展的背景，运用归纳和演绎、分析与综合以及抽象与概括等方法，引入国内外低碳理念和借鉴低碳经济发展实践，结合旅游业发展特点，对我国发展低碳旅游进行研究。

2. 定性与定量相结合

当前，国际上缺乏统一、规范的系统评估低碳旅游发展水平等相关方面的方法，而且大部分国家未将旅游业作为一个独立的产业经济部门列入国民核算统计体系之中，研究低碳旅游缺乏必要的指标及其数据统计，导致低碳旅游量化研究存在较大困难。不少国家建立了旅游卫星账户（TSA），统计旅游业能源消耗的相关数据，以此弥补国民核算统计体系的不足。我国个别学者在借鉴国外相关研究方法的基础上，也开始尝试采取定量与定性分析结合的方法（如生命周期评价法、碳足迹分析法、自下而上法等）对低碳旅游发展进行研究（李鹏等，2008、2010；石培华等，2011）。

（三）研究内容

1. 低碳旅游概念内涵与特点

辨析界定低碳旅游的概念是科学发展低碳旅游的首要研究内容。不少学者对低碳旅游的概念内涵进行了阐释（刘啸，2009；黄文胜，2009；蔡萌和汪宇明，2010；唐承财等，2010、2011；浦云，2010）。蔡萌和汪宇明（2010）提出低碳旅游是在旅游发展过程中，通过运用低碳技术、推行碳汇机制和倡导低碳旅游消费方式，以获得更高的旅游体验质量和更大的旅游经济、社会、环境效益的一种可持续发展旅游新方式。基于上述研究，唐承财等（2011）提出低碳旅游的概念内涵应包括如下3点：①以节能减排与社会、经济、生态综合效益最大化为发展目标；②以低碳技术创新、清洁能源利用和旅游发展观念根本性转变为发展方式；③以低能耗、低污染、低排放为发展模式。同时提出低碳旅游是指以可持续发展与低碳发展理念为指导，采用低碳技术，合理利用资源，实现旅游业的节能减排与社会、生态、经济综合效益最大化的可持续旅游发展形势。此外，侯文亮等（2010）提出，由旅游者、旅游产品、旅游景区、旅游目的地等5个层次组成低碳旅游基本概念体系。

低碳旅游应成为我国新时期经济社会可持续发展的重要经济战略之一，其具有普及性、综合性、低碳性、教育性的特点（唐承财等，2010）。唐承财等（2011）提出，低碳旅游是新型的旅游发展方式与发展模式，发展低碳旅游可促进旅游系统低碳化，推动低碳技术的应用与发展观念的转变，可培育低碳化生产生活方式。

2. 低碳旅游与生态旅游的差异对比分析

生态旅游和低碳旅游均是由于人们对旅游与环境关系的反思而形成和发展的旅游方式。在已有的生态旅游与低碳旅游的研究基础上，从两者的定义、内涵、目标、旅游者类型、旅游区域、旅游资源和活动特点等多个角度进行对比分析，得出表6-1的结果。

表6-1　生态旅游与低碳旅游的差异对比

类别	生态旅游	低碳旅游
定义	游客到自然地区的一种负责任的旅行，这种旅行不仅要求保护生态环境与地方文化的完整性，而且必须维持并提高当地居民的生活水平	以可持续发展与低碳发展理念为指导，采用低碳技术，合理利用资源，实现旅游业的节能减排与社会、生态、经济综合效益最大化的可持续旅游发展形势
内涵	①满足人类回归大自然的强烈愿望；②体现环境保护意识；③改善当地居民的生活质量，增加就业机会，为当地创造经济效益；④强调使公众亲近自然，接受环境教育；⑤强调旅游环境、社会与经济的可持续性	①以节能减排与社会、生态、经济综合效益最大化为发展目标；②以低碳技术创新、清洁能源利用和旅游发展观念根本性转变为发展方式；③以低能耗、低污染、低排放为发展模式
目标	通过对生态旅游资源的合理利用、合理规划和管理，保持旅游地生物多样性和文化的完整性	减少旅游发展中的温室气体排放，实现旅游综合效益最大化与旅游业的可持续发展
旅游者类型	狭义生态旅游者的定义：对生态旅游区的环境保护和经济发展负有责任的旅游者；广义生态旅游者的定义：到生态旅游区的所有旅游者	在旅游活动中，尽量减少资源消耗与保护生态环境，促进、实现旅游业综合效益最大化的负有责任的旅游者
旅游区域	以自然区域为主，包括有地域特色的文化	无特殊要求
旅游资源	以生态美吸引旅游者前来进行生态旅游活动，为旅游业所利用，在保护的前提下，能够产生可持续的生态旅游综合效益的客体	无特殊要求

类别	生态旅游	低碳旅游
活动特点	生态旅游具有普及性、保护性、多样性、专业性、精品性的特点	低碳旅游具有普及性、综合性、教育性、低碳性的特点

注：由杨桂华等（2010）、唐承财等（2011）和江丽芳等（2010）的文献整理形成。

3. 低碳旅游企业建设

旅游企业主要包括旅游景区、旅行社、旅游酒店等，应从建设与管理两方面统筹考虑，要坚持低能耗、低污染、低排放的低碳发展思路，采用低碳技术材料和清洁能源，加强旅游企业碳管理，科学开发低碳产品和树立低碳品牌，参与旅游碳中和系统建设等（唐承财等，2011）。

（1）低碳旅游景区。旅游景区是旅游产业低碳化发展的重要组成部分之一，因此，不少学者对我国如何建设低碳旅游景区提出了对策与建议（刘啸，2010；曹会林，2010；侯家骧，2010）。李德山（2010）从管理体系、硬件设施、服务体系、旅游产品等方面构建了低碳型旅游景区的建设体系。雷琼（2010）提出构建以生态 GDP 至上的景区评价理念，完善低碳旅游景区评价指标体系。谭锦和程乾（2010）从低碳旅游资源、旅游景区的低碳开发等三个方面构建低碳旅游景区评价系统。也有学者介绍国外低碳旅游景区发展经验（黄文胜，2009）。赵金凌等（2011）基于 ANP 法构建了低碳旅游景区评估模型。马勇等（2011）构建了低碳旅游目的地综合评价指标体系。

（2）低碳旅行社。旅行社作为沟通旅游者与其他旅游部门之间的桥梁，在倡导推行低碳旅游进程中能起到宣传、组织和沟通桥梁的重要作用（吴莹，2010）。不少学者提出旅行社要转变观念，设计低碳旅游产品项目，加大低碳旅游宣传，引导旅游者低碳消费（吴莹，2010；曹会林，2010）。吴莹（2010）提出，要求旅行社建立可行的碳汇机制。曹会林（2010）提出，旅行社企业应引入"碳足迹"计算，在吃、住、行、游等要素设计中引入低碳消费理念。

（3）低碳旅游酒店。饭店是旅游业中除旅游交通外最大的碳排放源（董鑫，2010），是旅游产业低碳化发展的最重要组成部分。《国务院关于加快发展旅游业的意见》中明确提出，五年内星级饭店用水、用电量降低 20%。唐承财等（2011）提出，旅游接待设施不选用高耗能、高排放设备，鼓励建设环保型酒店，在接待环节中推广清洁能源。董鑫（2010）从建筑材料、能源设施、酒店低值易耗品、现代建筑智能化设施等方面探讨低碳酒店的建设。曹会林（2010）提出，饭店企业应通过创办绿色饭店倡导顾客绿色消费。

（4）低碳旅游交通。低碳旅游交通是以低能耗、低污染、低排放为基础的旅游交通发展模式，其实质是旅游交通领域的高能源利用效率和清洁能源结构问题，关键在于新能源的探索、技术创新、旅游观念和旅游交通方式的转变等（宫连虎和余青，2010）。宫连虎和余青（2010）从国外和国内两个视角对目前旅游交通研究的文献进行综述，提出要在综合交通视角下研究低碳旅游交通发展趋势。王润等（2010）提出低碳化的旅游公交主导模式与途径。

4. 低碳旅游规划设计与低碳教育

低碳旅游规划与设计有助于科学指导旅游业低碳发展。王润等（2010）基于低碳理念，以福建省平潭岛为案例，从旅游交通、旅游住宅、旅游活动等方面阐述低碳旅游规划设计的要点。曹奕（2010）研究了传统内蒙古建筑中的低碳思维和国内外先进低碳节能技术，提出内蒙古旅游度假区低碳建筑的设计方法，并对伊金霍洛旗旅游度假区进行了实证分析。也有学者在低碳旅游规划中提出低碳核心理念，如资源统筹、节能节地、低碳生活、循环产业等（李宗英，2010）。金姝兰等（2011）构建了鄱阳湖低碳旅游系统空间规划设计模型，将该区分成零碳区、低碳旅游区、高效集约发展区。

开展低碳旅游教育，有助于人们深刻认识旅游业可持续发展和人地关系。杜学元和刘建霞（2010）提出，开展低碳旅游有利于改变我国粗放式的旅游发展方式，有利于摒弃旅游者不良的旅游观念，有利于丰富我国旅游教学的内容。他们提出开展低碳旅游教育的策略：邀请旅游学专家定期举办讲座、培训班等，加强对低碳旅游的经营、管理和服务人员的教育；在旅游过程开始之前对旅游者开展低碳教育，并贯穿旅游全过程；结合学科课程教学，培养具有低碳知识和素质的旅游专业人才。

5. 旅游业能源消耗与碳排放测度

测度旅游业能源消耗与碳排放是科学开展低碳旅游的重要基础，可为我国旅游业节能减排和可持续发展提供科学决策依据。

（1）旅游业碳排放。综合测度区域旅游业碳排放有助于推动旅游业节能减排和环境保护。石培华等（2011）采用"自下而上"法，通过文献研究与数理统计方法，采用国外已有的相关研究方法和结论，首次估算中国旅游业能源消耗量和 CO_2 排放量，得出 2008 年我国旅游业消耗能源 428.30×10^{12} 焦耳，占中国能源消耗总量的 0.51%；CO_2 排放量为 51.34×10^{12} 焦耳，占全国碳总排放量的 0.86%，远低于全球旅游业碳排放占总排放量 5% 的比例。其中旅游交通 CO_2 排放量为 34.77×10^6 吨，住宿业碳排放量为 15.36×10^6 吨，旅游活动 CO_2 排放量为 1.21×10^6 吨，该研究结论，主要参考参照国外相关旅游经验参数，研究方法具有一定的主观性，导致其研究结果可信度略显不足。此外，也有学者分析第三产业碳排放量与入境旅游人均消费的关系（董红梅和赵景波，2010）。

（2）旅游线路产品生态效率与碳足迹分析。旅游产品碳排放测度是科学分析旅游业的能源消耗与碳排放中重要的一环。李鹏等（2008）以旅游产品为对象，选用旅游者支出和旅游活动 CO_2 排放量作为生态效率的指标，构建旅游线路产品生态效率的计算模型。以云南旅游市场最具代表性的香格里拉"八日游"系列产品为例，对其生态效率进行计算和分析。

研究旅游业碳足迹有助于在旅游产品设计、生产和供应等过程中降低能源消耗与碳排放（李鹏等，2010）。李鹏等（2010）基于生命周期方法，构建了酒店住宿产品碳足迹计算模型，并实证于昆明市 6 家四星级酒店。侯文亮（2010）提出，旅游业碳足迹包括游客的"吃、住、行、游、购、娱"六个方面的直接或者间接的温室气体排放量，并以 CO_2 为统一标准计算，提出 UNWTO 测算法、CDM 基准线法、Kaya 公式三种可测定旅游业碳足迹的方法。罗芬等（2010）从旅游碳足迹研究等方面提出低碳旅游的研究启示。

（3）旅游业节能减排政策。弄清中国旅游业碳排放的现状及总量，探明旅游业减排潜力，明确减排的政策框架，设计切实有效的减排战略，是重要的研究命题（石培华等，2010）。石培华等（2010）分析旅游业在应对气候变化和节能减排中的作用及旅游业减排政策框架设计面临的问题，构建了概念性政策框架设计思路，设计了一套完整的中国旅游业减排的政策框架，提出旅游主管部门、旅游企业、旅游经营者和旅游者"四位一体"的减排措施。

6. 低碳旅游发展模式与对策

（1）低碳旅游发展模式。不少学者从不同角度对我国低碳旅游发展模式作了探讨（俞棋文，2009；刘啸，2010；郑琳琳和林喜庆，2010）。俞棋文（2009）以上海市为例，提出岛屿型、内陆环湖型、海岸型、城郊离岛型、卧城旅居型五种低碳旅游开发模式。郑琳琳和林喜庆（2010）、文彦（2010）均以旅游者、旅游目的地、旅游企业、旅游管理部门为主体提出共同参与的低碳旅游四轮驱动模式。李玉清（2010）通过节能、节水、生活污水和生活垃圾的生态化处理等清洁生产行动，提出旅游六要素低碳化发展模式。马勇等（2011、2012）探讨了中国低碳旅游盈利模式与国内外低碳旅游发展模式。

（2）低碳旅游开发对策。低碳旅游是促进旅游产业生态化的战略选择和重要途径（明庆忠等，2010），发展低碳旅游是一个长期过程，需要政府、旅游企业和旅游者的共同参与（周梅，2010）。基于低碳经济背景，不少学者从国家（唐承财等，2011；钟玉锋，2010）、省域（刘芳，2010；张颖等，2010；浦云，2010）、城市（俞棋文，2009；蔡萌和汪宇明，2010）；（丁红玲和武媚，2010）、岛屿（蔡芳竹等，2010；王辉等，2010）、社区（李小明等，2010）等层面探讨低碳旅游的科学发展对策。周永博和沙润（2010）提出，实施低碳旅游意象战略是推动我国低碳旅游发展的关键。部分学者基于利益相关者，探讨低碳旅游发展对策（黄艺农和范松，2010；唐承财等，2011），唐承财等（2011）从政府部门、旅游目的地、旅游企业和旅游者四大低碳旅游核心利益相关主体，系统、全面地提出我国低碳旅游可持续发展策略。瞿葆（2010）提出，加大宣传力度、设计低碳线路、开发低碳景区、提倡低碳交通方式、建设低碳型酒店等旅游发展对策。金姝兰等（2011）建构了由低碳旅游吸引物、低碳旅游设施、低碳旅游服务与管理、低碳旅游消费方式构成的低碳旅游实施路径。廖忠明等（2010）从生态容量、低碳旅游运营模式探讨低碳旅游发展对策。也有学者从饮食、建筑、交通三个方面探讨低碳旅游的节能对策（刘啸，2009）。近年来，森林旅游和乡村旅游获得长足发展，也有不少学者对这两种旅游产品形式的低碳化发展对策进行了探讨（陈贵松，2010；马东跃，2010）。

（四）总结

1. 存在的问题

综上可知，现阶段我国低碳旅游研究视野较为开阔，并取得一定的成果。总体而言，我国低碳旅游研究还处于起步发展阶段，存在明显的不足或问题，其主要表现在以下几个方面：

（1）在研究方法方面。虽然当前我国对低碳旅游的研究在很多方面都有所涉猎，但大部分研究成果仍停留在定性分析的层面，定量研究非常少。以往的研究成果大多都是对发展低碳旅游进行一般性描述、经验性介绍或主观性对策建议，侧重于思辨、定性研究，而缺乏较为系统、深入的定量分析。今后，依据我国旅游业能源消费与碳排放特点，构建适宜的研究方法和借鉴相关学科研究方法，将受到重视。

（2）在研究内容方面。我国学术界对低碳旅游概念内涵与特点、低碳旅游与生态旅游的差异对比、低碳旅游企业建设、低碳旅游规划设计与低碳教育、旅游业能源消耗与碳排放测度等相关研究、低碳旅游发展模式与对策等方面都进行了一定的探讨，而对于低碳旅游的定量研究和案例分析，旅游业能源消耗与碳排放测度研究，如低碳旅游景区评价指标体系、区域旅游碳排放测度等方面的研究报道还较少。而这正是低碳旅游研究的重点和难点所在。

2. 展望

低碳旅游作为一种新型旅游发展方式，虽然近年来才被我国学术界所关注，大部分研究还处于理论与实践起步探索阶段。在借鉴国外相关研究经验的基础上，结合我国实际情况，今后应加强以下几个方面的低碳旅游研究工作：

（1）加强低碳旅游理论研究。重视交叉学科如生态学、资源科学、能源学、旅游学、环境学以及低碳发展理念等学科理论的支撑研究、学习与借鉴，注重将这些学科的基本理论运用到低碳旅游研究领域中，重视旅游区的实地调查，采集大量的第一手数据，实证低碳旅游研究理论，积极与国外学者进行合作交流，完善并提升我国低碳旅游的理论研究体系与水平，夯实我国低碳旅游研究的理论基础。

（2）加强研究方法探索，尤其是定量分析与数理模型构建。应依据我国旅游业和能源消耗发展的特点和现状，借鉴国外旅游业能源消耗与碳排放、低碳发展等相关的已有成果，科学探索适宜我国的低碳旅游研究方法。首先，要科学构建旅游业能源消耗与碳排放等相关的统计和测度模型，弥补当前我国统计部门对旅游业在能源消耗等方面的缺失，摸清我国旅游业碳排放水平。其次，探索我国低碳旅游相关的评价方法，如在低碳旅游景区、低碳旅游饭店、低碳旅游城市、低碳旅行社、低碳旅游者等方面的评价指标体系等。最后，研究制约旅游业低碳发展的重要参数，设置不同的节能减排情景，探究旅游业低碳发展的情景分析方法。

（3）丰富我国低碳旅游的研究内容，加强低碳旅游案例实证分析。①政府部门：应加强对低碳旅游发展的政策、体制、资金、规范标准等方面的研究工作；②旅游目的地应摸清旅游产业的碳排放结构，加强旅游目的地低碳化建设与管理研究，低碳旅游目的地评价指标体系研究，如何构建碳中和型旅游目的地；③旅游企业应研究旅游企业低碳化建设与管理，研究低碳旅游企业评价指标体系，如何构建碳中和型旅游企业；④加强旅游者碳足迹的测度研究，研究如何减少旅游者的碳足迹和参与体验旅游碳中和。

三、低碳旅游的概念与内涵分析

（一）低碳旅游概念界定

在应对全球气候变化与资源环境问题对人类可持续发展造成的严重影响的问题时，旅游产业作为社会经济体系中重要的组成部分，应将低碳理念与技术应用于其产业发展中，尽量降低旅游产业的碳排放量，实现旅游产业节能减排的战略目标，促进旅游产业可持续发展。辨析、界定低碳旅游的概念是科学发展低碳旅游的首要研究内容。低碳旅游的概念产生于可持续旅游与生态旅游之后，三者在定义方面存在异同，如表6－2所示。可持续旅游更注重在文化与生态环境保护的基础上，满足旅游发展的需求，并注重代际公平与可持续发展。生态旅游更多的是以自然型旅游地为目的地，在生态环境与文化保护方面与可持续旅游内涵相似，更强调旅游者对旅游目的地的社会经济发展的责任，更注重社区参与。从低碳旅游产生的背景与低碳经济的内涵分析来看，低碳旅游（Low – carbon Tourism，LT）是指以可持续发展与低碳发展理念为指导，采用低碳技术，合理利用资源，实现旅游业的节能减排与社会、生态、经济综合效益最大化的可持续旅游发展形势。

表6 – 2　低碳旅游、生态旅游和可持续旅游的概念对比

类别	定义
可持续旅游	在维持文化完整、保持生态环境的同时，满足人们对经济、社会和审美的要求。它能为当代人提供生计，又能保护和增进后代人的利益，并为其提供同样的机会（World Tourist Organization，1996）
生态旅游	生态旅游是游客到自然地区的一种负责任的旅行，这种旅行不仅要求保护生态环境与地方文化的完整性，而且必须维持并提高当地居民的生活水平（杨桂华等，2000）
低碳旅游	以可持续发展与低碳发展理念为指导，采用低碳技术，合理利用资源，实现旅游业的节能减排与社会、生态、经济综合效益最大化的可持续旅游发展形势

（二）低碳旅游的内涵分析

要实现旅游产业的低碳化发展，首先要科学分析旅游产业的碳排放构成，强调旅行交通、旅游住宿、旅游活动三大领域内的低碳化发展；其次要加强清洁能源的利用与旅游过程中的碳中和与碳补偿等，从而实现旅游产业的低碳化发展。从发展目标、发展方式与发展模式分析，低碳旅游的内涵包括以下三个方面：以节能减排与社会、经济、生态综合效益最大化为发展目标，以低碳技术创新、清洁能源利用和旅游发展观念根本性转变为发展方式，以低能耗、低污染、低排放为发展模式，如图6 – 1所示。

可持续旅游、生态旅游与低碳旅游三种旅游发展形势在环境保护与旅游地社会经济发展具有一致性；可持续旅游注重增强旅游业的可持续发展能力，而生态旅游与低碳旅游更强调旅游者的责任感，生态旅游强调对保护生态环境与改善当地居民生活质量的责任，而低碳旅游则更侧重旅游者在旅游过程中节能减排、碳中和的责任。与可持续旅游、生态旅游的内涵相比，低碳旅游更强调节能减排、加强低碳技术创新与清洁能源应用、旅游发展观念的根本性转变，如表6 – 3所示。

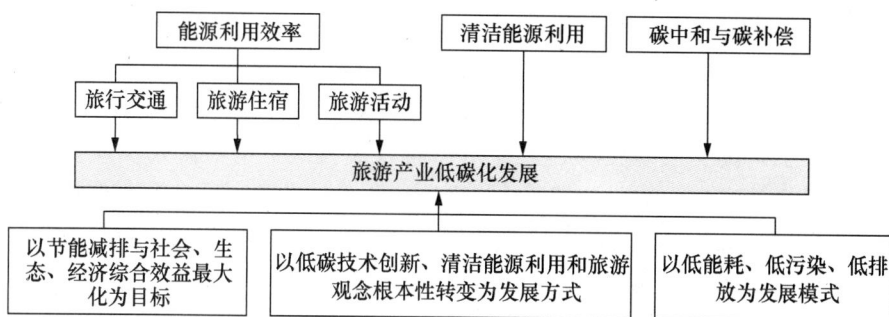

图6-1　低碳旅游发展内涵

表6-3　可持续旅游、生态旅游与低碳旅游的内涵对比

类别	内涵
可持续旅游	在为旅游者提供高质量的旅游环境的同时，改善当地居民生活水平，并在发展过程中保持生态环境的良性循环，增强社会和经济的未来发展能力（杨开忠，2001）
生态旅游	①满足人类回归大自然的强烈愿望；②体现环境保护意识；③改善当地居民的生活质量，增加就业机会，为当地创造经济效益；④强调使公众亲近自然，接受环境教育；⑤强调旅游环境、社会与经济的可持续性
低碳旅游	①以节能减排与社会、生态、经济综合效益最大化为发展目标；②以低碳技术创新、清洁能源利用和旅游发展观念根本性转变为发展方式；③以低能耗、低污染、低排放为发展模式

1. 以节能减排与社会、生态、经济效益最大化为发展目标

低碳旅游着眼于对旅游发展中温室气体排放量的控制，即通过发展低碳旅游交通、低碳旅游住宿、低碳旅游餐饮以及各项低碳旅游活动，来减少旅游发展中的温室气体排放量（蔡萌等，2010）。低碳旅游作为一种新型的可持续旅游发展形势，是应对全球气候变化与能源环境问题而产生的，因此，低碳旅游的发展必须以节能减排、减少温室气体排放为直接目标，以促进资源合理利用与环境科学保护，实现社会生态效益最大化。

2. 以低碳技术创新和旅游发展观念根本性转变为发展方式

要实现低碳旅游发展的目标，必须积极加强新型先进的低碳技术创新，加快低碳技术应用与当前发展观念的转变，技术创新包括低碳应用技术和低碳化管理技术，旅游观念根本性转变则包括将旅游开发者、管理者、运营者、游客等在旅游发展过程中以经济效益为中心的发展观念向以社会、生态、经济综合效益最大化的逐步转变，促进综合效益与环境保护相统一。

3. 以低能耗、低污染、低排放为发展模式

低碳旅游发展要以能源消耗、环境污染、温室气体排放为出发点，节约物质资源和能源资源，减少废弃物和环境有害物（包括"三废"和噪声等）排放，即低能耗、低污染、低排放的"三低"旅游发展模式，这种模式实质上是解决提高能源利用效率和调整清洁能源结构问题，科学、合理利用资源与保护生态环境，实现国家节能减排的战略目标与达到社会、生态、经济综合效益最大化，最终实现旅游产业的可持续发展。

四、北京低碳旅游发展现状及存在的问题

（一）低碳旅游发展现状

北京旅游业的繁荣促进了北京经济的发展，与此同时，繁荣背后也出现很多负面影响。例如，一些旅游景区过度开发旅游资源，造成了生态破坏，严重污染了水资源，破坏了森林植被生态系统的完整性。要推动旅游业走向健康发展道路，旅游业必须谋求转型改变。在这样的发展背景下，低碳发展理念逐步进入旅游可持续发展中。低碳旅游的概念在正式提出之前，我国低碳旅游实践已经获得了一定程度的发展。早在20世纪90年代，为保护生态环境，九寨沟等旅游景区禁止机动车进入，以电瓶车代替，以减少 CO_2 排放量，不少旅游者自觉选择公共交通工具作为出游工具等。希望通过低碳旅游的建设和发展，以及人们形成的低碳旅游方式、习惯，使旅游业的发展与环境改善相协调一致，保护好环境，促进旅游发展，使人们感受到自然的魅力。当前北京低碳旅游发展的现状可归纳为以下四点：

1. 旅游交通和饭店直接排放的二氧化碳量高

旅游交通和饭店的能源消耗与碳排放量非常突出，是旅游业能耗碳排放的最重要组成部分。自驾车等单位高碳排放的旅游交通方式也在很大程度上增长了旅游碳排放；豪华酒店的奢靡之风，助长了 CO_2 的排放。

2. 旅游开发建设污染严重

受开发水平与成本的影响，在旅游开发建设中，旅游开发者往往不注重生态保护、使用低碳材料，很多旅游项目的开发建设模式与工业开发无异，污水、废气、垃圾等到处堆积，污染严重，导致大量能源消耗与 CO_2 排放。

3. 低碳技术含量低

低碳经济的碳减排、碳储存、碳转化以及新能源的利用都需要高新技术支

持，在旅游方面，需要低碳技术对旅游基础设施和服务设施进行改造。当前很多旅游企业在低碳技术方面的重视远远还不够。尽管少数旅游企业引进了一些国外的先进技术，但是技术含量比较低，智能化和节能减排的技术应用严重不足，这不仅增加了运营成本，还增加了碳排放量①。

4. 游客在旅游过程中浪费现象很普遍

游客低碳意识不强，在旅游过程中存在一些浪费现象，如使用一次性筷子、到处乱扔垃圾袋、未吃完的食物到处乱扔、洗手后水龙头不关、自驾车旅游等。

（二）低碳旅游建设与管理中存在的问题

1. 对技术和资金要求较高②

发展低碳旅游首先需要面对技术难度大和资金需求高的问题，这要求旅游业能源消耗和污染程度要降到最小。例如，运用低碳技术改变能源的消耗方式，大量使用绿色能源（如生物能、太阳能等清洁能源）；把使用汽油作为燃料的交通工具淘汰掉，改为使用电能作为动力的交通工具，或者使用自行车作为交通工具；增加低碳旅游服务，如饮食、住宿服务，同时对垃圾的处理要进行分类回收等。这些改变对景区来说，需要的技术和资金都比较大，因此，对于技术力量强，资金较为雄厚的大型旅游企业来说，实现低碳旅游是较为容易的。但对于规模较小的旅游企业来说，实现起来就较为困难，缺少发展低碳旅游的能力。

2. 游客还没有形成低碳意识

与传统的旅游方式相比，很多游客还不能适应低碳旅游这种新型旅游方式，没有形成低碳意识。低碳景区与传统景区相比有较多的改变，如低碳景区的酒店不提供一次性牙刷、牙膏，交通工具采用电力驱动以及游客制造的垃圾需要自己带出景区，等等。相比而言，这些改变对游客的适应性是一个不小的挑战，如果游客能够很好地适应，则有利于促进低碳景区的建设发展；如果缺乏低碳意识，将降低游客对景区的满意度。

3. 现行景区评价体系的落后性

随着我国低碳旅游景区的增多，现行的景区评价体系已不能适应当前的需要。现在的景区评价标准仍然使用的是传统的工业化标准，在对景区进行评价时，所采用的硬性指标仍然是景区的道路宽度、景区停车场的大小，没有增加低碳方面的评价标准，已经不适用对当前低碳景区的评价。同时也要注意改变只注重景区游客接待量的多少，不能只关注游客接待量的增加以及对经济的贡献，应

---

① 王莉．我国低碳旅游发展现状及对策研究［J］．中国外资，2011，（16）：179，181.
② 陈玉．中国低碳旅游景区建设研究［J］．企业研究，2011，（20）：5－6.

增加对景区生态保护、低碳推行程度的评价①。

五、北京低碳旅游发展理念与原则

（一）低碳旅游发展理念

在低碳旅游发展过程中，要坚持可持续发展理念与低碳发展理念，旅游能耗碳排放不能无限制地疯涨，在当前旅游业能耗碳排放分析基础上，逐步向清洁能源与低碳方向转型发展；而由旅游快速发展所引起的能源消耗与碳排放也不能超过旅游地生态系统的承载能力，不能以旅游生态系统退化为代价，通过对旅游能耗碳排放的适度调控推动旅游地社会生态系统与旅游产业经济系统的快速健康发展。

（二）低碳旅游发展原则

低碳旅游发展必须遵循因地制宜、市场导向、综合协调、低碳教育、节能减排优先、综合效益最大化6大基本原则，同时应追求这6大基本原则的最佳结合和有效统一。

1. 因地制宜原则

北京旅游资源的资源类型与数量非常丰富，具有较强的区域性特点，因此，推动北京低碳旅游发展需体现因地制宜的原则，必须与旅游产业的社会、经济、生态环境条件相适应。

2. 市场导向原则

低碳旅游发展所形成的旅游产品，也是旅游业的重要组成部分，具有很强的市场性，因此应以市场需求为导向，满足旅游者的实际需求才能实现低碳价值。因此，低碳旅游发展需要进行旅游市场调研，瞄准目标旅游市场，开发有针对性的低碳旅游产品。

3. 综合协调原则

首先，综合协调影响旅游能耗碳排放的因素；其次，综合协调旅游业内外部关系，统筹人才、资源、环境、经济、生态等与旅游关联的要素；最后，综合协调低碳旅游发展涉及的旅游、环保、林业等多个部门，由于行政管理分割等问

---

① 陈玉. 中国低碳旅游景区建设研究［J］. 企业研究，2011，（20）：5-6.

题，需要统筹协调各部门的职能与利益。

4. 低碳教育原则

低碳旅游从其一产生就具有了环境教育功能，低碳旅游发展要重视低碳教育，低碳教育对象以低碳旅游的开发者、运营者、游客与潜在游客为四大受教育主体，要体现低碳教育手段与方式多样化。将低碳环保意识上升为全民意识，在整个旅游过程中倡导低碳环保教育，让旅游者在旅游过程中获得低碳环保知识，培养其环境保护意识。

5. 节能减排优先原则

低碳旅游是一种对全球环境变化与能源安全负责任的旅游发展形式，有别于其他旅游发展形式之处就在于其直观提出"在旅游过程中多角度、全方位减少碳排放量，以达到旅游业节能减排为优先目标的旅游发展形式"[1]。因此，发展低碳旅游必须坚持节能减排优先的原则，为应对全球气候变化与能源环境问题做出一定的贡献，在开展旅游活动的同时保护环境质量与节约能源消耗，促进环境保护与能源利用的可持续性。

6. 综合效益最大化原则

综合效益最大化原则主要是指在发展低碳旅游时应充分运用低碳技术、低碳材料与清洁能源，充分调动游客、旅游管理者等各利益相关主体的主观能动作用，尽可能以最小的资源、社会和生态环境代价对旅游业能耗碳排放进行科学有效调控，并使旅游业获得高效益、高效率、高效能与低能耗、低污染、低排放的"三高"、"三低"快速发展，最终使旅游业能耗碳排放产生最大的经济、社会和生态环境效益，游客旅游体验质量与当地社区居民生活水平得到全方位提高。

六、北京低碳旅游发展模式

北京低碳旅游发展模式应从低碳发展战略模式、运营模式、低碳能源开发模式与低碳旅游产品开发模式四个方面构建。

（一）低碳发展战略模式

低碳旅游发展模式是指以科学发展观、低碳发展观、循环经济为发展理念，以能耗与碳排放变化的客观规律、科学度量与情景分析为发展依据，采用以低碳

---

[1]　都市农业与乡村旅游发展研究. 北京：中国矿业大学出版社，2010. 300 - 305，郭焕成，郑健雄，张玉斌，等.

节能与生态环保的技术与材料的广泛使用为发展手段，以节能减排、综合效益最大化与产业可持续发展为发展目标的可持续旅游发展模式①。北京低碳旅游发展战略模式的制定也应该以低碳旅游发展模式为指导，以能源消耗、环境污染、温室气体排放为出发点，节约物质资源和能源资源，减少废弃物和环境有害物（包括"三废"和噪声等）排放，其实质是提高能源利用效率和优化清洁能源结构问题，科学合理利用资源与保护生态环境，旨在将传统旅游发展模式转变为低碳旅游发展模式，即高效益、高效率、高效能与低能耗、低污染、低排放的"三高"、"三低"的旅游发展模式，实现北京旅游业节能减排的战略目标与旅游景区低碳可持续发展，如图6-2所示。

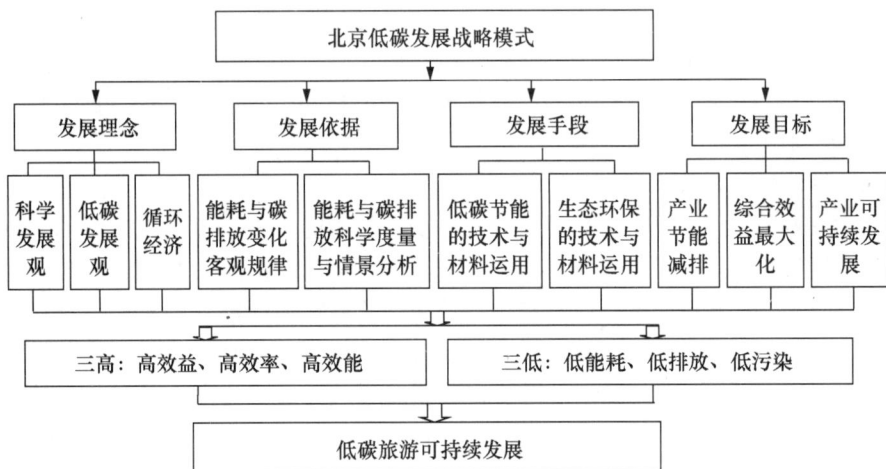

图6-2　低碳旅游发展战略模式

（二）低碳发展运营模式

借鉴利益相关者理论，旅游业低碳发展实质上涉及四大核心利益相关主体，即政府部门、旅游目的地、旅游企业和旅游者②。为落实北京低碳旅游发展战略模式，以推动旅游业节能减排，依据各核心利益相关主体的特点，构建以政府部门、旅游目的地、旅游企业与旅游者为运营主体的低碳发展运营模式，共同推动

---

① 唐承财. 旅游地旅游业能源消耗与碳排放研究——以武陵源风景名胜区为例［D］. 中国科学院研究生院博士学位论文，2012.

② 唐承财，钟林生，成升魁. 我国低碳旅游的内涵及可持续发展策略研究［J］. 经济地理，2011，31（5）：862-867.

制订低碳旅游行动方案，指导低碳旅游发展

制定低碳相关标准规范，开展试点示范工作

出台低碳旅游相关政策，提供专项发展资金

建立低碳旅游管理机构，开展低碳等级认证

建设低碳科技支撑体系，增加低碳科研立项

开展低碳旅游规划设计，以规划推动低碳旅游

依托低碳旅游业建设，带动区域低碳经济发展

加强目的地旅游碳管理，建立旅游碳中和系统

按照低碳政策规范，低碳化建设和管理目的地

营造低碳旅游吸引物，培育碳汇旅游体验环境

旅游目的地

政府部门

旅游企业

低碳旅游发展运营模式

旅游目的地

旅游者

利用低碳技术，建设低碳旅游企业

鼓励生产清洁能源，提升清洁能源的使用比例

建立健全碳管理制度，加强旅游企业碳管理

科学开发低碳旅游产品，塑造低碳企业文化

参与旅游碳中和系统建设，培育低碳消费文化

优先选择低碳旅游景区，学习低碳旅游指南

选择低碳旅行方式，减少旅游交通碳足迹

养成低碳旅游消费习惯，体验低碳生活方式

主动体验低碳型旅游产品项目，减少碳排放

积极参与旅游中和，开展低碳旅游身份认证

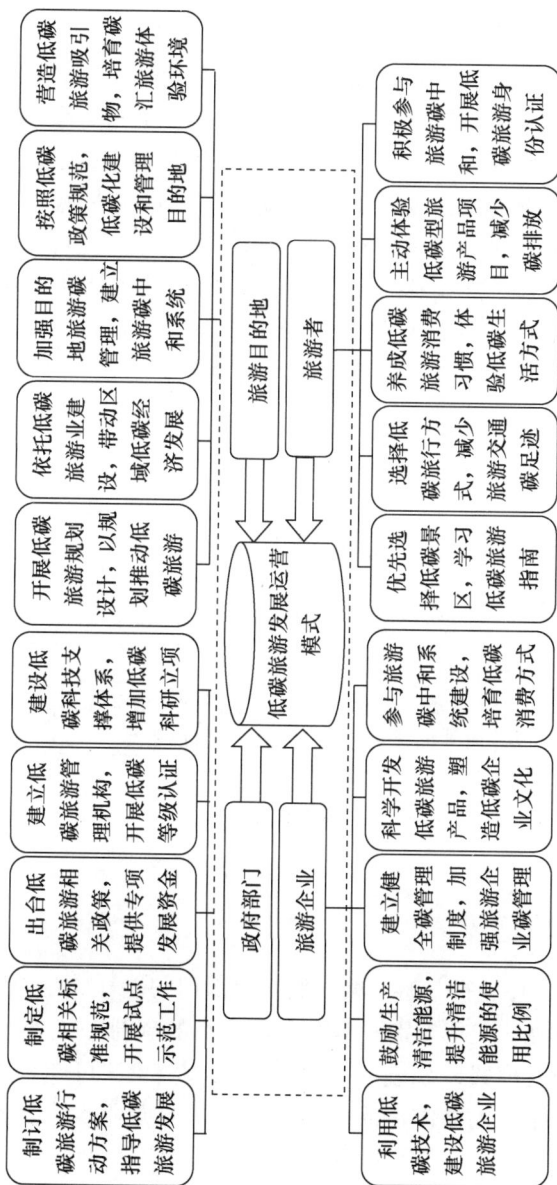

图 6 - 3 低碳旅游发展运营模式

旅游业由传统的旅游发展模式向低碳旅游发展模式转变，实现旅节能减排与低碳可持续发展。具体各核心主体的发展策略如图6-3所示。

（三）低碳能源开发模式

低碳能源产品正逐步取代高碳能源产品成为现代能源供应新的目标追求[①]。而旅游业要实现低碳发展的重要基础是供给低碳能源。通过调整能源结构，加强天然气等低碳能源和零碳能源代替石油、天然气、煤炭等高碳能源，是旅游业低碳可持续发展值得重视的问题。因此，从旅游业节能减排与低碳发展的视角分析，应全面调整旅游业的供给能源结构，旅游能源供应系统应逐步实现高碳能源向低碳能源的转变，从源头为低碳旅游发展提供根本性清洁能源保障体系。当前清洁能源体系由可再生能源与经过清洁化处理的不可再生能源，具体如图6-4所示。旅游地应根据自身清洁能源发展禀赋，积极构建清洁能源体系，鼓励旅游地使用清洁能源，调整当前以煤炭、石油、天然气为主的一次能源消耗结构。

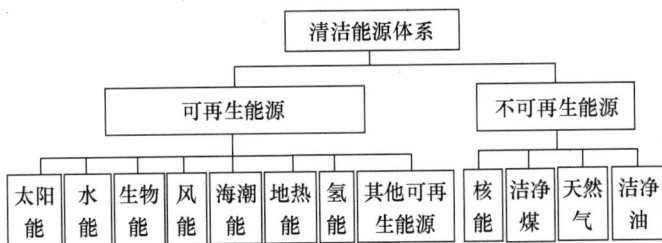

图6-4　清洁能源体系

（四）低碳旅游产品开发模式

根据旅游业的吃、住、行、游、购、娱6个部门的能耗碳排放特点，从产品部门、产品单位碳排放、产品类别、典型案例产品的碳排放大小变化四个方面构建低碳旅游产品开发模式，如表6-4所示。从表6-4可知，不同旅游部门均可开发不同单位碳排放的旅游产品，因此，应从旅游业6大要素统一协调开发低碳旅游产品。

---

① 刘卫东，陆大道，张雷，等．我国低碳经济发展框架与科学基础［M］．北京：商务印书馆，2010.

表6-4　低碳旅游产品开发模式

产品部门	产品单位碳排放	产品类别	典型案例产品的碳排放大小变化		
			高碳排放		低碳排放
旅游交通	千克/游客·千米	景区内外交通	自驾车、出租车	旅游巴士	自行车、马匹
旅游住宿	千克/游客·天	星级宾馆	五星级宾馆	三星级宾馆	一星级宾馆
		社会宾馆	度假村	快捷酒店	露营帐篷
旅游餐饮	千克/游客·次	星级饭店	五星级饭店	四星级饭店	三星级饭店
		社会饭店	特色饭店	酒楼	排挡
景区游览	千克/游客·次	自然观光	洞穴观光		山水观光
		人文观光	主题景区观光		历史文化观光
旅游娱乐	千克/游客·次	自然娱乐体验	带动力的自然娱乐		生态教育体验
		文化娱乐观光	大型文化娱乐场所		小型文化娱乐场所
旅游购物	千克/件商品或千克/千克商品	旅游商品生产地	国外	国内	本地
		旅游商品的品种	高端旅游商品		手工艺品、土特产

七、北京低碳旅游发展保障机制

为保障北京低碳旅游发展模式能有效实施，可从转变传统旅游发展观念、制定适宜的低碳发展政策体制、加强低碳专业人才培训教育、优化多元化的低碳发展筹资渠道等方面构建低碳旅游发展保障机制。

（一）转变传统旅游发展观念

低碳理念的树立是北京发展低碳旅游的源泉与持久动力。通过树立低碳理念、强化低碳旅游舆论宣传，加强旅游从业人员的低碳培训教育，摒弃传统的能耗碳排放粗放型旅游发展方式，树立以节能减排与综合效益最大化为主导发展目标的低碳旅游理念。转变当前游客消费行为，推动低碳旅游开展，倡导游客形成低碳生活的习惯，转变追求高能耗、豪华奢侈的生活方式。引导游客从吃、住、行、游、购、娱等多方面注重低碳旅游，尽量少使用高能耗、高碳排放的旅游方式，倡导居住低碳酒店、使用公共交通系统、尽量购买当地生产的绿色商品。引导当地社区居民、民间环保组织参与低碳发展的宣传教育工作，让低碳旅游、低碳生活、低碳消费等观念成为社会价值取向的"风向标"。

（二）制定适宜的低碳发展政策体制

应根据旅游发展趋势、能源高效利用与生态环境保护的实际需要，积极制定适合低碳旅游发展与管理的政策体系。主要措施如下：①合理制定低碳能源发展制度，逐步建立旅游企业碳交易市场制度，规范低碳旅游可持续发展。②编制北京低碳旅游发展专项规划，制定低碳旅游发展战略，将低碳发展理念、低碳经济产业政策与技术规范等纳入旅游业发展规划和管理政策框架制定之中，形成北京低碳旅游发展的长效机制和体制保障。③设立低碳旅游发展专项资金政策，对重点低碳旅游建设项目实施土地优惠政策、税收优惠政策与给予财政补贴等。例如，张家界市政府给武陵源风景名胜区 2011 年购置的每辆新能源纯电动汽车财政补贴 50 万元。

（三）加强低碳专业人才培训教育

针对当前景区缺乏从事低碳旅游发展的专业人才，大部分旅游参与者均缺乏旅游业低碳发展的技术与常识，强化低碳专业人才的培训与教育工作十分重要。旅游景区低碳旅游发展的人才培训教育需要从全国与北京两个层面来考虑，明确两个层面在人才需求与相应的培训教育机构和内容，如表 6-5 所示。

表 6-5 北京发展低碳旅游的人才培训教育

层面	相关人才需求	培训教育机构	培训教育内容
全国	碳交易经理及相关人才	国家发改委能源研究所、中国绿色碳汇基金会等	旅游企业如何开展碳交易
北京	旅游低碳化材料与技术的研发人员	各类科研院所与高校等	根据旅游企业的低碳化需求，研发低碳技术与材料
	从事旅游各类设施的低碳化建设者与管理者	清华大学建筑节能研究中心、中国科学院地理资源所等	各类旅游设施如何实现低碳化建设与管理
	开展旅游节能减排与产业可持续发展的管理者	中国科学院地理资源所、中国旅游研究院、北京第二外国语学院旅游管理学院等	旅游业如何全面系统地开展节能减排与碳交易
	低碳酒店经理、低碳导游、低碳景区管理者、低碳旅行社管理人员等	低碳旅游企业相关培训机构，如中国旅游研究院、北京第二外国语学院等	针对性开展旅游企业如何进行节能减排与旅游碳交易等
	参与旅游活动的社区人员	社区参与低碳旅游相关培训机构，如中国生态学会旅游生态专业委员会	如何在参与旅游接待等相关活动中开展节能减排

（四）构建多元化的低碳发展筹资渠道

发展资金较为缺乏是北京低碳旅游发展面临的重要问题。资金缺口主要为旅游基础设施低碳建设、低碳建设与管理、旅游市场低碳宣传营销等方面。从低碳化建设与管理两个方面构建多元化北京发展低碳旅游的资金筹集机制，主要包括以下6种资金筹集渠道：政府专项资金、银行贷款、旅游发展专项资金、民间筹资、非政府组织资助、碳交易资金等方式。从旅游交通、旅游住宿、旅游景区、旅游餐饮、旅游购物、旅游娱乐6个方面分析其设施的低碳建设与运营管理的筹资渠道，具体如图6－5中北京发展低碳旅游的多元化筹资机制所示。

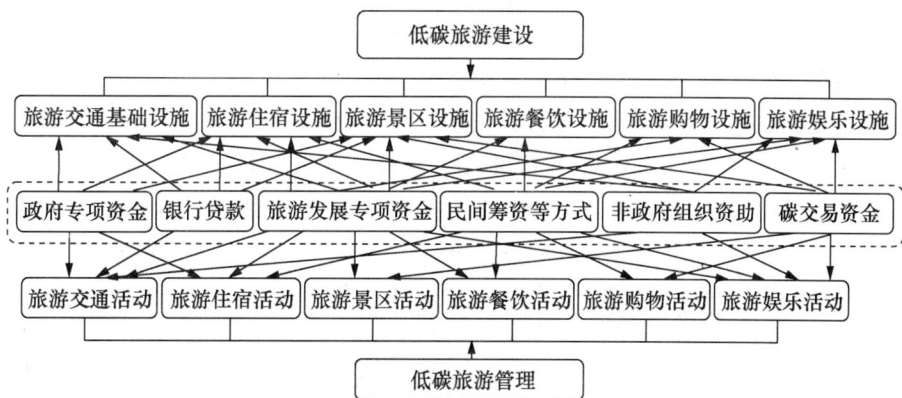

图6－5 北京发展低碳旅游的多元化筹资机制

八、景区低碳旅游发展策略

（一）编制低碳旅游规划设计

北京各类旅游规划要体现低碳化设计，以低碳理念与技术规划旅游住宿、旅游产品项目、旅游交通、旅游服务设施等，从规划层面减少旅游碳排放。如清华大学等多家单位共同编制完成的《五大连池国际低碳旅游示范镇概念规划》，其重点突出"资源统筹、节能节地"、"低碳生活、循环产业"、"慢行系统、公交导向"、"雨洪管理、中水利用"、"垃圾分类、变废为宝"等七大低碳核心概念。

（二）鼓励使用可再生能源

可再生能源是可以再生的能源总称，是人类历史时期内都不会耗尽的能源。北京应积极鼓励可再生能源的广泛使用，其主要包括水电、太阳能、风能、潮汐能、生物能。如 1 平方米的太阳能接收器每年可以减少 300 千克 CO_2 的排放，燃烧生物能排放的 CO_2 在光合作用过程中被植物重新吸收，利用 1 吨木材可以避免相应热量值的化石燃料产生的 CO_2 散发到大气层中。

（三）倡导低碳交通方式

建立连接景区间的公共交通系统，逐步减少私人交通工具的使用率；调整旅游交通能耗结构，尽量使用低碳排放系数的燃料；加强景区生态停车场与生态游步道的建设，提供自行车、环保型电动巴士、电瓶车等低碳交通方式。我国许多旅游景区已在旅游交通环保方面做了大量工作。例如，九寨沟风景区的观光巴士采用天然气作燃料，其污染小于柴油燃料车辆；2011 年张家界武陵源风景名胜区旅游部门购置了新能源纯电动汽车试运行，其每位游客每公里排放 CO_2 约为48 克，远低于国际汽车 132 克。

（四）规范发展低碳旅游住宿

应尽量提供舒适简易的乡土酒店；根据游客需求针对性地提供服务，不应提供大而全的酒店服务；采用变频技术、智能化控制技术、低压节电模式等节电举措；在客房、餐厅、厨房等细节上节水，如采用小排量抽水马桶，建立完善的水计量、分析体系；减少提供酒店一次性日用品，使用可降解材料包装，尽可能地提示客人减少床上用品的换洗频率；实施酒店垃圾分类回收、纸张双面使用等减少浪费的小举措；充分调动游客的低碳环保意识，使其积极配合低碳旅游住宿工作的开展。

（五）减少旅游活动碳足迹

1. 低碳游览

游客在游览过程中应做到留下足迹不留碳足迹，不随便丢垃圾；鼓励游客参加植树造林等增强景区碳汇的活动。

2. 低碳娱乐

从建设与管理两方面体现低碳环保建设景区娱乐设施的理念，娱乐设施设计应与当地自然和人文背景环境相适宜，建设尽量采用环保节能建筑材料；娱乐场所运营中运用清洁能源，强化低碳化管理。

3. 低碳购物

购买景区土特产和旅游纪念品，可减少当地人为了谋生而砍树等破坏资源环境的行为；凡响应不使用一次性餐具、落实垃圾分类回收、不主动提供包装塑料袋、优先使用当地食材的商家皆应有"低碳营业商店"的标识；游客应尽量自带饮用水，抵制过度包装的商品，以减少废弃垃圾和资源浪费。

4. 低碳餐饮

尽量选择本地食物作为食材，避免因外来品运输、包装、存储等环节所造成的碳足迹；选择绿色食品，避免化肥农药、生长激素和添加剂的使用；不提供一次性餐具等。

（六）加强碳汇功能培育

可以森林碳汇、草地碳汇、湿地碳汇等方面作为切入点，坚持因地制宜的原则，种植适宜的乡土碳汇树种和草种，加强森林资源抚育，改善草地碳汇功能，适当增加湿地面积，美化景区生态环境，提升旅游景区的碳汇功能与碳中和能力。以森林碳汇为例，培育森林是吸收大气中 CO_2 的重要手段，森林每生长 1 立方米的木材，可从大气中吸收 1.83 吨 CO_2。旅游景区应采取以下措施增强森林碳汇功能：扩大森林面积；提高森林质量；加强森林保护；发展生物质能源；提倡多使用木材，增加木质林产品碳储量。

（七）积极开展碳汇交易

碳汇交易是基于《联合国气候变化框架公约》及《京都议定书》对各国分配 CO_2 排放指标的规定，创设出来的一种虚拟交易。据介绍，2008 年全球碳交易市场价值达 1263.5 亿美元，预计 2020 年全球碳交易市场可达 3.5 万亿美元，将超过石油市场成为世界第一大市场。截至 2009 年 12 月，我国有 638 个清洁发展机制（CDM）项目通过 CDM 执行理事会（EB）批准，占全球比例为34.75%，发展势头良好。旅游目的地具有较为理想的碳汇资源基础，适宜开展碳汇交易，其包括如下 7 个环节：项目参与方的项目设计、国家发展与改革委员会批准项目、指定经营实体审定项目、CDM 执行理事会登记项目、项目参与方对项目实施并监测、指定经营实体对项目产生的温室气体进行核查、核证以及最终通过造林再造碳汇项目活动所产生的"经核证的减排量" CER 的发放。

（八）创建碳中和景区

旅游景区碳中和是指景区产生多少碳足迹就进行多少碳补偿，实现景区碳中和。碳中和主要措施有：明确景区需要碳中和的地域系统与产业系统边界；从完全能耗视角合理评估旅游景区的完全碳足迹；合理评估旅游景区的碳汇潜力；建立景区碳中和系统建设，邀请国内外相关组织机构，积极开展低碳景区等级认证工作；引导游客参与碳中和体验与认证，培育其低碳生活消费方式。

九、我国低碳旅游发展经典案例

【案例一】台湾坪林模式

2009 年 6 月，马英九在台湾台北县坪林景区骑自行车体验低碳旅游，并应邀担任坪林低碳旅游的代言人。坪林是什么地方？它是台湾第一个低碳旅游观光景区。马英九代言什么？他代言的是低碳旅游。早在 1997 年，结合台北县发展低碳城市的愿景与坪林地区低度开发的环境优势，由台北县政府低碳中心策划，当地居民参与，坪林推出了台湾第一个以"低碳"为情境的"坪林之旅"，是台湾地区第一个低碳旅游示范区。

坪林实施低碳旅游的四个原则是"走路骑车共乘好，自备餐具不可少，当季当地饮食好，只留回忆垃圾少"。下面具体介绍坪林"低碳之旅"的旅游特色。

1. 低碳交通

（1）共乘前往。通过旅游车换乘方式，鼓励旅游者以共乘方式进入坪林。

（2）交通管制。实行交通管制。鼓励以步行或使用自行车的方式，将因运输所造成的 CO_2 排放降至最低。

（3）低碳换乘。安排中巴及电动车协助景区内换乘，景区之间用电动车定点定时运送客人。

2. 低碳资讯

（1）挂牌成立"台北县坪林低碳旅游服务中心"。提供低碳旅游咨询、查询自行车租借点、提供低碳饮食资讯。

（2）标示"低碳营业商店"。凡响应不使用一次性餐具、落实垃圾分类回收、不主动提供包装塑料袋、优先使用当地食材的商家皆有标识。

（3）专业低碳导游。配有专职低碳导游，在讲解坪林的美丽中融入低碳的知识。

3. 低碳行为

（1）垃圾回收。旅游者自带垃圾袋，将自己产生的垃圾带走。

（2）自备环保餐具。旅游者需自备环保餐具，供自己用餐时使用。

4. 低碳活动

结合坪林的商业街、登山步道、观鱼自行车道、茶业博物馆等观光资源，旅游者可以在坪林喝好茶、读好书、骑自行车、观鱼、品尝当地茶餐、欣赏表演，体验坪林的低碳生活，还可以亲手种下一棵"低碳纪念树"。

5. 低碳记录

坪林设置了台湾第一个"碳减量计数器"作为活动的精神堡垒，在游客每一次低碳之旅活动结束时，导游员会引导游客前去按下活动减碳计数按钮，计算游客所从事的活动与一般旅游模式相比减少的 CO_2，并由工作人员颁发坪林减碳证书。

6. 低碳效益

2009 年 5 个月的活动，坪林的旅游人数增加了 25460 人，创造了折合人民币约 800 万元的经济效益，提供坪林地区就业人数 39 人，减碳效益约 48726 千克，相当于一年内植树 10000 棵[①]。

表 6-6 为台北坪林低碳旅游发展模式的主要特征[②]。

表 6-6　坪林低碳旅游发展模式的主要特征

主要方面	特征
低碳饮食	坪林的食物基本上都来自本地，很少从外地运过来，这样既可以保证本地的经济效益，又减少了食物在运输过程中所产生的碳排放
低碳游览	坪林提供了众多低碳的游乐活动，包括骑车、漫步、品茶、观鱼等，动静结合，相得益彰；此外，景区还提供"低碳树"供游客栽植
低碳咨询	坪林低碳旅游景区通过网站号召游客自带环保用具，包括环保袋和环保筷。鼓励旅游者以公共交通或共乘的方式进入坪林低碳旅游区
低碳记录	在低碳旅游活动结束时，导游人员就会引导游客来到坪林的"碳减量计数器"前，它是用来测算游客此次低碳活动所减少的碳排放量。游客在此按下活动减碳计数按钮，就会知道自己所从事的旅游活动与传统的旅游模式相比减少的碳排放量，事后由工作人员颁发坪林减碳证书

【案例二】安徽黄山风景名胜区

黄山是世界文化与自然遗产地、世界地质公园、国家 5A 级旅游景区。以

---

① 台北县政府环保局，坪林乡公所. 坪林低碳全记录—段坪林发展低碳旅游的对话 [EB/OL]. http：//www. greenheb. org/index. php/group_ thread/view/id-4058, 2009-03-30.

② 马勇，文以军. 国内外低碳旅游发展模式研究 [J]. 湖北大学学报（哲学社会科学版），2012，39（1）：106-110.

"人类生态第一山"著称的黄山，肩负着维护世界遗产、风景名胜资源安全的重任，如何加强生态环境保护，如何推进低碳、绿色发展，实现资源环境的可持续利用和旅游经济的可持续发展，已经成为景区面临的重大课题。多年来，黄山按照"科学规划、统一管理、严格保护、永续利用"的方针，探索出一套对世界遗产地进行完善保护与适度开发的可持续发展新模式，积累了经验和做法，得到了联合国教科文组织和世界旅游组织的高度赞誉。安徽黄山风景名胜区低碳旅游发展可以借鉴的经验如下：

1. 封闭轮休，开展生态综合整治

黄山率先在全国实行景点封闭轮休，开展生态综合整治。对天都峰、莲花峰、始信峰、丹霞峰、狮子峰等热点景点，实施为期 2～5 年不等的封闭轮休，促进植被、生态的自然恢复。实施退耕还林、开展生态综合整治，较大限度地缓解了脆弱的生态环境与大量游客活动之间的矛盾，较好地补偿了碳排放。

2. 山上做减法，山下做加法

2007 年，黄山根据"山上做减法、山下做加法"的思路，外迁管委会机关和部分员工宿舍，提出"山上游山下住"的构想。景区减少山上常住人口，常住管理人员由 400 多人减少到现在的 100 人左右。在提高接待档次的同时，逐步减少山上接待床位数，有效减少用水量和污水排放量，采取净菜净物上山、垃圾洗涤下山。

3. 提高从业人员的低碳意识与技能

黄山风景区会经常举办以"低碳旅游、生态保护"为主题的相关培训活动，可以使景区管理者、服务者更好地认清发展形势、了解最新政策、宣传先进理念、掌握先进技术、开阔视野境界、增强素质能力，更好地提升景区保护管理与旅游服务水平，更好地促进"国际精品旅游景区、世界一流旅游目的地"建设。

4. 燃料结构的低碳化

30 多年来，黄山景区的燃料结构实现了从木材、煤炭、柴油、液化气到电能的历史性变革。目前，核心景区已经实现用电为主、液化气为辅的燃料格局。这从能源消耗的源头减少了景区的碳排放。

5. 积极打造低碳酒店建设

黄山风景区各大酒店坚持以环保低碳原则指导酒店的经营发展，实行精细化管理，采取了一系列节能降耗的措施：号召员工从"不浪费一度电、一滴水，少用一张纸"等小事做起；同时以广告栏、宣传牌等形式鼓励并引导顾客进行绿色消费；倡导员工与游客共同参与到低碳旅游的行列中；取消客房部分低值易耗品，黄山山上酒店的客房将只保留原有的浴巾、毛巾、拖鞋、香皂和浴帽，并通过提高保留物品的品质，为游客提供更加优质的服务。

第七章

首都区域旅游合作创新发展模式

一、区域旅游合作的理论基础

旅游本身的区域性决定了区域旅游合作的必然性。区域旅游合作是指区域范围内，不同地区或不同地区之间的经济主体，从各自的利益出发，依据一定的协议章程或合同，自愿进行的协作性和互利性的旅游经济活动，是一种自利性和互利性相统一的协作关系。[①] 尽管学者在"区域旅游合作"的定义研究方面并没有过多的探讨，不同学者对区域旅游合作的理解也存在一定差异，但是在"差异化互补"、"逐利性"和"契约性"等几个方面都有基本的共识。从其理论渊源上，可以追溯到地理学、经济学等多个学科的基础理论。

（一）分工与贸易理论

1. 地域分工与贸易理论

地域分工与贸易理论强调"分"与"合"，即只有区域间互相开放，生产要素、劳动力、商品可以互相贸易和流通，才能最大限度发挥比较优势，从而共同获得利益。

地域分工理论起源于斯密的分工理论，在他的著作《国民财富的性质和原因的研究》中将劳动生产力的提高归结为分工的结果，提出了绝对优势理论。他认为：各个国家各有所长，利用绝对有利的生产条件专业化生产具有优势的产品，进而进行交换。但是，按照斯密的观点，一国之内并不存在地区差异，这一点是与事实相悖的。在此基础上，李嘉图提出了比较优势理论：地区间存在生产成本

---

① 葛立成，聂献忠等．区域旅游合作——理论分析与案例研究［M］．北京：社会科学文献出版社，2009，（2）：44.

的相对差别，使得地区在不同产品的生产上具有比较优势，从而产生了地域分工，即各个地区都按照比较优势，生产比较优势的产品，输入比较劣势产品，通过分工协作获得最大利益。

2. 资源禀赋理论

资源禀赋由赫克歇尔首先提出，俄林进行了完善。该理论同地域分工理论一样，都是建立在比较优势的理论基础上，主要观点是强调地区在资源上的比较优势对于地区优势的重要作用，即一个国家或地区出口的产品应该是本国或本地区使用相对充裕而便宜的生产要素生产的产品，进口的产品应该是本国或本地区相对稀缺而昂贵的生产要素生产的产品。

（二）区域增长相关理论

1. 增长极理论

增长极理论由法国经济学家佩鲁提出，该理论指出，在经济空间内的增长往往首先出现于某增长点或某增长极上，而并非同时出现在所有的地方，然后通过扩散最终带动整个区域经济的增长，总体上区域经济发展呈现非均衡发展的态势。

2. 极化—涓滴效应

赫希曼指出，如果一个国家的经济增长率先在某个区域发生，那么这个区域将对其他区域产生作用，包括极化效应和涓滴效应。

（1）极化效应主要表现在：①随着相对发达地区的发展，欠发达区域的要素向发达地区流动，从而削弱欠发达地区的经济发展能力；②在国内贸易中，发达地区在市场竞争中处于有利地位；③由于欠发达地区的产品品质不能满足发达地区的需要，发达地区可能转而采取从国外进口，从而使得欠发达地区的生产受到压制。

（2）涓滴效应主要表现在：发达地区的极化效应在一定程度上可以缓解欠发达地区的就业压力，通过购买商品和增加投资，为欠发达地区带来更多的发展机会，以及将先进的生产方式、思想观念等传递到欠发达地区，从而促进欠发达地区的经济和社会进步。而最终涓滴效应会大于极化效应，促进两个地区的共同发展。

3. 核心—边缘理论

美国经济学家弗里德曼1996年在《区域发展政策》一书中指出，一个国家或地区可被分为核心区和边缘区，核心区集聚着资本及各种资源要素，工业发达、技术水平高、人口密集，创新活动活跃，是区域经济发展的引导和支配中心；相对的边缘区域明显落后于核心区域，并往往服从或依附于核心区域。

4. 梯度转移学说

梯度转移理论认为，创新活动是决定区域发展梯度层次的决定性因素，而创新活动大多发生在高梯度地区。随着时间的推移及生命周期阶段的变化，生产活动逐渐从高梯度地区向低梯度地区转移,而这种梯度转移过程主要是通过多层次的城市系统扩展开来的。

5. 点—轴开发理论

我国学者陆大道结合我国的发展实际,提出空间组织过程中的"点—轴"发展模式。该模式认为,点即各级中心地,对区域发展具有带动作用;这些点将依托交通线等通过一定方向的联结,构成相对密集的人口和产业带,即发展轴线,最终形成一定的空间网络结构。

(三) 区域相互依赖理论

1968 年,美国经济学家理查德·库珀出版了《相互依赖的经济》一书,首次系统阐述国际相互依赖理论。区域相互依赖理论认为,在现代市场经济条件下,各个国家、各个地区的经济发展已不能割断相互之间的依赖关系而独立存在和进行。区域内不同地区共享同一种或几种旅游资源构成了地区间空间联系和相互依存的前提,决定了区域旅游合作的必要性。

早期研究国际贸易和经济关系的学者指出,在发达的资本主义与落后的第三世界国家之间存在着一种依赖关系:前者利用其经济、技术方面的优势,以及制订游戏规则的优势而对后者产生控制作用,进行剩余价值的剥削;后者由于经济落后而在贸易和经济交往中处于被动地位,发展上形成对前者的依赖或称为依附。布鲁克菲尔德 (H. Brookfield) 在 1975 年出版的《相互依赖的发展》一书中指出,发达国家的经济发展不仅比不发达国家更依赖资源和资本密集的技术,而且也依赖不发达国家的资源、劳动力和市场。受依赖关系的影响,不发达国家的内部变革也使得它们越来越依赖发达国家的资源和资本。所以,很难区分出它们谁依赖谁,实际上是相互依赖。

因而,目前西方学术界对相互依赖的理解集中在以下几个方面:一是世界上任何国家之间都存在相互依赖关系,只不过程度有所差异;二是相互依赖意味着依赖是双向的传递和影响,而不是只作用于某一方;三是相互依赖的内容和程度在不断地发生变化。因此,可以这样来理解相互依赖,即国家之间在经济发展上(包括经济行动和政策)所发生的双向作用、影响的过程或现象。

二、北京推进区域旅游合作的背景

(一) 区域合作是北京构建世界城市的重要基础

在 2009 年底召开的北京市委十届七次全会上,提出了要从建设世界城市的高度，加快实施人文北京、科技北京、绿色北京发展战略，以更高标准推动首都经济社会又好又快发展。① 这意味着北京城市国际化进程进入了新的阶段，将以建设国际城市的高端形态——"世界城市"为发展目标。北京建设世界城市，是国家发展的战略选择。当今世界正处于大发展、大变革、大调整的重要时期，政治多极化和经济全球化的趋势日益明显，特别是世界经济重心呈现东移态势。随着中国综合国力的增强，为了顺应中国迅速发展和崛起的局面，实现从世界政治经济外围国家向核心国家转型、从"中国制造"向"中国创造"拓展转型、从全球生产和贸易大国向投资和金融大国拓展转型和从强壮"硬实力"向强壮"软实力"的拓展转型，迫切需要面向世界提升城市发展的国际化水平，提高北京、上海、香港等大城市在世界城市体系中的影响力与地位。北京建设世界城市，将带动我国政治、经济、文化加速融入全球一体化竞争，进一步提高国家竞争力和世界影响力，不仅对我国在全球竞争中争取主动权具有重大意义，也是有效平衡南北关系、实现全国区域协调发展的客观需要。

国际经验表明，世界城市的发展需要一个支撑其发挥控制职能的高度发达的城市区域。比如，纽约在全球经济的控制能力更多地取决于美国东海岸大都市带的强大支撑，而东京在全球经济中的地位则主要来源于东京大都市圈和日本太平洋沿岸工业经济带的强大经济基础。甚至一些世界城市（比如荷兰的兰斯塔德）的发展表明，世界城市的职能往往并非集中在一个重要的城市，而是在区域的核心城市间分散融合，形成高度整合、一体化的区域体系。因此，从区域层面上理解世界城市的形成和发展是十分必要的。美国学者斯科特认为，全球资本主义发展正进入一个以强化了的区域化生产为标志的发展阶段，世界范围内由大的城市区域主导的斑块结构已取代传统的"核心—边缘"组织模式。因此，他认为，与其说世界城市，不如说是这样的城市区域，正成为全球经济增长节点，而他把这些区域称为"全球城市区域"（Global City Regions）②。弗里德曼也指出，斯科特所说的"区域层面"应该是我们所关注的世界城市的组织层面，即世界城市是与一个更广阔的区域构成整体，而世界城市的经济能力取决于其所关联的区域的生产力③。

北京建设世界城市同样需要有广阔的经济腹地和强大的区域支撑。北京建设世界城市的支撑区域应该是与北京具有密切经济联系、一体化程度较高的协调发

---

① 李国平，王立，孙铁山，刘霄泉等. 面向世界城市的北京发展趋势研究 [M]. 北京：科学出版社，2012.

② Scott, A. J. Globalization and the Rise of City – Regions. European Planning Studies [M]. 2001, 9 (7)：813 – 826.

③ Friedmann, J. 世界城市的未来亚太地区城市和区域政策的作用 [J]. 陈闽齐译. 国外城市规划，2005，20 (5)：11 – 20.

展区域，即首都圈区域。尽管在不同学者的研究中，首都圈的划分都不尽相同（见表7-1），然而与北京紧邻的京津冀区域，基于其地域的完整性和人文亲缘性，经过多年的发展，已成为我国北方最大的都市经济区，2012年全区域实现国内生产总值（GDP）达到57348.29亿元，占全国经济总量的11%，与长江三角洲、珠江三角洲地区一起被公认为我国三大人口和社会经济活动密集区域，是我国最重要的经济增长极，无疑是北京发展的重要依托。多年以来，京津冀区域在产业经济、资源环境、基础设施、科技资源共享等方面开展了广泛合作，合作的深度和广度不断拓展，对区域经济发展的带动作用逐步增强，区域综合竞争力得到进一步提升。在资源约束和北京建设世界城市的总体目标下，进一步推进区域合作，将是未来发展的必然选择。

表7-1 我国首都圈空间划分的不同方案

划分方案	主要依据	具体范围	来源
"2+5"	北京与周边城市的社会经济联系的历史成因	北京、保定、天津、唐山、秦皇岛、承德、张家口和已经消失的元上都开平府	王玲（1986）和范爱文（1999）
"2+7"	北京与周边地区的社会经济联系强度	北京、天津、廊坊、保定、沧州、承德、张家口、唐山、秦皇岛	杨开忠等（2000）、谭成文等（2000）和李国平等（2004）
"2+8"	加入石家庄，主要考虑到其作为河北省省会的中心地位，方便京、津、冀区域间协调	北京、天津、石家庄、廊坊、保定、沧州、承德、张家口、唐山、秦皇岛	根据国家发改委组织编制的《京津冀都市圈区域规划》，又称"京津冀都市圈"
"2+11"	考虑省级行政区划的完整性	北京、天津和河北省（共11个地市：石家庄、保定、廊坊、沧州、唐山、秦皇岛、张家口、承德、邯郸、邢台、衡水）	也称京津冀区域

（二）区域旅游合作是北京建设世界一流旅游城市的必然选择

旅游业作为世界城市的主要产业之一，在众多世界著名大都市经济中占有重要比重。以伦敦为例，旅游业已经发展成为仅次于金融服务业的第二大产业，年产值达320亿美元以上，占GDP的10%以上，旅游就业人数占总就业量的15%

以上①；旅游业为香港经济 4 大支柱产业之一，2011 年对香港经济的直接及间接贡献达 GDP 的 15.2%，从事旅游业或者相关工作的人口逾 463000 人，占香港劳动人口的 12.8%。旅游业所具有的依附性、衍生性和伴生性的产业特点，决定了世界城市必然为世界一流旅游城市；而世界城市的区域性也必然决定了建设世界一流旅游城市必须依托区域旅游合作。

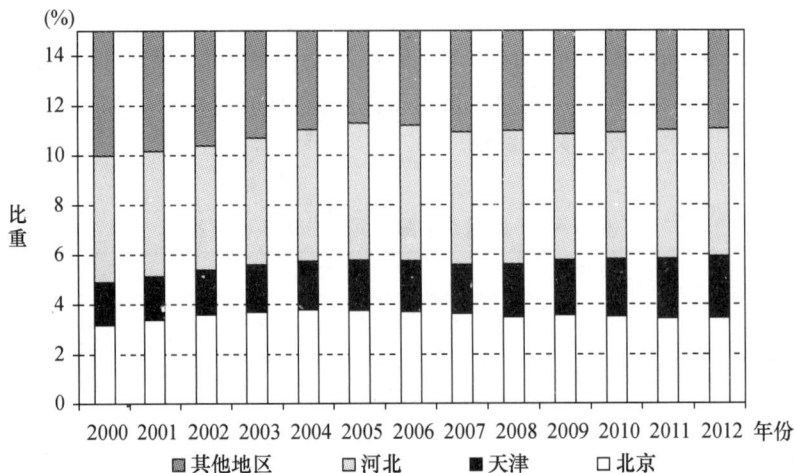

图 7-1　2000~2012 年京津冀地区 GDP 占全国比重

区域旅游合作已经成为世界旅游业发展的普遍趋势，国际上的巴黎都市圈、东京首都圈、大伦敦地区、纽约都市圈，国内的长三角、珠三角、成渝都市圈等，这些典型的经济圈各成员之间形成了旅游合作网络，成为推进区域经济一体化的重要动力。北京作为我国北方地区重要的旅游中心城市，全国首个省级旅游综合改革试点城市，旅游业正经历着转型发展的重要阶段，2010 年，北京旅游委提出建设国际一流旅游城市的战略目标，区域旅游合作不仅是北京建设世界城市、推进区域共同发展的重要内容，也是促进北京旅游业升级、实现区域合作共赢的重要战略措施。

作为我国北方地区重要的旅游中心城市，北京拥有独特而丰厚的历史文化资源；然而北京作为首都的集聚效应远远高于扩散效应，这使得大量的人才、资源都集聚在北京，造成北京与周边地区存在巨大的经济差异，加上交通设施联络度

① 北京市旅游局课题组. 世界城市旅游业发展比较研究［R］.2010，4.

的不足，使得长期以来北京与周边地区的旅游合作无法更多地进入实施层面。然而随着北京大城市病的日趋严重，北京面临着巨大的挑战，2012 年北京共接待游客数量达到 2.31 亿人次，其中 2.26 亿人次国内游客，占全国接待国内游客的 7.6%，是巴黎年接待游客数的 8 倍（巴黎 2012 年接待游客总数 0.29 亿人次）；随着北京旅游业的进一步发展，旅游需求还将不断增长，这意味着北京将承受前所未有的压力，仅靠北京一己之力，很难承载如此庞大的旅游人口，并持续提升北京的旅游吸引力；如果能够成功构建区域合作网络，依托区域力量和区域资源互补，将能够极大限度提升北京的旅游承载能力，并通过区域间资源的差异化开发，塑造具有多元化的区域旅游竞争力，尽快推动北京建设国际一流旅游城市。

（三）首都功能转移将进一步加速京津冀区域合作步伐

在北京经济快速发展的过程中，存在着一些与首都发展不协调的产业布局和功能集聚。在制造业领域，仍然存在着一批"能耗高、工业污染排放量大、扰民严重"的粗放型中小企业；在服务业领域，传统批发产业大量集中在城市中心城区，占用了大量土地，并对中心城区交通和环境质量造成了很大的负面影响，不利于城市宜居功能的优化。2003～2011 年，中心城区人口由 870 万人增长到 1230 万人，建设规模增加了 30%；73% 的就业和 90% 的优质医疗和教育资源集中在中心城内；80% 的机动车出行集中在六环路内，中心城区过度聚集的状况越来越严重。

这些不协调产业的存在和首都功能的过度集中，导致了人口、资源、环境矛盾越发凸显，主要体现在交通拥堵、治安管理负担重、大气污染、建设用地紧缺等方面。为了缓解矛盾，自 21 世纪初以来，北京就在加快推进产业转移，北京市政府国民经济与社会发展"十二五"规划中特别指出，北京要充分发挥首都科技文化和公共服务资源优势，积极开展区域科技、文化和社会事业领域的交流与合作；通过积极发展联合办学、跨区域医疗、远程教育等，积极推进文化、教育、医疗等公共服务功能的疏解和扩散，为产业功能转移提供基础性保障；《北京市"十二五"时期社会公共服务发展规划》也强调，有序疏解中心城区社会公共服务功能，提出应加强统筹规划，完善政策机制，引导中心城区社会公共服务资源向外疏解，综合利用合并、改建、置换、重组、转让、出售等方式，推进中心城区和资源过剩区域社会公共服务资源向资源不足地区转移。加强区域分工合作，鼓励学校、医院、养老等社会公共服务资源向周边城市延伸和转移，提升周边城市公共服务承载能力。探索建立异地养老、医疗保险、就业培训服务体系对接办法，在更大范围内优化资源和功能配置。通过区域合作和共同发展，在解决北京发展中面临巨大压力的同时，优化首都功能和引导区域发展，为建设世界城市区域构建基础。

在新一轮首都功能转移的总体进程中，加强区域合作、构建首都圈即世界城市区域将成为北京发展的主旋律，这意味着京津冀合作的紧密度会大幅度提升，城市间的功能互补和依赖性将进一步增强，区域旅游合作的综合条件将得到改善，交通网络联络度明显提升，区域间合作的需求逐步被激发，大范围区域合作的可能性明显增强。

（四）首都第二机场新航城建设为京津冀区域旅游合作创造了平台

伴随着北京经济的快速发展，作为北方地区重要的对外交流窗口，北京首都机场扩建后，已提前接近饱和状态。2008年，首都机场完成扩建工程，新建了第三条跑道和T3航站楼，机场年设计吞吐量达到8200万人次。然而根据交通运输部中国民用航空局发布的数据显示，截至2012年12月31日，首都机场旅客吞吐量超过8192.9万人次，同比增长4.14%；全年航班起降达55.7万架次，同比增长4.48%，飞机延误率大幅提升，首都机场已处于饱和状态。从国际情况来看，东京、伦敦、巴黎均拥有2座以上的机场，以适应巨大的人流和机场旅客吞吐量。这促进了首都第二机场的选址、规划和建设快速提上日程。

首都第二机场，即北京大兴国际机场，2012年获批，主体位于大兴区礼贤镇、榆垡镇，部分远期用地将扩展至河北廊坊，规划建设4条跑道和约70万平方米的航站楼，占地23210亩，投资700多亿元人民币，有望2018年落成并投入使用，首期规划年旅客吞吐量为4500万人次。

与新机场同步规划的新航城以南中轴为发展的主线，辐射范围包括礼贤镇、榆垡镇、安定镇、魏善庄镇以及庞各庄镇五个主要地区，2025年建成后规模相当于一个中等城市。从未来发展趋势来看，随着首都第二机场的建设以及首都功能的外迁，北京轨道交通将进一步向南延伸，北京—廊坊—天津的连片发展趋势将日渐明晰，以新航城建设为契机，京津冀区域融合将进入新一轮的发展期；以新航城为核心的新区域旅游将成为京津冀旅游合作发展的"领头羊"，相关的入境政策、免税区域建设将为区域旅游合作提供重要的政策支撑。

三、北京区域旅游合作的发展现状及问题分析

尽管区域旅游合作在近年来才得到实质性推进，早在20世纪八九十年代就开始开展一些小范围合作活动，如表7-2所示。从北京区域旅游合作的发展历

程来看，其合作的对象和范围都在不断扩大，从京津冀到环渤海、"9＋10"，对口支援地区以及海南、吉林等热点旅游省市，长三角，最后扩展到全球旅游城市，这一趋势不仅表现出北京区域旅游合作范围的扩大，也体现出北京对区域旅游合作的重视程度不断提升。然而就实际合作的强度来看，京津冀地区由于其地域相连、文化相近的基本特征，仍然是北京区域旅游合作的重心。

表7－2　北京区域旅游合作主要事件

时间	合作区域	合作内容
1985 年	北京平谷的金海湖，天津的盘山、黄崖关、蓟县和河北省的清东陵等	成立了京东旅游区，致力于京东地区两市一省旅游资源的开发和景区的合作，创造了一些行之有效的联合开发、联合营销的合作方式，效果明显
1987 年	京津冀区域	由北京旅游学会发起，联合天津旅游学会、河北旅游学会，在北京密云白龙潭召开了第一次"京津冀区域旅游合作研讨会"探讨区域合作问题
1995 年	北京、天津、河北、河南、山东、山西、辽宁、吉林、黑龙江、内蒙古十省市	"北方旅游交易会"，各地旅游局、旅游协会轮流主办
2004 年	京津冀	在"中国三大旅游圈论坛"上，初步达成"京津冀无障碍旅游共识"
2004 年	环渤海区域五省市	在"辽宁·东亚国际旅游博览会"上，五省市签署《环渤海区域旅游合作联合宣言》，从旅游规划、资源开发、宣传促销、信息交流等方面，提出建立环渤海旅游区域合作机制的构想
2005 年 3 月	京冀晋陕 4 省（市）	共同签订红色旅游合作协议，联手打造"走向胜利征程"精品红色旅游线路产品，积极促进红色旅游区域合作，实现通盘考虑、相互推介、网络链接、共建平台、信息沟通和联合执法
2005 年 8 月	"京津冀—港澳台"（3＋3）	在河北廊坊举行"京津冀—港澳台（3＋3）旅游合作大会"，以期促进京津冀旅游圈合作取得实质性进展
2005 年 12 月	北京、天津、大连、沈阳、鞍山、秦皇岛、承德等 11 个城市	在"中国北方环渤海旅游区域合作论坛"上签署《环渤海旅游区域合作框架协议》
2007 年 4 月	京津冀	津洽会召开"京津冀旅游合作会议"，签订《京津冀旅游合作协议》

续表

时间	合作区域	合作内容
2008 年	京津冀	针对 2008 年奥运会，建立京津冀区域旅游景区、旅行社、饭店的优惠价格协作体系；建立三方旅游投诉和应急事件处理热线电话；主要景区景点、旅行社、星级饭店之间建立对口友好合作关系，实现信息交流和客源互动
2008 年	"9＋10"：北京市、天津市、河北省、辽宁省、山东省、内蒙古自治区、山西省、陕西省、河南省、上海市、重庆市、西安市、杭州市、南京市、昆明市、成都市、哈尔滨市、桂林市等省市	召开首次"9＋10"区域旅游合作会议，与会代表签署了《环渤海旅游合作框架协议》、《中国主要热点旅游城市合作框架协议》、《北京市与山西、陕西、内蒙古、河南四个双边旅游合作协议》
2009 年	环渤海"16＋1"	2005 年，由天津旅游局倡导，天津、大连、青岛等环渤海 16 个城市联合成立"环渤海港口城市旅游合作组织"，组成环渤海旅游金项链，重点发展游轮游艇经济。北京正式加入"环渤海港口城市旅游合作组织"，第五届年会在唐山举行，推出了京东旅游环线
2009 年	京津冀	在"中国廊坊国际经贸洽谈会"上，京津冀三地在城市规划、交通运输、旅游等方面先后签署合作备忘录，共同发行三地 25 个景区在内的"京津冀旅游一卡通"
2009 年	京津	签署《京津自驾车旅游规划》和《泛金海湖旅游金三角旅游规划》合作协议，同年开通"旅游绿色通道"
2010 年	北京与拉萨、和田、赤峰、乌兰察布、呼伦贝尔、巴东等区域旅游合作及对口支援地区	陆续签订旅游区域合作或对口支援框架协议，加快北京与区域旅游合作及对口支援地区旅游业合作，为推动共同发展，建立"共塑市场、互送客源、同步宣传、异地投诉、联合执法"的旅游合作机制，实现旅游资源、产品、市场、信息、客源和利益共享的战略目标提供了良好平台
2010 年 9 月	北京＋吉林省	签署《北京市与吉林省旅游发展战略合作协议》、《北京—吉林旅游教育合作协议》，双方就区域旅游合作共同推出多项举措，开辟区域旅游合作新模式
2010 年 12 月	"9＋10"	在山西太原共同发布区域旅游合作太原宣言，9 省市区政府达成共同编制区域发展规划、共建旅游公共服务体系、共享投资项目、建立统一大市场等六项加强区域旅游合作共识

续表

时间	合作区域	合作内容
2011 年	北京 + 长三角	北京·长三角区域旅游合作与发展协作会在北京召开，以京沪高铁为纽带，北京市与上海市、江苏省、浙江省和安徽省等五省市签署了《北京市与长三角地区旅游合作协议》。上海和北京及长三角地区将鼓励和倡导地区之间互为旅游客源地、互为旅游目的地，共同拓展国内外旅游市场。发挥京沪高铁等快速交通优势，促进客源互送
2011 年 8 月	"9 + 10"	举办第四届 "9 + 10" 区域旅游合作会议及促进区域旅游合作发展峰会，并共同签署了《加强区域合作，共塑品质旅游——天津宣言》
2011 年 10 月	北京 + 海南省	签署旅游战略合作协议，建立 "共塑市场、互送客源、同步宣传、异地投诉、联合执法" 的旅游合作机制，实现两省市旅游资源共享、信息共享、市场共享、利益共享的战略目标，推动两地旅游产业的可持续发展
2012 年	北京与国际旅游城市	由北京等城市率先倡导的世界旅游城市联合会于北京成立，成为第一个总部永久落户北京的国际性旅游组织，正式开启了北京国际旅游区域合作之门
2013 年	"9 + 10"	除讨论达成 "9 + 10" 区域旅游合作机制——"北京共识" 外，还一致通过成立了 "9 + 10" 区域合作入境旅游联盟、"9 + 10" 区域合作旅游媒体联盟、"9 + 10" 区域合作旅游研究机构联盟等六个联盟。并就如何打造 "9 + 10" 区域旅游季产品体系、明确 "9 + 10" 区域合作旅游功能特色定位体系、完善 "9 + 10" 区域合作旅游安全应急救援联动机制、实现 "9 + 10" 区域合作旅游网站链接等问题进行了深入探讨

（一）京津冀区域的旅游合作

1. 京津冀地区的旅游资源特点及旅游发展概况

京津冀地区的旅游资源丰富且差异性明显，有利于区域合作发展；但是地区间经济发展和旅游业发展的不均衡现象比较明显，对区域合作造成了一定的阻碍。其中，北京作为世界著名旅游城市、历史文化名城和全国旅游中心城市，距今 3000 多年的建城历史为北京留下了深厚的文化遗存和资源积淀，近现代以来作为首都所获得的建设投入，使得北京不仅拥有自然、人文、历史等旅游资源，更具有得天独厚的旅游业发展条件，旅游业蓬勃发展，无论在出入境和国内接待游客数量和消费方面，都位于全国前列，并具有极明显的集聚效应。与北京相比，河北省在旅游资源方面比较突出地体现在其丰富的自然条件，河北省是中国唯一兼有海滨、平原、湖泊、丘陵、山地、高原和沙漠的省份，地貌多样、气候宜人，自然风光秀美，民俗风情独特；而天津市的旅游资源在种类和规模上都存在差距，自然旅游资源相对匮乏，但是作为中国近代历史"缩影"的租界文化和沿海开放工业城市的独特特点，也使得天津拥有与京、冀资源条件差异的互补。

表7-3 2011年、2012年京津冀三地旅游接待人次及旅游收入情况

		旅游接待总人次			旅游总收入		
		总计 （亿人次）	国内 （亿人次）	入境 （万人次）	总计 （亿元）	国内 （亿元）	外汇 （亿美元）
2011年	北京	2.14	2.1	520.4	3216.2	2864.3	54.2
	河北	1.87	1.86	114.14	1221.3	1192	4.48
	天津	1.08	1.06	200.44		1384.65	17.56
2012年	北京	2.31	2.26	500.90	3626.6	3301.3	51.49
	河北	2.30	2.29	129.32	1588.3	1553.9	5.45
	天津	1.22	1.20	234.11		1660	21.47

资料来源：京津冀三省市旅游业发展公报、国民经济与社会发展公报。

表7-4 2012年河北省旅游接待及收入情况

	入境接待人次 （万人次）	入境创汇 （万美元）	国内接待人次 （万人次）	国内创收 （亿元）
承德市	33.94	11780.10	4185.20	264.67
秦皇岛市	28.64	19453.54	3989.49	245.78
石家庄市	15.79	6163.83	2454.41	167.92
廊坊市	12.83	4331.57	2313.03	201.62
保定市	11.68	3205.96	2300.00	134.95
张家口市	8.33	2068.40	2009.67	134.20
唐山市	8.20	4134.35	1976.06	153.53
邯郸市	3.80	1386.49	1210.07	97.05
沧州市	2.72	851.59	1054.00	66.43
邢台市	2.29	754.46	835.43	54.57
衡水市	1.11	363.52	583.86	33.20
总　计	129.32	54493.83	22911.22	1553.91

资料来源：河北省旅游局2012年全省旅游经济运行情况简报。

从三地的旅游业总体情况来看，如表7-2、表7-3所示。北京作为我国北方地区最重要的入境旅游接待城市之一，其入境接待人次和外汇收入都明显高于天津和河北；与此同时，在国内旅游接待方面，河北的旅游接待人次与北京相当，但是旅游收入仅达到北京旅游收入的1/2，而天津在旅游接待人次和收入方面都与北京存在明显差距，但值得注意的是，天津的旅游接待人次仅相当于河北的1/2，但是旅游总收入却高于河北。从旅游发展特点来看，北京、天津、河北三个省市存在较大的差异和互补性，其中，北京是以高品质资源与高端旅游为特点的区域旅游枢纽，河北地区则以丰富多样的旅游资源为特色，是北京旅游重要的资源补充及区域重要的基础旅游腹地，是承接区域内及周边地区旅游需求的重要区域；天津作为对外商贸活动的活跃地区，具有独特的文化吸引力，但是资源多元性较差，是区域水域旅游和城市旅游的特色旅游区域。

2. 京津冀地区旅游合作的发展分析[①]

（1）区域合作发展现状。京津冀地区地缘相近、地域相邻，历史文化渊源深厚，社会经济交流密切，为区域合作提供了天然的基础。

1）区域合作协议陆续签订。1985年，京津冀三地即成立了京东旅游区，致力于共同开发三地的旅游资源。1987年，由北京旅游学会发起，联合天津旅游学会、河北旅游学会，召开了第一次"京津冀区域旅游合作研讨会"（后发展为"北方旅游交易会"）。2009年3月，京津冀三地联手推出了涵盖近百家景区的京津冀旅游"一卡通"，在"一卡通"的带动下，三地之间进一步加大了营销和互送游客的力度，促进共享资源、共拓市场。在2009年5月18日举行的京津冀旅游合作恳谈会上，北京市旅游局、天津市旅游局、河北省旅游局联合签署了《京津冀旅游合作协议》，推动区域内旅游资源、产品、市场、信息、客源和利益共享，并不断引导在京企业在河北、天津的旅游投资开发。从2009年7月1日起，天津市与北京市签署"深化旅游合作，共塑旅游产品"的旅游战略合作协议，京津两地开通"旅游绿色通道"，减免旅游大巴的高速公路通行费用，并通过共同推出旅游产品、互送客源、共同宣传、异地投诉等合作，促进两地旅游经济的合作发展。

2）区域规划衔接持续推进。2010年7月，京津冀签署合作框架协议，通过《京津冀旅游合作近期行动方案》、《北京—河北雾灵山区域合作旅游发展总体规划》等区域旅游规划的共同编制，推动区域旅游资源、产品、市场、信息、客源和利益共享，构建一体化旅游格局；同时该框架中涉及的基础设施建设合作，尤其是区域城际轨道交通的规划建设，以及产业发展合作，也会极大促进旅游合作

---

① 刘宵泉．《2013北京旅游发展报告（绿皮书）》［M］．北京：中国旅游出版社，2014.

格局的构建。

3）区域合作机制不断完善。京津冀三地在积极促进旅游规划衔接的同时，初步建立了京津冀旅游局局长联席会议制度、统一的旅游公益服务热线、旅游突发事件应急处理互动机制和统一旅游投诉平台等合作机制。除省级层面外，县级单位也积极启动旅游合作机制，例如2010年8月，张家口市赤城县与北京市密云、延庆、昌平、怀柔、平谷、顺义6个县区旅游局分别签订了旅游合作备忘录，启动区域旅游合作机制，并促进企业层面的合作，签约包括旅游、农业、新能源等领域的多个亿元以上项目，共同构建大旅游发展格局。在2013年12月"9+10"会议上，成立了"9+10"区域合作入境旅游联盟、"9+10"区域合作旅游媒体联盟、"9+10"区域合作旅游研究机构联盟等六个联盟，为区域旅游合作提供了重要机制保障。

（2）区域合作存在的问题。自20世纪80年代末以来，尽管京津冀区域合作不断推进，并在近年来取得了一些实效性的进展，但是总体上，大部分合作仍然停留在政府层面，市场的有效合作机制尚未完全构建，区域合作壁垒仍然存在。

1）区域基础设施、人才和服务管理水平差异较大。随着旅游业的产业地位不断提高，旅游在京津冀区域国民经济中的作用日益加强，但就北京、天津、河北三个地区的旅游投资和基础设施建设水平来看，津、冀两地明显落后，尤其在交通设施方面，以北京为主中心（陆路及空路）、天津为副中心（水路）的综合交通运输网络初步形成，对外交通便捷通畅，但是区域间的交通网络联系却存在极大差距，城际交通网络不够发达，尤其是北京同河北省城市间的交通运输能力有限，区域交通道路基础设施未能实现同等级对接，景区功能设施落后、接待能力不足，与游客的消费需求不协调。

在人才培养和制度管理方面，三地也存在较明显的差距，北京作为首都地区，吸引着大量高端人才，具有明显的人才和科技优势，在制度管理方面也较为先进，有效提高了行政效率和综合服务水平；而这种优势未能有效辐射，使得区域间存在明显的断层现象，旅游服务质量和旅游发展环境存在明显差异，严重约束了区域旅游的良好对接。

2）区域产业结构重叠，旅游开发的统筹性和互补性差。京津冀三地的旅游资源开发和旅游产业发展缺乏明确的差异化和互补发展的思路，一方面，资源开发重叠化，三地对文化资源的开发都相对优于其他资源，未能突出区域的个性化特点，存在无序竞争；另一方面，区域未形成良好的发展合力，在区域资源整合不足的情况下，本应通过联合开发、突出资源规模和综合品质的发展未能实现，同类资源存在重复和恶性竞争，未能最大限度地挖掘旅游资源的潜力。

3）区域合作停留在政府层面，缺乏有效的市场响应。在区域合作中，目前大部分的合作依然停留在政府层面，与企业行为、民间资本力量相比，地方政府明显处于强势地位，在资源配置、项目选择、资源整合、产业链形成等方面，政府干预过多，未能充分发挥市场自发配置资源的作用，使得政府的一系列合作协议、机制等停留在政府意愿的层面，缺乏有效的市场响应，使得区域合作无法真正落到实处。市场组织的乏力导致了区域产业发展的严重滞后，约束了区域旅游产业发展的实质推进。

（二）北京与环渤海5省市的区域旅游合作

1. 环渤海5省市的资源特点及区域旅游发展概况

环渤海地区5省市（北京市、天津市、河北省、辽宁省、山东省）从总体来看，旅游资源类型完整，资源集聚度和丰富度都较高，拥有辉煌的中华文化和较丰富的自然资源，但是存在较明显的空间差异和互补性。

其中，北京和山东资源条件最好，两地都拥有突出的人文旅游资源。在人文旅游资源方面，从表面看，两省市在人文旅游资源方面存在类似性，都是封建统治、儒家文化的代表，但两者也存在差异性，北京很多传统的景点文化都是统治阶级的代表，而山东的孔子文化是当时思想家的代表，水浒文化是当时农民阶级的代表。文化涵盖面更丰富，既存在竞争关系，又存在互补即合作的可能。而在自然旅游资源方面，山东与北京相比，不仅在自然资源种类和集聚度方面更具有优势，青岛、烟台、威海等拥有的优质的海滨资源，更是海洋型经济发展的重要基础。辽宁和河北仅次于北京和山东，清代文化遗存是两地较突出的人文资源，而河北集多元地貌于一体的自然风光，辽宁的东北民俗及满族民族风情，得天独厚的滨海旅游资源，较高纬度的冰雪旅游资源，也为两地旅游发展提供了良好的基础。而相对来说，天津是5省市中旅游资源最为一般的地区。

从表7-5、表7-6可以看出，就2010年环渤海接待国内游客的情况来看，来自环渤海各省区的游客占环渤海区域接待国内游客比重达到67.68%，可见区域内的旅游活动密集，区域内游客是环渤海区域重要的游客来源。

表7-5 2010年环渤海五省市互为客源地和目的地游客量

单位：万人

目的地 客源地	北京	天津	河北	山东	辽宁	环渤海五省市
北京	6100	2300	1900	1700	2200	14200
天津	400	3600	1400	700	1300	7400
河北	1800	1100	6400	1500	1200	12000

续表

目的地 客源地	北京	天津	河北	山东	辽宁	环渤海五省市
山东	900	400	900	17300	500	20000
辽宁	700	500	500	1000	15000	17700
环渤海五省市	9900	7900	11100	22200	20200	71300
除本地外四省市	3800	4300	4700	4900	5200	19100
国内	17900	9200	14900	34900	28300	105200

资料来源：各省市旅游统计公报及《环渤海区域旅游发展总体规划》。

表7-6 2010年环渤海区域客源地前往目的地游客占目的地国内接待游客总量的比重

单位：%

目的地 客源地	北京	天津	河北	山东	辽宁	环渤海五省市
北京	34.08	25.00	12.75	4.87	7.77	13.50
天津	2.23	39.13	9.40	2.01	4.59	7.03
河北	10.06	11.96	42.95	4.30	4.24	11.41
山东	5.03	4.35	6.04	49.57	1.77	19.01
辽宁	3.91	5.43	3.36	2.87	53.00	16.83
除本地外四省市	21.23	46.74	31.54	14.04	18.37	18.16
环渤海五省市	55.31	85.87	74.50	63.61	71.38	67.78

资料来源：根据各省市旅游统计公报及《环渤海区域旅游发展总体规划》数据计算。

（1）区域是各省市的主要游客来源，北京的客源多元化程度明显较高。就区域游客占国内游客接待比重来看，均超过了50%，其中天津达到85.87%，可见区域游客是各省市的主要游客来源，也体现出区域旅游合作对各省市的重要性；其中占比最低的是北京，体现出北京客源的多元化程度更高，也即北京作为更大尺度的旅游目的地的特征较为显著。

（2）就区域旅游而言，北京更多体现出客源地的特征。对比五省市，除本地外四省市前往各地的游客总量，前往北京的人数最少；就各地游客在其他四省市的国内游客占比来看，从北京游客在山东、辽宁接待游客中所占比重并不算太高，但仍然是区域内除本地外各省市客源占比最高的区域，综合来看，北京更多地体现出客源地的特征。

（3）京津冀内部及对外联系度都相对较高。从各地区前往其他四省市的居民出游总量来看，京、津、冀三地居民的出游率相对辽宁和山东较高；从北京游客占各地国内游客比重来看，北京游客在天津、河北的出游比重较高，可见北京游客的出游选择天津、河北两地较为明显；除本地外，四省市前往其他地的游客占国内游客接待总量的比重来看，在山东、辽宁的占比较低，其中山东最低，仅为14.04%，而京津冀三地的占比都超过20%，天津的占比达到46.74%，几乎是天津接待游客量的一半。因而总体来看，京津冀区域内部的区域旅游联系度以及京津冀与外部区域的联系度都明显较高。但是就本地游客在接待国内游客总量中的比重来看，北京仅为34.08%，天津、河北为40%左右，山东、辽宁则达到50%左右，可见对于大多数省市来说，本地游客仍然是区域旅游的主要客源。

因而从总体来看，从游客结构的角度分析北京的区域旅游合作，可以总结为以下两个特征：①对区域而言，北京客源重要性突出，而区域客源在北京地区的比重则明显较低，这意味着北京作为全国旅游目的地的特征十分明显，而环渤海地区已经成为首都游客出游的主要区域，区域旅游合作对北京的重要性也将更加凸显；②从游客出游结构来看，北京的区域旅游联系仍然以京津冀地区为核心，由于地域的接近性，京津冀地区的核心地位将很难改变，然而也说明，环渤海区域的广泛性旅游合作，还有较大的空间。

2. 环渤海5省市区域旅游合作的发展分析①

环渤海区域作为我国经济较发达的区域，谋求区域合作发展已经经历了多年的发展里程，同时也是中国较早开始尝试旅游合作的区域，在一定程度上形成了区域放大效应。1985年环渤海五市（天津、大连、烟台、秦皇岛、青岛）旅游协作会成立开始，并陆续发布了《北方10省、（直辖）市、自治区区域旅游合作（烟台）宣言》、《区域旅游合作廊坊共识》、《中国北方环渤海11城市旅游区域合作框架协议》，成立了11个城市旅游联合体和16个城市环渤海港口城市旅游合作组织，启动了京津区域旅游合作机制。2011年9月，第四届"9+10"区域旅游合作会议在天津举行，并以"合作共赢·创新发展"为主题，签署了《共创区域品质旅游天津宣言》。

但是，就环渤海区域旅游合作的进展来看，与长三角区域相比，合作的紧密度仍然较低，合作的实质进展不足，尤其是市场化程度较低，仍然存在较大差距，主要体现在以下几个方面：

（1）区域旅游实质进展不足，缺乏稳固的微观基础。与长三角、珠三角相比，环渤海区域合作的市场化水平一直较低，各省市在产业分工与经济合作方面都比较滞后，严重影响了区域间的合作进展，在合作机制方面也较不完善；在这

①　本部分参考《环渤海区域旅游发展总体规划》总报告。

一总体背景下，区域旅游合作的发展也遭到行政壁垒的约束，尽管签订了跨区域协议，但区域旅游合作机制并不完善、缺乏实效，没有真正进入实质性运行阶段，区域旅游合作中的行政障碍、市场障碍、交通障碍、经营障碍等区域旅游合作中的根本性问题仍然没有得到有效解决；此外，区域内企业合作比较滞后，尚未形成跨区域经营的旅游集团，缺少稳定、深入的区域联系，区域合作的微观基础很不稳固。

（2）省市间管理、服务标准存在较大差距。环渤海各省市之间旅游行业管理和服务的标准不一致，尚没有确立统一的服务质量标准和行为规范；政策法规、突发事件的反应机制、游客投诉处理、旅游标识等均存在差异，使得各省市间、景点景区间的旅游管理、服务环境存在明显差距，直接影响着在区域内的旅游流动及跨区域旅游组织。

（3）区域旅游交通设施发展不均衡，交通网络成熟度不够。就区域旅游交通设施条件来看，由于地域广袤又有渤海相隔，尽管海陆空交通日渐改善，区域间交通仍然存在障碍，京津至辽东、胶东之间的时间距离仍然较大，没有形成流畅的区域交通格局；京津冀三地的区域间交通虽然已有较好基础，但是快速旅游交通仍有待提高，河北省内交通网络与区域快速交通的衔接能力差；此外，区域内缺乏有机联系的区域旅游集散中心网络和旅游专线网络，交通网络成熟度不够。

（4）区域缺乏差异化发展的总体规划，旅游产品开发不足。环渤海区域在缺乏完善机制的条件下，缺少区域总体规划，一方面，各省市旅游规划缺乏对全区域总体发展的考虑，地区间旅游发展缺乏差异化定位，旅游产品多有雷同，缺乏特色；另一方面，区域内尚有大量的旅游资源还没有得到充分开发，跨区域的旅游产品开发尤其欠缺。

（三）北京与其他地区的旅游合作

除京津冀与环渤海区域以外，北京的区域旅游合作近年来已经有了更广泛的扩展。不仅通过"9＋10"合作协议与周边省市和国内热点旅游城市合作，与海南等省也不断开展合作推进，并且通过品牌和资金进入的方式，参与到对口支援区域的旅游开发过程中；而世界旅游城市联合会的成立，更体现了北京进一步扩展区域旅游合作的积极意愿。

作为北京重要的能源来源地，内蒙古与北京的区域合作较其他地区都更为密切；2008年，内蒙古分别与北京及北京周边9省区市签订了区域旅游合作协议，近年来在对口帮扶工作的不断推进下，北京在推动在京企业入蒙投资方面起到了重要作用。然而就旅游方面的合作来看，并没有比其他地区超前，企业合作仍然较少。

北京与山西的旅游合作在"9＋10"合作协议签订前就已有所展开，2007 年山西举办了"赛在北京，游在山西"系列活动，迎接为观奥运前来的诸多游客；2008 年北京与山西签订了《北京市与山西省旅游合作协议》，互相确认为最重要的旅游客源地和旅游目的地，并计划建立两省市共享的旅游招商项目库，支持旅游企业加强合作。尽管北京与山西开展旅游合作的时间并不长，但是合作内容优先从企业入手，反而更有利于合作的实质化推进。

与内蒙古和山西相比，北京与陕西、河南的旅游合作几乎仅停留在协议阶段，一方面两省与北京的交通距离决定了合作强度的偏低；另一方面陕西、河南拥有深厚的文化底蕴，西安、洛阳等文化古都历来拥有独立的旅游优势，并与北京存在较多的同质性资源，尤其是近年来西安大力发展文化旅游产业并取得巨大成绩的条件下，区域合作的意愿和推进力度都较低。

四、国内外区域旅游合作模式及经验借鉴

（一）美国大洛杉矶地区产业集群模式

大洛杉矶地区（Greater Los Angeles Area）又称南部地区（Southland），指的是美国加利福尼亚州南部的一个横跨洛杉矶县、橙县、圣贝纳迪诺县、里弗赛德县和文图拉县 5 个县的大型联合统计区（联系较为紧密的大都市地区），是美国三大都市圈之一。

大洛杉矶地区总面积则达 33954 平方英里（87940.456 平方千米），是美国面积最大的都市圈，同时也是整个 20 世纪美国人口增长最快的地区之一，虽然21 世纪后其人口增长速度有所放缓，但是 2011 年统计的人口数已经达到 1810 万人，是仅次于纽约都会区的全美第二大都会区，也是世界上最大的大都会区之一。大洛杉矶地区不仅是世界上最大的娱乐产业中心，也是一个全球性的商业、国际贸易、教育、媒体、时尚、旅游、科学技术、体育和运输中心。经济上，大洛杉矶地区是美国第二、世界第三大城市经济体，仅次于东京都会区和纽约都会区，是一个国际性的金融、娱乐、媒体、文化、教育、科学、旅游中心，年经济总量超过 7700 亿美元。[①]

---

① 维基百科：大洛杉矶地区，http：//zh. wikipedia. org/wiki/% E5% A4% A7% E6% B4% 9B% E6% 9D% 89% E7% 9F% B6% E5% 9C% B0% E5% 8C% BA.

得益于美国联邦政府对南部"阳光地带"采取的倾斜政策，以及加利福尼亚州和洛杉矶两级政府的支持，大洛杉矶地区的旅游业在"二战"后迅速成长，已成为该地区的三大支柱产业之一，2013年接待游客量达4220万人。

大洛杉矶地区的旅游业发展得益于整个区域的一体化产业规划与发展，旅游发展体现了良好的旅游合作成效，产业集群式发展极大地推动了地区经济的快速增长。自1964年迪士尼世界建成，以及全球闻名的好莱坞影城的带动，大洛杉矶地区围绕核心旅游吸引物，形成了旅游、影视、娱乐、文博、教育、科研等产业集聚，并形成了联系紧密的产业链条，以及包括酒店、旅馆、商场、银行、停车场、租车公司、汽车维修等配套产业体系，通过区域合作，在大洛杉矶地区形成了良好的"产业生态系统"现象，区域旅游合作呈现出多产业共生协作的特征。

（二）欧洲莱茵河流域的跨境开发模式

欧洲莱茵河流域旅游开发模式的主要特点：由跨国性机构统一管理，制定具有法律效应的国际条约性制度；多国联合开发，统筹开发方向、开放日程与功能指向；消除旅游者跨国流动障碍；注重环境保护、文化保护、特色开发和可持续发展等[①]。

莱茵河是欧洲著名的国际性河流，发源于瑞士境内的阿尔卑斯山北麓，西北流经列支敦士登、奥地利、法国、德国和荷兰，最后在荷兰的鹿特丹附近注入北海。全流域流经6个国家，全长1320公里，流域面积为18.5万平方公里，具有航运、发电、供水、旅游、灌溉、生态保护等多项服务功能；自19世纪签署第一份航运协定后，一直采用不收费、不收税的自由航行政策，是世界上最繁忙的航道之一；同时，修建了10座大坝、船闸和相应的水电站，担负着2000万人的饮用水供给。第二次世界大战后，工业复苏、城市重建给莱茵河带来了巨大污染，污泥汞和镉污染在20世纪70年代中期达到顶峰，被称为"欧洲的下水道"。

早在1950年，莱茵河交界的国家（瑞士、法国、卢森堡、德国和荷兰）就已经联合起来，组成保护莱茵河防治污染论坛，交流、讨论和寻求解决莱茵河水污染的途径。1963年，在莱茵河保护国际委员会（ICPR）框架下签订了合作公约，奠定了共同治理莱茵河的合作基础。1976年，欧洲共同体加入这个协定，使莱茵河保护国际委员会在欧洲更具广泛性。ICPR各成员国部长会议于1987年10月1日正式通过"莱茵河行动计划"，保护、维持和改善莱茵河重点河段生态和流域的生物多样性。在各国协调合作的基础上，实现了跨国的全流域综合管理

---

① 罗少燕. 长三角区域旅游合作模式与对策研究［D］. 上海交通大学博士论文，2007.

机构，从污染整治、生态保护入手，继而对莱茵河全流域范围内的环境保护、文物保护、旅游开发、签证制度等各方面进行统一筹划，制定具体、完善且具有法律效应的行动计划日程，全面开发莱茵河流域。

此外，莱茵河的旅游开发还得益于区域旅游管理机构，即欧洲旅游委员会的成立。欧洲旅游委员会是一个拥有 33 个会员的非营利性机构，总部设在布鲁塞尔。该机构拥有欧洲最主要的 33 个国家的国家旅游管理机构作为强力的会员，是独立的欧洲旅游市场推销和调研机构，从而较为准确和迅速地掌握欧洲旅游市场现状，将欧洲作为一个整体对外进行推销，从一个更高的层面上促进欧洲旅游业的整体发展。

随着欧盟一体化进程的加速，特别是 1985 年 6 月"申根条约"的签订，在很大程度上简化了莱茵河流域旅游出入境手续，基本实现了跨国旅游无障碍，也为区域旅游开发提供了重要保障。此外，欧洲近年来实行的国际文化旅游政策，有力地协调了各个国家的利益、整合了欧洲的文化旅游资源，强力保护了欧洲的文化古迹，推动着欧洲文化旅游的发展。

（三）澜沧江·湄公河次区域旅游合作经验分析

大湄公河次区域经济合作（Great Mekong Subregion Cooperation，GMS）于 1992 年由亚洲开发银行发起，涉及流域内的 6 个国家有中国、缅甸、老挝、泰国、柬埔寨和越南，旨在通过加强各成员国间的经济联系，促进次区域的经济和社会发展。澜沧江·湄公河次区域的旅游合作是在这一总体合作基础上，由联合国亚太经社会（ESCAP）、亚洲开发银行（ADB）等国际组织主导和推动的，旨在将次区域作为一个完整的旅游目的地进行合作开发，打造整体形象，统一推向世界旅游市场而建立起来的又一新的合作机制。次区域旅游合作的地域范围包括越南、老挝、缅甸、泰国、柬埔寨六个次区域国家和中国云南省。

在 1994 年 4 月召开的第三届大湄公河次区域经济合作会议上，经次区域六国协商，明确提出了六国在"次区域旅游目的地促销、次区域旅游论坛、旅游培训人员培训、资源保护人员的培训、湄公河旅游规划研究"五个方面开展合作。

1994 年 12 月 13 日至 17 日在昆明召开了"湄公河流域国家旅游发展研讨会"，会议确定成立一个由柬埔寨、中国、老挝、缅甸、泰国及越南六个次区域国家旅游组织高级代表参加的"大湄公河次区域旅游工作组"，讨论促进次区域间旅游合作项目的实施；并决定今后每年在次区域六国轮流举办两次工作组会议，进一步推动和促进次区域旅游合作。这次会议的召开标志着澜沧江—湄公河次区域旅游合作正式开始。

2005 年，GMS 六国旅游管理部门共同组成的旅游工作组（TWG），研究制定了 GMS 旅游业长期发展战略，将推动未来 5～10 年内共建大湄公河旅游圈。该发展战略涉及七个核心战略规划，即市场营销、人力资源发展、遗产与社会影响管理、扶贫式旅游业开发、私营部门参与、次区域旅行便利以及旅游业相关基础设施建设。根据规划，新成立了 GMS 旅游业发展统筹协调机构——湄公河旅游协调办公室（MTCO），总部设在曼谷。

《大湄公河次区域旅游发展战略》提出了大湄公河次区域旅游发展的总体目标：“为了发展和促销湄公河这一单一旅游目的地品牌，应提供多种多样优质高产的次区域产品，从而更加广泛地分配旅游业带来的利益；大湄公河次区域的每个国家都应当大力发展旅游业；旅游业的收益主要用来减缓贫困、争取两性平等、保障妇女权利和维护可持续发展，同时最大限度地减少负面影响。”该战略旨在促进大湄公河次区域国际旅游业的全面增长，具体目标是从 2006 年到 2015 年，接待国际游客数量由 1640 万人增长至 5200 万人。

（四）日本关西地区的无障碍旅游交通模式

日本关西地区的区域旅游联动与一体化发展模式是基于广域联席议会框架下构建区域内快速公共交通网络体系，针对旅游者在区域内选择旅游交通方式以及进出景区方式的多样化、个性化的特征，实行弹性极强的联票制度，大大放宽了旅游者进出城市、景区所受的交通方式约束、时间约束和地域约束，使旅游者在关西地区进行无障碍旅游观光[1]。

日本的关西地区位于日本中部，北靠日本海，西临濑户内海，南临太平洋，是日本古文化中心，以古都、古城风貌闻名于世，包括奈良、京都、神户、大阪、冰窟、滋贺、福井、三重和歌山等二府七县。在地区广域联席议会框架下，构建了包括航空、海运、铁道、高速列车、巴士及各种城市基础交通形成的多层次快速公共交通网络体系，将具有运送性质的大交通和具有游览性质的小交通结合起来，实现了旅游者在区域内的交通约束和时间约束的最小化。其中，各种旅游交通证都含关西国际机场到大阪或京都的交通，顺利实现了大尺度旅游者从区域外到区域内的旅游空间转换；另外，旅游者可以购买西日本铁道周游券、关西通行证等不同形式的旅游交通票，在时间、地点、交通方式等方面都具有极大的灵活性。

（五）长三角的单中心网络模式

长三角地区是我国人口分布最密集、城市化水平最高的地区之一，目前，长

---

① 罗少燕. 长三角区域旅游合作模式与对策研究［D］. 上海交通大学硕士学位论文，2007.

三角区域旅游空间形成了 1 核（上海为长三角区域旅游发展的核心）、5 极（杭州、南京、苏州、无锡、宁波 5 大城市旅游发展极）、5 圈（由上海、苏州、嘉兴、南通等形成的上海核心旅游圈；由南京、镇江、扬州、泰州等形成的南京旅游圈；由湖州、绍兴、杭州等形成的杭州旅游圈；由苏州、无锡、常州、湖州、嘉兴等形成的环太湖旅游圈；由宁波、绍兴、舟山等形成的宁波旅游圈）、7 带（沿江旅游带、沪宁旅游带、沪杭旅游带、杭甬旅游带、沿运河旅游带、环太湖旅游带、沿海旅游带）的空间结构。

1992 苏浙沪旅游年活动的举办，是长三角区域合作实质性推进的开端；2001 年苏浙沪两省一市共同研究，提出了新时期长三角区域旅游合作的总体思路，积极探讨申办 2010 年世博会等事项；从 2002 年开始，三地开始推进旅游集散中心联合发展，在人才、资金、管理技术等资源共享的基础上，制定统一规范和统一的销售体系，以便实现联合管理和共同发展，为区域发展奠定了重要基础；同年无锡和上海实现了交通一卡通和信息资源共享；此后的曙光行动、太湖行动等区域行动，都是区域合作深入推进的有益尝试。

2003 年，江浙沪 13 个城市就加强"长三角"沿江旅游经济一体化达成了一致，签署了旅游合作协约，同年"长江三角洲旅游城市'15＋1'高峰论坛"成为 21 世纪长三角旅游业迈向新阶段的里程碑，该次论坛上"15＋1"个城市签订了《长江三角洲旅游城市"15＋1"合作宣言》，提出了六个方面的合作目标：一是积极推进跨区域规划，整合长三角旅游资源，发展长三角区域高速大巴旅游，构建以上海为中心的长三角四小时旅游经济圈，并最终实现 16 个城市的公交一卡通；二是共同开发旅游市场，互为市场，互为腹地，互送客源，推出旅游便利化服务措施，打造长三角旅游的整体品牌；三是构筑统一的旅游信息平台，实现旅游信息的交流、沟通与共享，建设长三角一体化的旅游信息服务体系；四是开展旅游从业人员，特别是导游人员的培训，实现长三角旅游服务标准的相互接轨；五是创造条件，把长三角旅游区建成中国首个跨省市的无障碍旅游区，如取消区域内国内旅游地陪制、取消外地旅游车入城、入景区的限制措施、允许其他城市的旅行社在本市开办分支机构等；六是办好高峰论坛，筹办长三角旅游交易会。

自此之后，按照 6 个合作领域的总体思路，区域旅游合作的步伐不断加快，2003 年 7 月，三地签订了《长三角道路运输一体化议定书》，实现三地管理网络互联、信息共建和法规一体化；8 月，长三角 16 个城市聚会南京，就"世博经济与长三角经济合作"，协商探讨了包括推进旅游一体化进程等八个方面的问题；2004 年 6 月，实现了长三角沪杭宁旅游一票到底；同年 7 月，上海、南京、杭州、苏州旅游集散中心实现联网运行；同年 10 月，在"15＋1"高峰论坛上签署了《黄山共识》，就建设无障碍旅游区推出了一系列举措，包括游客和旅游企业的"同城化待遇"，集散中心互联、旅游市场开放、旅游投诉互联等。同时，在峰会期间，黄山旅游发展股份有限公司、苏州中国国际旅行社、江苏省中青旅、上海锦江集团则签订了旅游合作推广黄山旅游产品合作协议。这些协议的签订，标志着长三角旅游城市及旅游企业之间的合作已经进入实质性操作阶段，开启了多边或双边交流合作的新篇章。同年11月，成立了江浙沪旅市场促进会，并通过了《江浙沪旅游市场促进会（上海）宣言》，提出了建设世界级旅游经济圈、打造中国旅游金三角的发展目标，按照"资源共享、品牌共享、市场共享、信息共享、效益共享"基本原则，实现旅游整体形象一体化、旅游产品建设一体化、旅游宣传促销一体化和旅游信息建设一体化，不断加快区域合作步伐。

2005年2月，六大旅游集散中心旅游正式合作协议；同年9月，长三角旅游城市高峰论坛，由15个城市发展到23个，签署了《无锡倡议》，强调区域内统筹考虑产品结构、项目建设、接待设施及旅游环境等问题，强调互补，重点在文化旅游、生态旅游及都市旅游三大板块上所特有的优势，走错位化、特色化、精品化发展的路子。以世博会、奥运会、休博会、全运会等国际国内重大活动的开展为契机，保持长三角区域旅游合作在国内的领军态势。

从长三角区域旅游合作进程来看，经历了从部分合作向全面合作、从政府合作向企业合作、从基础设施一体化、标准一体化向品牌一体化的发展历程和发展模式。

五、首都区域旅游合作的创新发展模式

（一）北京在区域旅游合作中面临的主要问题

1. 政府主导与企业乏力的并存

我国政府主导型的旅游发展道路，决定了政府在区域旅游合作中的重要作用。在北京的区域旅游合作历程中，绝大多数旅游合作都是由政府相关行政管理部门参与，由政府相关部门签订相关合作协议。因此，企业在区域合作中的力量十分微弱，由于区域利益冲突和行政障碍导致的企业层面的合作几乎非常少见，或者以北京单方面投资等方式发生。在旅游业市场化进程逐步加速、区域政策协调难度仍然深刻的条件下，政府主导与企业乏力的存在将极大限度地影响区域合作的推进，反过来，有效调动企业区域合作，也将是突破区域合作障碍的重要抓手。

2. 协议频繁与实质性进展不足的并存

由于行政区经济的制约，旅游要素不能合理、自由流动，导致旅游资源开发无序、旅游项目建设类同、形象同构、行政法规冲突、教育与培训条块分割、服务标准差距过大等问题，严重影响区域旅游共同发展的进程。从早期的京东旅游区到"9＋10"，北京一直致力于构建良好的区域旅游合作环境，并希望通过不断协商共同寻找区域旅游合作的突破口。然而尽管在多年多次的旅游合作会议中，达成大量的协议、共识、宣言，但往往停留在纸上，而在实际的工作推进中，由于受到多部门权责的协调、旅游资源的重组、企业和地区的协调，实质性的进展并不明显。旅游业之所以被各个城市、国家所重视，正是由于其产业带动性强，然而也由于旅游业是一个涉及面广泛的产业，旅游业合作需要依赖许多相关部门政策的协调，也导致区域旅游合作往往面临困境。推进区域旅游合作，需要更多地解决基础工作中出现的问题，而不再是停留在简单的协议层面。

3. 首都集聚性过强与辐射性较差的并存

北京作为我国首都，长期以来吸引着来自全国甚至全球的企业、人才、资金的进入，充分体现出其集聚性；而大量的人口和过度集聚的产业，也使得北京面临着城市过度拥挤、城市病严重等大城市问题。与此同时，我们看到的是首都周边地区资金和人才严重不足，经济发展受限，北京并没有较好地发挥其辐射效应。在这一条件下，区域间旅游产业的发展阶段存在较大的差异，使得区域旅游标准化的难度明显加大；同时，由于经济差距的存在，经济利益的不对等，更进一步加剧了区域合作的难度。

4. 区域总体合作与旅游合作协调不畅

从国内外的区域旅游合作经验来看，旅游合作的推进往往与区域合作不可分离，区域总体合作环境、制度保障、基础设施条件等，在很大程度上影响着旅游合作推进的可能性。尽管首都圈、环渤海、京津冀等区域概念早已是学者、政府探讨多年的话题，但由于我国，尤其是首都地区特殊的政治地位和行政特征，京津冀地区特有的双中心发展特征，使得北京的区域合作环境较长三角等区域明显偏差，行政障碍、利益冲突以及过度的同质化竞争，在区域合作中普遍存在。这使得在基础设施、政策环境、法规保障等各个层面，总体区域合作与旅游区域合作都存在协调不畅的问题，从而极大地限制了北京区域旅游合作的实质推进力度。

（二）北京在区域旅游合作中的定位

在北京的区域旅游合作中，京津冀区域始终是合作的核心区域，因而推进京津冀区域合作进程，也将是推进北京区域旅游合作的首要任务。下面首先探讨北京在京津冀区域中的定位。

由于北京和天津两大经济体的存在，京津冀区域一直存在着明显的双核发展态势。然而就区域旅游合作而言，北京具有独特而突出的旅游资源优势，理应在区域旅游合作中发挥更多的主体性和引导性作用，对于京、津、冀三地的定位有以下建议：

北京是以古都文化为核心的中国代表性旅游城市，中国北方地区的对外门户与区域旅游枢纽城市，中国高端旅游发展和旅游发展创新的先导区域。

河北是以自然生态为特色的旅游资源型区域，京津冀地区的旅游腹地、度假型旅游目的地。

天津是以现代都市文化和水域旅游为特色的特色旅游城市，商务旅游目的地，京津冀地区现代都市文化旅游的重要节点。

（三）北京推进旅游合作的创新发展建议

1. 以市场为先导，创新区域旅游合作模式

（1）制定区域旅游服务标准体系，建设无障碍区域旅游一体化市场体系。联合各地旅游局，以建设我国旅游首善之区为目标，研究制定区域旅游服务标准体系；联合旅游局、公安部、民政部等，联手打击"黑导游"、旅游欺诈等行为，有效规范区域旅游市场秩序，逐步实现区域旅游服务标准一体化。

（2）研究建立国际化旅游品牌企业集聚区。为国内外一流企业提供优惠政策，引导企业集聚和优先参与区域旅游发展建设；引进国内外旅游投资商，参与区域旅游规划和开发，建设一批大型跨区域旅游项目和产品。

（3）引进和培育跨区域旅游企业。开展旅游管理品牌合作，鼓励跨区域经营、连锁经营和品牌输出与输入；引导旅游企业通过参股、持股、并购、兼并等方式，建立跨区域旅游集团，在旅游资源开发、旅游客源开拓、旅游产品供给方面进行合作，逐步实现市场一体化，增强区域综合旅游竞争力。

（4）建设区域旅游协会、组织联盟。积极发挥协会、组织的力量，引导区域旅游协会、组织组成区域联盟，提升行业协会的权威性，充分发挥旅游行业协会在行业诚信体系建设、行业监管和引导等方面的重要作用，建立、完善行业自律机制，逐步健全区域旅游行业信用体系；促进协会成为政府和企业之间的桥梁纽带，推进区域旅游产业创新和产业合作。

（5）制定外地到京旅游推介管理规定，研究形成外地赴京旅游推介市场化服务模式。研究规范区域旅游合作交流方式，开展系列区域旅游合作活动，推动开展环首都旅游无障碍行动，促进环首都旅游公共服务对接，推动无障碍旅游区

建设和公共服务联动机制，完善环首都应急救援联运机制，建立相关工作标准制度。

2. 以规划为依托，推动区域旅游资源整合

规划是实现合作的基础，推进北京区域旅游合作，首先应当联合区域内各省旅游局、旅游委及相关部门，推动区域旅游规划的整合，推进区域旅游资源普查和旅游规划整合。联合区域内各省旅游局、旅游委及相关部门，探讨制定《旅游资源普查的标准》，争取3年内陆续启动各地区旅游资源普查；加快探索旅游卫星账户创建，完善旅游信息统计体系，通过多层次统计数据库、信息库的构建，实时观测区域旅游业的发展轨迹；以生态优先、高效开发为原则，研究完善跨区域旅游规划整合体制机制，引导区域形成合作开发共识，依托国家旅游局环渤海区域旅游规划等项目的实施，不断推动环首都区域旅游规划整合。

以北京为核心，完成国际化、多层次旅游目的地体系规划。联合区域各成员，依托"9+10"合作框架，逐步完成区域合作圈层体系规划，确定北京与津冀、北京与环首都北方省区间的合作模式和旅游空间架构；深入研究各区域城市和重点目的地景区在区域、全国乃至全球的定位，确定区域发展的层次结构，面向建设世界级旅游目的建设目标，完成国际化、多层次旅游目的地体系规划。

3. 以基础设施为抓手，建设区域无障碍网络体系

优先推动京津冀三地旅游集散中心体系建设，统一建设标准，实现跨区域旅游服务信息和应急保障系统、区域旅游组织的衔接及业务的合作、对接；构建"9+10"区域合作网络公共信息平台，实现跨地区、跨行业、跨部门、跨企业的旅游信息资源共享和区域旅游业的一体化管理；在区域内各省市逐步建立信息咨询中心和旅游呼叫服务中心系统，配合区域网络公共信息平台，实现区域旅游宣传和营销、实时信息反馈、电子交易、游客服务、行业管理和市场监控于一体。促进区域网络基础设施建设，推动无线宽带网覆盖。以北京为核心，优先在京津冀区域推行旅游景区、饭店等区域的无线宽带网覆盖，建设景区自助导游系统。

推动环京省市建设旅游集散中心系统建设。构建以首都机场、首都二机场、北京南站、北京西站为中心的集散中心体系，统一完善《旅游集散中心建设标准》，推进旅游集散中心的轨道交通网络建设，结合云计算等现代信息技术，实现各集散中心的立体化无缝对接，为游客提供免费的跨区域旅游服务信息和应急保障系统，有效实现区域旅游组织的衔接与业务的合作、对接，推动环首都区域旅游集散中心功能的拓展与完善。

推进区域旅游交通基础设施规划，通过旅游快速交通和旅游景观路的有机结合，旅游交通的"一体化"和跨区域组织、引导和服务系统建设，加快建设京津、京唐、京承、京张、京保及北京至山东半岛六条区域旅游快速交通廊道，不

断完善立体化区域旅游交通体系；加快推进旅游景区交通设施规划建设，加强景区交通与快速交通廊道的无缝接驳，确保区域旅游交通系统的便捷畅通。联合区域交通管理部门，探讨区域无障碍旅游交通体系建设，在不影响首都人口流量限制的前提下，构建网络化区域交通体系，研究可控性强、可操作性强、灵活度高的区域旅游交通产品，为游客提供便捷的旅游交通服务。

4. 以区域为依托，构建区域产业集群

（1）推进拒马河等跨区域旅游资源开发规划。针对长城沿线、拒马河、潮白河、温榆河、永定河等跨区域线性资源，加快形成跨区域合作开发小组，对各线性资源开展深入调查，并结合区域资源的特点、保存和开发现状，研究制定完成旅游资源保护与开发的战略规划、跨区域旅游开发总体规划、旅游土地利用规划、旅游集聚区详细规划等系列规划。

（2）打造跨区域线性旅游集聚区。在建立跨区域集团的基础上，依托拒马河，充分发挥沿线集人文、历史、自然、非物质文化遗产等于一体的旅游资源，打造我国北方地区最大的综合性水体旅游集聚区；依托潮白河、温榆河和永定河，打造华北地区依托水体资源的重点休闲旅游集聚区；完善通州运河沿线的旅游开发，积极推进京杭大运河整体开发。

（3）逐步推进4个区域旅游示范区旅游合作开发规划。围绕建设京—张资源保护性开发示范区，京—保线性资源开发示范区，京—承遗产开发示范区和京—廊合作创新示范区，联合各相关地区旅游管理部门和相关职能部门，组建示范区开发建设委员会，围绕示范区选址、土地利用、开发区建设，完成相关建设规划，制订区域开发行动方案。

（4）打造首都二机场旅游休闲综合体。联合天津、廊坊等周边地区，围绕首都二机场，研究探讨集休闲度假、会议会展、娱乐购物、餐饮住宿于一体的临空旅游休闲综合体的规划建设；研究建设旅游休闲综合体与二机场的直达通道，免除海关手续，实现游客在旅游休闲综合体区域与二机场自由往来，免税购物；研究制定综合体旅游设施建设的相关配套政策和机制创新，确保综合体用地及相关政策保障。

5. 以产品为核心，打造世界级旅游品牌

设立区域旅游合作组织，负责区域精品旅游产品开发和品牌宣传，联合制订区域旅游市场营销战略实施计划、制作区域旅游宣传资料、自驾游路书等区域旅游资料等；研究制定区域旅游企业经营标准，允许跨区域旅游企业和各省区符合标准的旅游企业自由组织跨区域旅游经营，并通过区域网络信息平台宣传、预订和管理服务，逐步实现无障碍旅游。

打造跨区域旅游集团。开展旅游管理品牌合作，鼓励跨区域经营、连锁经营和品牌输出与输入；依托长城沿线、拒马河、潮白河、温榆河、永定河、运河沿线等线性旅游资源，引导旅游企业通过参股、持股、并购、兼并等方式，建立跨区域旅游集团，在旅游资源开发、旅游客源开拓、旅游产品供给方面进行合作，逐步实现市场一体化，增强区域综合旅游竞争力；研究制定《区域旅游企业经营标准》，允许跨区域旅游企业和各省区符合标准的旅游企业自由组织跨区域旅游经营，并通过区域网络信息平台宣传、预订和管理服务。

建设环首都72小时休闲旅游圈。充分发挥"72小时过境免签"政策，联合环京9省市，依托跨区域旅游集团，成立72小时环首都旅游联合会，积极开发24小时、48小时、72小时精品线路，以及租车、导游等相关服务体系；围绕环首都地区，建设环首都72小时绿色旅游通道体系和信息服务中心体系，为72小时精品线路提供优先保障；开发环首都72小时旅游精品指南等相关系列书籍、资料，为过境游客提供全面的信息服务。

第八章

北京建设世界一流智慧旅游城市创新

一、智慧旅游

（一）智慧旅游

智慧旅游来源于"智慧地球"和"智慧城市"。2008 年 IBM 公司首先推出了"智慧地球"的商业计划，其核心是以一种更智慧的方法通过利用新一代信息技术来改变政府、公司和人们相互交互的方式，以便提高交互的明确性、效率、灵活性和响应速度。

1. 智慧旅游的概念

智慧旅游是基于新一代的信息通信技术，将云计算、物联网、互联网和个人移动终端、人工智能等技术集成和综合。是信息技术在旅游业中的应用创新和集成创新，是为满足游客个性化需求，提供高品质、高满意度服务，而实现旅游资源及社会资源的整合共享与有效利用的系统化、集约化的管理变革①。

智慧旅游的本质是指包括信息通信技术在内的智能技术在旅游业中的应用，是以提升旅游服务、改善旅游体验、创新旅游管理、优化旅游资源利用为目标，增强旅游企业竞争力、提高旅游行业管理水平、扩大行业规模的现代化工程②。

2. 智慧旅游的构成

智慧旅游由数据中心、服务端、使用端三个部分构成，三个部分通过互联网或物联网相互联结。

数据中心是智慧旅游的云端，将服务端和使用端联系起来。云计算是指海量

---

① 张凌云，黎巎，刘敏. 智慧旅游的基本概念与理论体系问题 [J]. 旅游学刊, 2012, (5): 67 - 68.
② 张凌云. 智慧旅游: 个性化定制和智能化公共服务时代的来临 [J]. 旅游学刊, 2012, (2): 3.

的旅游信息处理、查询等计算问题由数据中心自动完成。服务端将自己的各类信息及时放在数据中心，使用端根据自己的要求，从数据中心提取信息，需要服务时可以与服务端进行交换。

服务端是直接或间接为旅游者提供服务的企事业单位或个人，如政府管理部门、相关部门、咨询机构、旅游企业等；使用端为广大的旅游者，拥有能够上网的终端设备，特别是便携上网终端，如平板计算机和智能手机。

通过使用软件平台，智慧旅游中的旅游信息以主动弹出的方式出现，配以网络地图，主动显示旅游信息，摆脱了输入关键词查询的不便之处，尤其是有许多旅游信息在你身边的时候，无法一一去查询这些信息[①]。

能够让旅游者知道这些旅游服务在什么地方可以得到，距离自己多远，甚至知道某个酒店还有多少房间，某个景点需要排队多长时间。这样不会遗失某些旅游信息和服务，也不会由于信息不全而采取不恰当的行为，如走错路等。在多点触控的超便携终端上，轻点手指即可展开详细信息。

3. 智慧旅游的应用对象

旅游业主要涉及旅游主管部门、景区景点、旅行社等旅游企业及游客等，因此，智慧旅游的应用对象可分为：以政府为代表的旅游公共管理与服务部门、旅游者、旅游企业以及目的地居民。

政府智慧化是指利用物联网、云计算、移动互联网、人工智能、数据挖掘、知识管理等技术，提高政府办公、监管、服务、决策的智能化水平，形成高效、敏捷、便民的新型政府。在"智慧旅游"中，智慧政府是指智慧的旅游主管部门。旅游主管部门通过智慧旅游项目建设，提高旅游市场监管和公共服务的智能化水平，如与交通、公安、工商、卫生等相关部门加强信息共享和业务协同，对旅行社进行全生命周期管理，为旅行社提供业务办理"一站式"服务。

智慧景区是指在景区管理和服务游客方面提高自动化、智能化水平。如利用物联网建立景区周界安防系统、电子导游自动触发系统、景区移动视频监控系统等，加强景区管理的精细化程度，提高游客的满意度。

在"智慧旅游"中，智慧企业是指经营管理和服务游客智能化水平高的旅行社、酒店、车辆租赁等旅游服务企业。通过先进信息系统显著提高大中型旅游企业的经营管理水平，提高对游客需求的响应能力。

智慧旅游中的智慧游客是指信息化装备精良的游客。随着微博、社交网络等Web2.0技术的发展，手持iPhone等智能终端的游客可以将随时拍到的照片、录制的视频等与家人、朋友分享。利用智能终端查阅旅游信息、订酒店、订机票、

---

① 黄羊山. 智慧旅游的作用与前景 [N]. 中国旅游报, 2011 - 02 - 16: 11.

订门票、查询当前地理位置，进行汇率换算、语言翻译等①。

4. 智慧旅游的发展现状

我国国家旅游局已将"智慧旅游"写入了"'十二五'旅游发展规划"中，并对"智慧旅游城市"试点工作进行了部署，确定了江苏镇江为"国家智慧旅游服务中心"。从2010年开始，南京、苏州、扬州、温州、北京纷纷宣布了建设"智慧旅游城市"的发展战略，有条件城市则率先开展了智慧旅游的建设，至今已经取得了一定成效，如上海市面向旅游者提供的基于智能手机终端的"智能导游"，涵盖导游、导航、导览等服务；北京市采用基于二维码的物联网技术，向旅游者提供一种线上、线下融合的"景区电子门票"服务等。同时，智慧旅游也受到国内学界的关注，东南大学搭建了多学科交叉、科学研究与应用融合的智慧旅游实验平台②。

（二）智慧旅游城市

1. 智慧旅游城市的内涵

智慧旅游城市是在智慧城市背景下，围绕旅游产业，综合利用物联网、云计算等信息技术手段，结合城市现有信息化基础，融合先进的城市运营服务理念，建立广泛覆盖和深度互联的城市信息网络，对城市的食、住、行、游、购、娱等多方面旅游要素进行全面感知，并整合构建协同共享的城市信息平台，对信息进行智能处理利用，从而为游客提供智能化旅游体验，为旅游管理和公共服务提供智能决策依据及手段，为企业和个人提供智能信息资源及开放式信息应用平台的综合性区域信息化发展过程③。

智慧旅游城市代表城市旅游业发展转型的最新理念与方向，迫使人们打破原有的单一、机械式模式，建设以突出游客、居民、城市、社会有机和谐的融合发展道路，最终更好地适应城市旅游业的发展需要。

2. 智慧旅游城市体系

依托于智慧城市建设基础，充分发挥旅游的关联拉动作用，以服务为导向的城市旅游不仅是展示城市发展水平和城市形象的重要窗口，同时也是城市发展的重要动力。

智慧旅游城市建设，包括城市的基础设施体系、数据资源体系、旅游六要素业务体系和城市旅游信息展示终端④。基础设施的建设会提升城市的旅游服务环

---

① 金江军. 智慧旅游及其关键技术和体系框架研究 ［A］. 第十六届全国区域旅游开发学术研讨会论文集 ［C］，2012年12月10日，212－216.

②③ 李云鹏，晁夕，沈华玉. 智慧旅游：从旅游信息化到旅游智慧化 ［M］. 北京：中国旅游出版社，2013.

④ 刘维凯. 创新选择智慧旅游城市的服务主体 ［N］. 中国旅游报，2013－03－11.

境，提高城市形象，有利于塑造良好的城市印象。数据资源体系是指提供给城市旅游发展的一系列信息资源支撑构架，这使得旅游以及与旅游相关的公共信息共享成为可能。信息展示终端的建设不仅使旅游变得更为便利，同时也使旅游者在进行旅行活动时，共享城市旅游信息成为可能。基于以上几方面基础上的旅游各方面的建设将极大地提升旅游服务能力、行业管理能力，进而拉动整个城市的旅游服务水平，创建一流的智慧旅游城市。

智慧旅游城市系统的运行与持续服务影响着后期城市旅游业的发展，地方政府在推动、引导、组织景区、酒店、餐饮、旅游购物企业完成信息化建设中发挥着至关重要的作用，如何整合社会各界支撑城市旅游业的发展资源是政府首要面临的问题。智慧旅游城市的建设需要集社会各方的力量，要求以旅游企业为主，相关行业提供有力的信息、营销支撑，同时政府发挥主导作用。

3. 典型智慧旅游城市架构

智慧旅游城市的总体构架可以由一个平台、若干个支撑体系以及相应的基础环境构成①。

智慧旅游物联网平台集先进理念、先进技术、创新管理、创新运营等理念构成，按照一定的规则和标准运用物联网新兴技术让旅游者、企业体会智慧旅游的便捷，使之青睐于智慧旅游形式。

支撑体系包括旅游业行业规范及监管、产品及服务（包括语言服务交流响应、智能虚拟导游服务等旅游服务）超市、综合运营中心等。根据旅游业发展进行创新的管理监督体系是智慧旅游物联网平台的重要基础，引导旅游业健康、和谐地发展。旅游超市是将旅游服务的各企业、服务项目如同超市展台一样展现在服务对象面前，让游客、旅游服务企业自由组合、公平交易、接受监督和监管，保障各方面的利益和安全，这一体系架构是智慧旅游平台的重要组成部分。在旅游服务超市中，语言服务是智慧旅游的重要特色，包括多语言版本的响应服务和各类语言与中文的转换，甚至自动翻译的智能化语言服务体系。智能虚拟的导游服务是建设智慧旅游城市的杰出"作品"，是指利用虚拟现实技术，模拟游客选择的线路和场景，虚拟化体验流程和周边感受，经历全程完整的虚拟旅游和智慧旅游的体验。除此之外，智慧旅游构架的设计还需要跨行业与交通运输业等行业合作，为智能化运营提供保障。

基础环境主要是指成熟化的信息技术，包括智能化技术、研究开发和实验测试、推广应用以及培训等。例如电子门票、客流监控和资源管理、移动定位服务

---

① 迟紫境，李云鹏，黄超. 智慧旅游城市的发展方向与构建方法研究［A］. 首都经济贸易大学、北京市社会科学界联合会. 2012城市国际化论坛——世界城市：规律、趋势与战略选择论文集［C］. 首都经济贸易大学、北京市社会科学界联合会，2012：8.

及周边服务、设施及路径自动提示、数据备份等技术。

4. 智慧旅游城市发展趋势

智慧旅游城市作为城市旅游业发展的方向，将呈现以下几大趋势：

（1）应用平台的渗透。智慧旅游城市建设是一项巨大的系统工程，需要优化配置各个方面的资源要素，使其共同发挥作用，产生"1+1>2"的效应。而应用平台正是连接社会政策、人才、资金、信息技术等资源以及管理与服务的纽带。应用平台安全、统一、开放性将随着信息技术的发展，不断完善和延伸其功能，并实现跨区域、跨行业整合，从而逐步向智慧旅游城市建设的各方面不断渗透。

（2）支撑系统逐步完善。智慧旅游城市建设的支撑要素是指政策支撑、资金支持、人才储备、信息技术等政策法律制度为建设智慧旅游城市提供了具体实施的路径，细化了智慧旅游城市的具体工作；政府给智慧旅游工程带来的社会、经济效益及发展中带来的良好效应也将引导更多的社会基金逐步注入城市旅游业建设。

（3）呈现个性化服务趋势。随着信息技术及应用平台在旅游业六要素各方面的应用以及深度渗透，服务的便捷性也将大大提高。互联网、无线网、传感网、融合网等传输渠道为城市旅游业服务信息资源无障碍安全传输提供了渠道。智能手机终端、电脑、智能家居产品等多种终端的推广和使用也将使游客随时随地获取所需服务。届时，服务将具备均等性、便捷性、个性化等多种特征，提供给各个类型的旅游者专属服务。

（4）城市管理的助力作用。智慧旅游城市在完善的数据库和应用平台的支撑下，城市资源将实现共享共用，部门之间将会有更多的协同办公，从而提高城市管理的运行效率①；在各种数据报表、智能检测系统的支撑下，政府管理者的决策将更加科学，从而提升城市在指导、管理旅游业发展运行及处理突发事件等方面的综合能力。

二、智慧旅游的应用

（一）智慧旅游城市——以南京市为例

南京作为全国首批"国家智慧旅游试点城市"，通过科学的智慧旅游规划和总体架构设计，顺利地推进了智慧旅游建设的进程。

---

① 张少彤，王芳，王理达. 智慧城市的发展特点与趋势［J］. 电子政务，2013，（4）：2-9.

1. 南京市智慧旅游建设目标

南京市智慧旅游建设本着政府主导、多方参与、市场化运作原则，整合各方优势资源，着重围绕基于游客的智能服务和基于政府的职能管理两条主线进行规划建设，通过游客互动体验来完善城市旅游功能，利用行业信息管理来提升行业管理效率，打造新型文化旅游产品，推动旅游产业转型发展[1]。

南京智慧旅游建设目标具体表现是：向各类游客提供更加便捷、智能化的旅游体验；提供更高效、智能化的信息平台；促进旅游资源深度开发，打造新型旅游文化产品，放大资源效益，建成南京旅游文化云。

南京市智慧旅游建设预计实现客流、安全、环境、导游等数据的抽取汇聚，通过数据挖掘、信息聚合为管理者在一个可视化的界面下进行多维度的展现和智能化的分析，让城市和行业的管理者有的放矢，更好地进行内部管理，进而为行业和游客服务。此外将政府掌握的景点、旅行社、宾馆、饭店、购物、交通等一系列旅游资源整合在一起，形成基于旅游门户网站、旅游卡及手机终端的综合性旅游应用服务，包括为游客提供查询、推荐、导航、预订、旅游商城、行程规划、作品分享等旅行全程一站式的服务，打造"一张卡、一部手机游金陵"的智慧型旅游模式[2]。

现阶段，南京市智慧旅游城市建设的项目包括：智慧旅游中央管理平台——全是 GIS 数据库及旅游资源数据库，准确直观了解主要景区实时画面、车船人流动等动态信息。"南京游客助手"手机客户端——集成全市旅游资讯，帮助游客随时随地查询信息和预订服务。智慧景区建设试点——启动玄武湖公园和红山森林动物园智慧景区建设，通过智能手机、体验触摸屏及 PDA 等终端，实现智能化自助导览、导游、导航及餐饮、娱乐等商务服务，以及客流统计、车船调度、环境监测等职能管理。新型游客体验终端——在高星级酒店、景区及旅游资讯服务中心投放一批与市旅游园林局官方网站和微博实时互动的游客体验终端，动态播报旅游相关信息。乡村旅游营销平台——整合各网络运营商网站、移动终端、ITV 电视等媒介，为乡村旅游企业免费宣传营销，向游客提供各种乡村旅游产品。旅游执法 e 通——通过移动通信网络和管理数据库，使管理人员通过智能手机实现旅游执法的信息现场查询及数据的现场采集[3]。

2. 南京市智慧旅游发展特点

（1）规划起点高、行业涵盖面宽。南京智慧旅游建设在各级部门的政策支持下，各项工作有序推进，依据《智慧旅游总体设计方案》的要求，建设范围

①③李云鹏，晁夕，沈华玉. 智慧旅游：从旅游信息化到旅游智慧化［M］. 北京：中国旅游出版社，2013.

②　邓贤峰，张晓海. 南京市"智慧旅游"总体架构研究［J］. 旅游论坛，2012，（5）：73－76.

除涵盖政府部门、景区、旅行社、酒店等相关旅游产业环节，还将交通、安全等城市配备保障体系有机整合，行业涵盖面宽，建设应用面广，为搭建整体、完善的智慧旅游应用体系，全面实施项目建设打下了坚实的基础。

（2）创新整合资源模式。调动各方积极参与南京市预计每年将从旅游发展经费中安排不低于4%的专项经费用于智慧旅游建设，同时通过政府主导、企业运作的方式，吸引社会资本参与，共同建设智慧旅游体系。2011年4月，南京市成立了由相关机关、团体、企业等组成的南京智慧旅游联盟，首批南京智慧旅游联盟包含信息化规划设计单位、三大通信运营商、市民卡公司、旅游专业网站、旅游企业等近30家成员单位，为加快推进智慧旅游建设提供了强有力的组织保障。

（3）重视标准制定。引导规范建设管理。一方面整合和改造现有的各种旅游信息资源，另一方面探索制定智慧旅游的相关行业标准，通过标准和数据规范的制定，建立有效的旅游资源共享机制和分级管理的旅游数据资源，积极引导各企业的规范化建设和管理。

（4）明晰系统架构。政府的前端集成式中央管理体系，景区、旅行社、酒店等旅游企业的前端商务管理体系，后端支撑体系及配套保障体系等①。

3. 南京智慧旅游的建设体系

南京智慧旅游建设是在现代信息通信技术的应用支撑下，构建资源统筹、信息贯通、应用丰富的城市智慧旅游体系。通过体系的构建，根据游客和旅游行业管理的两方面需求对旅游资源进行全面的整合。

（1）智慧旅游中央管理平台。智慧旅游中央管理平台作为南京智慧旅游的大脑和枢纽，在整个智慧旅游体系架构中起到匹配、整合、协调、联动各个前端应用系统和管理系统的作用，对景区、酒店、旅行社等旅游应用系统进行统一协同管理，实现多系统间的信息共享，并为旅游行政管理单位人员提供统一的平台，以进行旅游行业监控与管理。

政府应用体系是智慧旅游管理业务的集中体现，政府应用体系建立完善后，即可形成完整的智慧旅游中央管理平台。通过智慧旅游中央管理平台，旅游相关行政管理人员以及智慧南京的其他模块，可以实现信息资源共享。

（2）支撑体系。支撑体系主要由旅游信息资源数据库和基础服务系统两部分组成，提供全面、强大的支持服务。

南京智慧旅游建设总体思路从构建大旅游格局出发，从旅游信息化整体和全局出发，重点考虑和建设旅游信息资源基础数据库；并整合和改造现有的各种旅

---

① 颜敏. 智慧旅游及其发展——以江苏省南京市为例 [J]. 旅游管理，2012：76 – 77.

游信息资源，为有效地开发利用旅游信息资源打好基础；制定旅游行业数据标准，在全市范围内建立有效的旅游资源共享，分级管理旅游数据资源。

智慧旅游基础服务系统整合各类资源和应用，并提供一体化服务，该系统的使用者包括游客、旅游行政管理部门、景区、旅游服务业者以及配套保障部门等。智慧旅游基础服务系统提供资源发布，能够统一管理和智能调度各种旅游资源。

（3）应用平台。应用平台在智慧旅游建设体系中，包含政府、游客、景区、旅行社、酒店、五个实体以及一套保障体系。旅游业各个实体之间融会贯通，共同构成统一的智慧旅游主体。保障体系虽不完全属于智慧旅游主体，但对智慧旅游主体的正常、有序运作起着非常重要的作用。

政府部门主要是指旅游行业管理部门。旅游行业管理部门通过智慧旅游系统获取精确的旅游资源信息，提高旅游行业管理水平，宣传当地旅游品牌，带动当地旅游经济。政府部门的智慧旅游子系统主要应用在线信息服务、中小企业旅游营销、行业监督管理、智慧行政办公、应急指挥等几方面。

游客指使用智慧旅游平台的旅行者，游客可通过车辆卡、市民卡、年卡、旅游卡、手机移动终端、笔记本电脑及触摸屏等多种方式接入并访问智慧旅游系统，通过本系统获取旅游资讯信息，享受旅游信息化服务。

南京景区资源丰富，景区范畴包含长江、钟山、玄武湖等自热风光，民国建筑群等人文风光，石头城、明城墙等历史遗迹，以及宝船公园、动物园等各种园林等。景区系统主要包括电子票务子系统、旅游资源子系统、客流趋势与预警子系统、基于位置与身份识别旅游服务和深度旅游引导等。

通过整合各种相对分散的旅行社业务信息、各类资源，提供统一的工作环境给所有旅行社，使各个旅行社之间通过该系统整合起来，形成一个有机的、紧密联系的、高效的、共享的整体。旅行社信息系统要整合现有的旅游企业信息资源，包括业务管理、相关产品和延伸信息，为旅行社及其服务对象构建一个统一、融合的信息系统。

酒店信息系统提供酒店信息查询服务、住房饮食预订服务等基本服务以及评论打分、服务投诉、服务对比等扩展服务。系统通过对酒店的信息化管理来强化基本信息管理和诚信管理，消除虚假信息，并防止部分恶劣酒店利用系统损害旅游者权益的情况发生。

配套保障部分包括环境保障、公共安全、交通保障、医疗护理以及灾害防控等旅游涉及的各种配套保障应用。该部分要实现智慧旅游与南京市正在建设的"智慧城市"有机结合和紧密衔接，构建畅通的信息交互和管理协同。

支持体系以及应用平台中包含服务功能的各种资源都应融为一体，智慧旅游中随时都可以方便地从所收集的资源里获取自己需要的数据与服务，也可方便地把自己拥有的资源添加进去。在智慧旅游体系中，各个层次数据与服务之间会纵向交叉，同一个层次的各个单元之间也会横向交叉，支持体系扮演着数据总线与服务总线的作用，对各种资源进行统一调度与协调，确保资源内部高效、有序运作。

管理平台在公用资源需要同时被多个应用系统访问时开启队列服务，让各个系统排队有序进入；在某一条数据链路不通时，通过启用备用数据链路，保证流程继续进行；在某项资源负载过重时，进行负载均衡来确保智慧旅游系统正常运作[①]。

4. 南京智慧旅游创新体验

南京市创新商务模式，搭建智慧景区综合地理信息平台，将游客导航系统、客源分析系统、智能监控系统等"智慧化"功能融入平台，为旅游管理机构和游客提供体验感强、便捷性高的旅游信息化服务。

"智慧景区"是南京移动推出的景区智能系统，包含了政府景区管理和游客感知体验两大块，其中，借助"游客助手"客户端和设置在景区里的智能信息亭，游客不仅能通过手机和设置在景区里的电子触摸屏获取景区信息，参加景区各类游玩项目，还能浏览景区的3D实景地图，实现景区智能化自助导览。例如，"智慧景区"的车船门禁管理系统，使得景区排队等候的情况大有改善。游客可以通过景区内的数字屏动态查看空闲车船数等信息，从而更好地安排自己游园的时间。

"游客助手"是向游客提供的融合信息展示、预订查询的产品，是将"旅游综合资讯"和"手机"合二为一的信息化产品。通过智能手机客户端，将小区短信、手机全景、流媒体、二维码等应用嵌入客户端，集吃、住、行、游、购、娱等旅游信息功能于一体的手机旅游通。游客只要轻点手机，便可轻松出行。"游客助手"二期应用，是建立于"游客助手"一期项目应用基础上的优化升级版。二期应用添加了行程规划、漫游南京、我的周边、客户端、微博微信同步、天气预报等功能，应用更丰富、功能更强大，能够更好地为游客，尤其是自助游的散客服务。在"游客助手"二期应用中，在针对自助游散客特点开发的行程规划地图服务功能中，地图服务平台能够为用户提供更全面、更强大的搜索服务，包括兴趣点查询、道路查询、区域查询、扩展查询等，全方位地满足用户的搜索需求，帮助用户快速获取所需信息。"微博微信"栏增添了时尚元素，让游客得以使用即时通信工具与亲友分享旅游的美景乐趣。

---

① 邓贤峰，张晓海．南京市"智慧旅游"总体架构研究［J］．旅游论坛，2012，(5)：73－76.

江宁"乡村旅游"营销平台，使得游客可以通过手机或者其他移动互联网终端，便可方便地享受到乡村旅游点的自驾游导航、旅游点介绍、乡土风情介绍、特色餐饮介绍、餐饮预订、导游服务预订、电子商务等服务。随着"乡村旅游"项目的向前推进，将会有越来越多的乡村旅游点被游客所知，而"乡村旅游"也将为游客提供更多、更好的便利服务，让游客享受移动信息化"智慧"旅程。

"智慧旅游"项目不仅为游客带来轻松方便的旅游体验，也为旅游管理部门和政府部门收集景点的有关数据，更好地进行景区管理提供方便。旅游管理部门可以通过游客统计分析系统，对景区的客流和客源进行统计与分析。采用智能视频分析技术，通过检测和分析采集视频中的预设目标的运动方向，能够对不同方向的游客数量进行精确统计，从而每天进行游客数量的精确统计。当游客数量超过景区承载量时，实时预警，从而有利于景区管理人员对客流量进行疏导。通过客源分析系统，可以在不同时间段，对景区游客来源进行分析，从而对景区餐饮、娱乐配置提供合理的建议，提高政府的系统分析能力[①]。

5. 小结

从南京智慧旅游建设的实践来看，其成果实现了良好的社会、经济效益和显著的示范效应。社会效益，在于完善城市旅游功能，全方位服务游客，满足其个性化需求，提高游客满意度，提升南京旅游形象和城市美誉度；经济效益，在于为旅游产业拓展更加广阔的市场化空间，有助于打造产业的核心竞争力，推动旅游产业的转型升级加速发展；示范效应，在于可以很好地衔接"智慧南京"的城市发展战略，立足南京，辐射周边，在国内率先树立智慧旅游的典型示范。

未来，南京将完善云数据库平台构建，优化现有落地项目。拓展游客体验及行业应用，例如，加大游客体验终端投放；不断推出手机客户端服务软件的更高版本；推进智慧景区建设，优化乡村旅游网络营销平台；完善旅游网站、旅游微博的架构；打造智慧旅游公共服务平台和南京"智慧旅游一卡通"；加强南京旅游信息化平台与相关信息平台的互联互通和互动。

（二）智慧景区——以九寨沟为例

1. 智慧景区概述

"智慧景区"是结合景区特性，运用人类最新文明成果，构建智慧网络，实现景区智能化发展；将最新管理理念同最新技术成果高度集成，全面应用于景区管理，从而更有效地保护旅游资源，为游客提供更优质的服务，实现景区环境、

---

① 潇洒行者——"智慧旅游"古都南京 [N]. 中国电信业，2012，(12)：20-21.

社会和经济全面、协调、可持续发展。同时"智慧景区"还是对环境、社会、经济三大方面进行最透彻的感知、更全面的互联互通、更深入的智能化的创新型景区管理系统①。

"智慧景区"通过传感网、物联网、互联网、空间信息技术的整合，实现对景区的资源环境、基础设施、游客活动、灾害风险等进行全面、系统、及时的感知与可视化管理，提高景区信息采集、传输、处理与分析的自动化程度，实现综合、可持续的信息化景区管理与服务目标。

随着信息技术的飞速发展，精细化管理与服务理念的提出，"智能景区"的建设已经是大势所趋，包括"智慧景区"硬件设施的建设，如传感网、物联网、通信网等，以及"智慧景区"软件设施的建设。智慧景区的优势如下：

（1）统一的数据中心，统一数据中心的最大特点就是集中，通过集中，节约了资源，提高了景区管理、服务等各项工作效率，并且拓展了服务范围，减少了信息孤岛。

（2）集成化的数据管理，数据集成管理主要是借助于数据仓库等相关技术，分类管理构建智慧景区的数据库系统，并借助云计算技术，通过共享服务平台为5大应用系统提供数据信息与计算服务。

（3）完备的业务系统，景区的业务管理涉及很多方面，包括电子政务、电子商务、游客管理、公众服务、财务管理等。智慧景区的业务管理系统建设，促进管理工作的信息化发展。

（4）系统的业务管理，管理工作的信息化不仅能大大地提高管理工作效率，还能通过科学的方法有效地控制游客容量与资源利用，有效地管理景区基础设施与人力资源，在保护景区资源与环境的同时达到发展的最大化。

（5）资源环境监测系统，实现资源智能保护。智慧景区的建设，特别关注景区资源与环境的保护及监测系统的构建，实现资源环境保护的智能化，旨在基于统一的信息基础设施、数据基础设施和信息共享服务设施，面向景区资源与环境保护，加强资源与环境信息的无缝集成与整合，为资源与环境保护以及景区综合决策提供服务，达到风景名胜区保护与利用的可持续发展②。

2. "智慧九寨"发展历程

九寨沟风景名胜区在"数字九寨"建设成果的基础上，正在全力推进"智慧九寨"建设，全面提升"数字九寨"框架下的景区管理模式。

2010年，首届九寨沟智慧景区论坛召开时，提出了"智慧景区"这一先进

---

① "智慧景区"建设模式初探——以全国首个智慧景区九寨沟风景名胜区为例［Z］. 旅游研究院，2013.

② 党安荣，张丹明，陈杨. 智慧景区的内涵与总体框架研究［Z］. 中国园林.

的理念，旨在以智慧创新思路为基础，以九寨沟承担的"863"重大课题项目《基于时空分流管理模式的 RFID 技术在自然生态保护区和地震遗址的应用研究》为平台，搭建景区信息化发展、交流、合作平台，共同探讨中国景区信息化推动运营管理、生态环境监测和旅游发展面临的问题。

2011 年，九寨沟景区根据"863"科研项目的实践成果，进行"智慧景区"一期建设，着力于景区管理精细化、低碳化、移动化方向，共同推动智慧景区的实施建设。

"智慧九寨"，是九寨沟景区管理的智能化，它是建立在集成的、高速双向通信网络的基础上，通过先进的传感和测量技术、先进的控制方法以及先进的决策支持系统的应用，有效改善九寨风景区商业运作和公共服务关系，实现九寨沟旅游资源的优化使用、生态环境的有序开发和保护、游客满意度提升、产业效益最大化的目标。

"智慧九寨"的建设重点是通过信息化手段，解决旅游旺季景区景点游客拥挤、乘车站点拥挤、车辆调度不畅等问题，实现优化的综合实时管理调度。智能化的管理系统在城市的交通、能源、城市管理等多个领域中已经得到了应用，同时该项技术也表现出了良好的发展前景①。

因此，我们有理由相信，智能信息技术在旅游行业中的应用，必将推动中国旅游产业信息化建设快速迈进。

3. "智慧九寨"发展成果

（1）景区内生态管理。九寨沟景区自从开始禁止外来车辆进入景区，统一采用绿色环保观光车，汽车尾气排放量明显减少。随后九寨沟管理局关闭了景区内所有宾馆，实行"沟内游、沟外住"，减轻了游客食宿等对九寨沟生态环境造成的影响，此外九寨沟开始实施游客限量政策，很大程度上缓解了脆弱的生态环境与大量游客活动之间的矛盾。九寨沟管理局还着力打造如沟生态游、曲那俄沟科考游、栈道徒走游等，推广生态旅游。重视能源的优化，景区居民已经停止使用薪柴，改用电能、太阳能作为生活能源。九寨沟广场路灯和景区内厕所照明、环境监测仪器除使用水电外，还以太阳能和风能作为辅助能源。

（2）践行低碳理念。九寨沟管理局启动了退耕还林还草工程，完成退耕还林还草 400 公顷。除此之外，还较好地实施了景区监测保护工作，有效防止森林火灾和森林虫害，加强了植树造林，以森林生态环境的改善来固化 CO_2，最大限度地抵消旅游活动产生的碳排放。近年来，九寨沟管理局开始实行办公自动化，减少了纸张的使用，各部门还签订了节能减排协议，并纳入年度绩效考核。此

---

① 李焕焕，"智慧景区"建设模式初探——以全国首个智慧景区九寨沟风景名胜区为例［N］. 中国旅游报，2011 – 05 – 23.

外，九寨沟管理局还成立了"绿色小组"，开展环境教育活动，督查节能减排活动。2011年，九寨沟以"移动性管理与低碳旅游"为主题，举办了第二届"智慧景区"国际论坛。2012年九寨沟景区荣获首批"全国低碳旅游示范区"称号。

（3）与高校合作，提升发展理念。九寨沟管理局与四川大学、华盛顿大学一起成功申报国家自然基金跨国合作重大项目"面向西部旅游经济与生态环境可持续发展的低碳景区集成管理模式"，探索旅游和环境和谐发展的低碳景区集成管理模式。还邀请了四川大学著名教授对"九寨沟如何发展低碳旅游"做了专题讲座。此外，以"探索景区发展新趋势、探讨景区管理新模式、展望旅游发展新未来"、"低碳旅游与移动性管理"和"空间信息化技术与景区智能化管理"为主题成功举办三届智慧景区国际论坛，邀请知名院士、专家学者、企业精英、景区管理者等围绕"智慧景区建设"、"远程目的地对现代游客移动性的响应"、"低碳旅游发展"、"空间信息化技术在景区管理中的应用"等议题展开深入研讨。

（4）智能化系统建设。九寨沟以科学技术引领景区可持续发展，不断依托国家重大科研项目推进智能化、信息化建设。九寨沟管理局通过实施国家"十五"重大科技攻关示范项目"数字化九寨沟综合示范工程"，先后建成旅游电子商务系统、门禁票务系统、OA办公自动化、GPS车辆调度、多媒体展示系、景区智能化监控系统、景区监管信息系统和LED信息发布八个系统。创新性地构建了"资源保护数字化、运营管理智能化、旅游服务人性化、产业整合信息化"的集成应用体系。已经初步实现景区资源的科学、高效配置，使景区整体管理效率提高38.03%。

（5）信息化景区管理。自动采集和监控游客信息和景区旅游资源信息，使预测、决策、计划、调度和控制更加准确和科学，促进九寨沟景区的各项管理更加精细、全面，对景区保护更加科学和高效，为游客提供的服务更加人性化和个性化。将北斗导航与位置服务等现代智能服务技术引入景区智能化管理，通过安装伪卫星和设置CORS基站，实现景区导航卫星信号全覆盖和提高定位精度；通过几成综合服务、应急处理、救援救助等功能，开发智能管理、搜救、环境监测等系列用户终端，不但能够为景区游客提供不同定位精度的智能位置服务，还支持动态监视、求助信号发送、搜救位置双向确认和搜救调度。

（6）与高校、企业建立联盟。九寨沟管理局与四川大学、四川九州电气集团有限公司等一起开始实施国家"863"重大专项"基于时空分流导航管理模式的RFID技术在自然生态保护区和地震遗址博物馆的应用"课题。九寨沟管理局与导航战略联盟单位一起启动国家科技支撑计划"智能导航搜救终端及其区域应用示范"项目。九寨沟还同武汉大学一起研发了基于可量测实景影像的九寨沟景区智能化管理与服务平台，建设环境监测视屏监控系统、景区车辆门禁管理系统、景区管理实施电子巡更系统、景区无线 WiFi 网络系统、地质灾害预警系统、景区森林防火智能检测系统、数字旅游服务系统等。还与武汉大学深圳研发中心开始合作研发景区网络化管理与服务平台。该平台是在景区全面数字化基础上，建立和实施的智能管理和运营，包括建设景区的信息、数据基础设施以及在此基础上建立网格化的景区信息管理平台与综合决策支撑平台。

（7）注重人才培养。九寨沟通过不同类型、不同规模和不同内容的培训活动等创建学习型组织，注重能力建设，全面提高员工素质。利用淡季时间，对景区员工进行集中培训，员工培训覆盖率达 100%；邀请清华大学、北京大学、香港理工大学及美国华盛顿大学、澳大利亚昆士兰大学等国内外专家学者为景区员工和社区居民开展专题讲座；先后派出 22 人到美国优山美地国家公园、黄石国家公园，克罗地亚，新西兰，澳大利亚昆士兰大学等国内外的著名自然保护区和高校进行交流学习。高度重视引智工作，全力聘请高新技术领域领路人，如聘请两院院士为"智慧九寨"院士专家顾问委员会的专家顾问。

（8）业务流程优化。九寨沟以环境保护和游客利益为出发点，运用科学技术和现代管理理论，将原来分散在各个功能部门、被分割成许多工序的流程整合成单一流程，删除不能增值的过程和活动，将交叉、重叠、断裂的流程改为并行的流程，从而畅通信息渠道，提高服务质量和管理效率。

（9）创建标准化管理体系。九寨沟管理局成功申报并入选"首批国家旅游标准化试点单位"和"四川省旅游标准化示范试点单位"。九寨沟管理局成立标准化办公室，联合四川大学和武汉大学对业务流程进行了梳理和优化，修订完善了 2009 年的《九寨沟景区管理标准体系》，采用功能归口型结构，从纵向分为服务标准、管理标准、工作标准三大类，从横向分为保护管理、营销管理、建设维护、保障管理、运营管理、辅助管理六大板块。并将标准化建设纳入绩效考核，通过监督检查、评估奖励等制度有效提高各部门的工作效率，强化了品牌价值和竞争力，能够为旅游提供更规范、更安全、更贴心、更优质的服务。

（10）细化景区创新管理。根据管理的需要，将景区进行网格划分，使管理时效更加高效、精细化和智能化，走向实时、准实时；对基础设施和管理单元进行分类和编码，实现精细化管理；根据管理流程分类，把景区管理分为保护管理、开发管理、运营管理、营销管理、保障管理和辅助管理等类型。针对每类具体的处理类型，进行标准流程定制；建立九寨沟的数据中心，实现存储数据集中统一管理；技术手段进一步可视化，从电子地图走向可测量实景影像；以游客满意度为目标的服务，功能从管理走向服务。九寨沟管理局投入 100 台"景区通"3G 手机到景区一线，努力通过网格化管理实现管理的精细化。

（11）拓宽合作渠道，实现共赢。九寨沟管理局已在科研院校、研究机构、酒店、旅游运营商、航空公司、IT 公司、培训机构、NGO 组织等团体选择了与九寨沟景区保护和发展战略目标一致、资源匹配性高、市场相似性强的单位和企业，与其建立了资源共享、优势互补、风险共担的战略合作伙伴关系，在一定程度上整合了"智慧九寨"建设所需的资金、技术和人才资源①。

表 8－1　九寨沟主要合作伙伴

类别	主要合作伙伴
科研	北京大学、清华大学、南京大学、四川大学、北京林业大学、上海师范大学、中国科学院成都生物所、华盛顿大学、加州大学戴维斯分校、密歇根大学、昆士兰大学、蒙纳士大学等
技术	武汉大学遥感与测绘国家重点实验室、IBM 公司、九洲集团等
媒体	中央电视台、凤凰卫视、四川电视台、人民网、《中国旅游报》、美国国家地理杂志等
酒店	九寨沟喜来登国际大酒店、九寨沟天堂洲际大酒店等
航空公司	中国国际航空公司、四川航空公司等
旅游运营商	春秋航空、港中旅、中国青年旅行社、康辉旅行社、日本交通公社株式会社（JIB）、哈拿多乐等
培训机构	北京大学、同济大学、中山大学、上海师范大学、北京林业大学、新东方等

资料来源：章小平，吴必虎．"智慧景区"建设——以九寨沟景区为例［M］．北京：清华大学出版社，2013.

4. 小结

"智慧景区"将是整个旅游发展的大势所趋，这段旅程不仅集业界人士之智慧，更离不开相关行业的智慧型发展的带动和引导，九寨沟作为智慧景区中比较有代表性的景区，做出了很好的示范效应，值得借鉴。旅游景区应努力把握这个千载难逢的机遇，利用智慧的模式来实现中国旅游业的真正改变。

（三）智慧酒店——以杭州黄龙酒店为例

酒店作为旅游业的重要组成部分，其发展的方向和水平在一定程度上代表了旅游业的发展，随着"智慧旅游"的提出和实施，"智慧酒店"也应运而生。随着酒店管理信息系统的不断完善，尤其是物联网、云计算、移动互联网、信息智能终端等新一代信息技术在酒店业的应用，从根本上为智慧酒店的产生和发展提

---

① 章小平，吴必虎．"智慧景区"建设——以九寨沟景区为例［M］．北京：清华大学出版社，2013.

供了物质和信息基础，推动了现代酒店的不断智慧化①。

1. 智慧酒店内涵

智慧酒店是指利用物联网、云计算、移动互联网、信息智能终端等新一代信息技术，通过酒店内各类旅游信息的自动感知、及时传送和数据挖掘分析，实现酒店"食、住、行、游、购、娱"旅游六大要素的电子化、信息化和智能化，最终为旅客提供舒适、便捷的体验和服务。

信息技术是智慧酒店建设的重要支撑，主要体现在以下几方面：

（1）云计算。物联网、移动通信、人工智能技术的成熟与发展具备了促成酒店"智慧"的技术支撑。其中，云计算不仅仅是一种技术，更重要的是一种全新的服务模式，为游客、住客提供看得见、摸得着的旅游云、酒店云。

（2）整个社会的信息化水平提升并促进了管理者和旅游者的信息手段的运用能力，使得酒店"智慧"的应用具有广泛的用户基础。

（3）智能手机和平板电脑的超便携性，为旅游、酒店的信息的应用、传播提供了硬件支撑。当4G时代到来之时，智能手机和平板电脑或者其他还未知的超便携移动终端的普及程度将更高，移动终端的普及提供了酒店"智慧"的应用载体。

通过支撑体系，极大地方便了用户，同时形成酒店产品升级换代中的变革。

2. 智慧酒店的特点

（1）入住便捷。智慧酒店在办理客人入住时提供了优质服务的智慧化技术，如一卡通、前台计算机管理系统、房间场景等的预制及变换等。

（2）服务无阻。智慧酒店具有完善的配套服务设施以及内部完善的公共服务区域，可扩展的智慧技术服务可帮助客人完成购物、订餐、订票等服务。客人可以在酒店进行OA办公、举办网络会议、通过视频浏览当地美食等活动。

（3）先进管理。酒店智慧预订系统、后台计算机管理系统、办公自动化系统以及对客户档案自动存储的功能等先进信息技术，使得酒店的管理活动更加高效、先进。

（4）节能突出。在智慧酒店中，可以实现系统依据最佳光照度自动协调室内外光照度。除此以外，智慧酒店还可通过设置，自动调整或关闭照明系统，降低能耗。

（5）扩展方便。提供可扩充性，不但能够为新建酒店的安装提供可选方案，对于酒店改造，还将根据后续需求，进行扩充、升级与维护。系统架构灵活、扩

---

① 北京市旅游发展委员会. 北京智慧饭店建设规范（试行）［R］. 2012 – 05.

展自由、容量不限。①

3. 智慧酒店——杭州黄龙酒店

杭州黄龙饭店是全球第一家拥有全方位高科技智能体系的智慧型商务会议酒店，位于杭州市金融、商业和文化中心之交界处，总面积达 11 万平方米的现代奢华的舒适环境及独树一帜的江南庭院设计，是宾客放松休憩、激发创意的理想场所。饭店共有 598 间豪华客房，均配有舒适的现代化设施②。

杭州黄龙饭店在"引领现代奢华体验"的核心品牌理念下，致力于打造中国本土最高端的酒店品牌，以"科技"为品牌战略手段，打造智慧型酒店，创造独特的宾客体验，让杭州黄龙饭店在国际酒店品牌林立的市场中凸显自己特有的品牌个性。黄龙酒店的技术在行业内树立了新的标杆，尤其是在智能化方面不但遵循了已有的国家标准，更远远超越了现有的标准，成为未来酒店发展的模范。

（1）入住体验。"第一时间智能识别客人，根据入住偏好自动设置房间状态"③ 黄龙酒店的入住实现了智慧化的操作。借助 RFID 的应用，凭借一张特殊的智能卡，VIP 顾客一进入酒店即可被系统自动识别，无须任何手续就能完成入住程序，而且客房将自动按照客人的习惯进行相关设置，如自动调节光线、温度等。

在黄龙酒店，可以实现无限无纸化的入住或退房体验，通过手持登记设备（TABLET）进行远程登记，在房内或店外完成登记、身份辨识及信用卡付款手续。

（2）满足多类型客户需求。对来自海外的客人，入住黄龙酒店后，不再为没有本地手机而操心通信不方便。黄龙饭店每个房间的电话分机都具备手机系统的特性，客人不但可以手持移动分机终端在酒店内使用，还可以带着它游览西湖，甚至漫游到其他城市。而这些费用会直接记录到客人的客房账单上，不会占用客人办理各种复杂手续的时间。

对于市场人员，黄龙饭店在会议管理上会给其带来很多便利的服务。如果在黄龙饭店办展会，会议管理系统会自动统计客人在不同展区的停留时间。在宾客到达大宴会厅门口时，大屏幕还会自动显示宴会厅的平面图，宾客所在的餐桌位置也会高亮闪烁，指引宾客快速就位。

（3）客房智慧④。黄龙酒店的客房智慧主要体现在以下几方面：

---

① 李云鹏，晁夕，沈华玉. 智慧旅游：从旅游信息化到旅游智慧化［M］. 北京：中国旅游出版社，2013.

② 杭州黄龙饭店，http：//www. dragon - hotel. com.

③④ http：//wenku. baidu. com/view/ea7f01609b6648d7c1c746b6. html.

1）智能卡。房间里的取电牌具有识别功能，只有客人的房卡才能取电，当客人离开房间但没有退房时，系统会自动转入节能模式。

2）客房空调系统。空调系统可由您自行调节温度，并释放负离子净化房间空气。

3）智慧客房导航系统。客人从电梯出来准备去客房时，系统立刻会自动感应顾客的房卡信息，三道指示牌指引客人直至其房间。

4）先进的电视门禁系统。若客人在不便应答时有人按门铃，门外的图像会主动跳到电视屏幕上，方便客人判断以什么形象去开门。

5）互动服务电视系统。内设八国语言（中、英、日、韩、西、意、法、德），系统自动选择客人的母语欢迎入住；全3D动画Flash设计和高清显现，提供多款休闲游戏；自动弹出顾客上次入住时常看的频道；同时还可显示客人国家及杭州当地气候。

6）DVD播放器/记忆卡。多媒体播放器除具有DVD机的功能外，还可读取SD、MMC、MS三种格式的记忆卡。

7）电子连接线及插孔。各式电子连接线（VGA线、色差线、AV线、HDMI高清数据线）及插孔，以方便客人使用各种数码产品。

8）液晶雾化玻璃。行政楼层客房的浴室与卧室之间安装了液晶雾化玻璃，轻点控制面板，透明玻璃即刻产生"雾化"效果，给客人一个私密的浴室空间，同时，再次轻点控制面板，"雾化"效果玻璃会切换为透明状态。

9）客房盥洗室音乐系统。拥有四个独立声道，分别用于播放饭店公共区域的背景音乐、客房专属音乐（两个声道）和客房电视正在播放的电视节目声音。

10）床头音响。每套床头音响都特制了ipad专用插孔，同时具备播放和充电功能。

11）床头耳机。安装在床头背板侧面的电视耳机插口及放置在床头柜抽屉中的耳机，方便尚未就寝的客人可以继续享受视听服务。

（4）智能餐饮①。黄龙饭店下属的几大餐饮区域是黄龙饭店智能化和低碳化改造的重点。以龙吟阁中餐厅为例，进入杭州黄龙饭店龙吟阁中餐厅，无论走进其中任意一间的包厢坐下，服务生都会笑盈盈递上一台ipad，而服务生自己手里也有一个手机大小的iTouch。将ipad打开，进入系统"点菜"，很快厨师长就会出现在屏幕上，欢迎客人的光临，旁边有主厨推荐、冷菜、热菜、汤羹、主食、酒水饮料、套餐7项目录可供选择。由于屏幕精度高，每样菜的图片细腻、精美，带给顾客的是一种愉悦的体验。在顾客选好菜之后，服务生手里的iTouch会

① 杭州黄龙饭店打造绿色智能特色［J］．餐饮世界，2013，（3）：120－123．

显示出同样的信息，与客户一一确认后，服务员按一下确认按钮，后厨就会马上收到这份菜单，点菜过程就完成了。

准确地讲，黄龙饭店打造的是一个 ipad 餐厅点单系统，其最大限度地实现了更环保、更低碳的理念，避免了纸张的浪费。节约了更换旧式纸质菜单造成的成本浪费。

（5）先进的环保系统①。

1）集水系统。酒店两个楼之间有一个狭长的地下过道，以此作为天然的雨水集水区。利用天然形成的场地，完成了酒店的集水项目。采集到的雨水可拿来冲洗地下停车场或浇花。

2）通信系统。对于任何一家运营公司的通信系统都有两种线，一种是 2.5G 的，另一种是 3G 的。那么，总共需要 6 根统一线一起密布在房间里，才能建立完善的通信系统。黄龙饭店通过技术把 6 根统一线耦合成一根天线，这样一根天线可以发射六个不同频段的信号。原本要设置 6 个机房，现在只要两个机房就能完成这项工作。机房的减少意味着辐射、污染的降低。

3）云计算系统。店内部使用云计算系统。云计算有效地减少了对服务资源的占用，各个客户端实现和云服务器资源的共享，大大提升了工作效率。

4）客房系统。黄龙饭店通过在空调内的感应器判定调整客房温度，在客房无人状态下自动切换为低速运转，节省能耗。此外，客房内的消耗品全部为绿色可回收的环保材质。

5）灯光系统。黄龙饭店所有建筑物室内外的灯光系统，可根据客人的习惯和一天中不同的时间段来调整光线的强弱和亮灯的区域，充分体现了环保节能的理念。

黄龙酒店的智慧设计充分展示了未来酒店的发展方向，酒店作为旅游业的重要组成部分，智慧化是其必经的发展阶段，如何适应智慧旅游城市的发展是酒店面临的重要问题。

4. 借鉴之处

酒店在建设智慧酒店的过程中值得借鉴杭州黄龙酒店的地方如下：

（1）技术有效应用。智慧低碳酒店是一个系统，必然会涉及大量的全新技术，这些技术如何有效嵌入到该系统中，每个子系统又如何进行有效互联，进而整合在一起，发挥各自的作用是酒店在建设过程中必须解决的问题。

（2）高效有序的实施与维护。酒店改造意味着一段时期内经济收益上的损失。在建设智慧酒店过程中，高效有序、按期按质完成技术改造，显得非常重

---

① 杭州黄龙饭店打造绿色智能特色［J］. 餐饮世界，2013，（3）：120 – 123.

要。但同时，改造涉及的项目种类也相对众多，技术要求高，这就对改造实施提出更高的要求，管理者应该制订一定的方案保证各项技术在实施过程中高效有序进行。

（3）以人性化、多元化为指导方向。智慧酒店的出发点和落脚点在于更好地为顾客提供服务，智慧酒店之所以有"智慧"，最根本的体现的是酒店如同人的大脑一样能识别人们的需求，并采用最简便的方式满足其需求。因此，酒店在建设过程中，在提供给客人便利的同时还应该以多元的个性化为出发点，注重酒店各方面的细节，通过改善细节提高酒店的智能化建设。

三、北京智慧旅游城市建设现状

在社会极速发展、产业大融合、大发展的时代，作为旅游业与信息业相融合的产物，智慧旅游城市的建设问题逐渐引起了社会各界的重视。北京作为一个国际化的大都市，是集观光、度假、会展、商务旅游于一体的综合性旅游目的地，在发展智慧旅游城市中理应先行。现阶段，北京市在建设世界一流的智慧旅游城市中所面临的形势如下：

1. 建设一流智慧旅游城市的必要性

有学者提出，一流旅游城市有四个必不可少的条件：第一，拥有驰名的国际知名度；第二，有世界级的旅游产品；第三，有通达国际的交通便利条件；第四，有接轨国际的一流服务水准[①]。北京在建设一流智慧旅游城市上，除了要实现以上几点标准外，同时还要加强城市的"智慧化"建设。

（1）城市经济实力。相比世界上知名旅游目的地，如东京、巴黎、伦敦、纽约等城市，北京的市区人口比其他很多城市都要多，但其 GDP 总量、人均消费水平与之相比还存在较大差距。一个城市的综合实力是建设国际一流智慧旅游城市必不可少的经济基础，北京的综合经济实力弱于其他许多知名旅游城市的现状使北京在建设智慧旅游城市的道路上任重而道远，应该循序渐进，有计划地制定发展战略。

（2）可进入性。旅游目的地的经济距离和可进入性是影响旅游者到达该目的地的重要决定因素，良好的交通条件是城市旅游发展和与外界联系的重要保障[②]，北京仅有一个国际机场，接待国内外游客的能力相对不足，机场负荷较

---

① 徐万佳．离国际一流还有多远［N］．中国旅游报，2012 - 03 - 02．
② 张凌云．北京建设国际一流旅游城市研究［A］．2012 年首都旅游产业研究报告［C］．2012：43．

大。同时，北京公共交通的发达程度相对较为落后，地铁相对不完善、地上地下交通工具换乘不便等问题还影响城市交通的发展。因此，北京在加快建设智慧旅游城市脚步的同时，公共交通的建设也举足轻重。

（3）文化建设。一流的世界旅游城市首先是优秀文化的代名词，是一个文化的聚集地，一个文化的创造地，一个文化的扩散地，代表了其自身文化的制高点①。像巴黎、伦敦、纽约等世界旅游城市，真正能屹立于世界的重要因素就是文化。而提及文化，恰是北京的优势，北京集合了中华民族5000多年的文化传统。在建设智慧旅游城市中，北京欠缺的正是对文化的充分挖掘。

对于北京市推出的以"爱国、创新、包容、厚德"为主题的北京精神，与国际一流旅游城市的包容精神不谋而合。国际一流旅游城市必不可少的一点是包容，包容不同的文化、包容世界各地的人。在国际化方面，北京城市的包容性还需要进一步增强。

（4）旅游产品与服务。随着经济社会的发展，北京的国际化程度越来越高，国际影响力越来越大，海内外游客也越来越多。但对于一个旅游城市的国际化水平而言，不仅要看接待入境游客的数量，还要看入境游的服务质量及游客的满意度。

在旅游产品方面，除了长城、故宫、十三陵等传统世界遗产资源外，北京包括古都风貌、文化演艺、科技场馆、名人故居等在内的多样化的旅游资源还远远没有被充分挖掘和利用，即便是传统旅游产品，也面临着进一步挖掘内涵和提升魅力的问题。

在旅游服务方面，北京的旅游接待设施、接待能力面临着不少挑战。北京市星级酒店数量仅有729家，A级景区不到200家②，面对逐渐增多的入境游客和国内游客，这些设施显然不能满足市场需求。

（5）旅游公共服务。根据历史资料统计，东京的城市规模和人口总数与北京相近，但是由于拥有多层次、全方位覆盖的旅游公共服务体系，旅游接待规模要远远超过北京。法国巴黎政府投入大量资金进行旅游基础设施建设，沿途的加油站、公共洗手间、餐饮点、住宿点布局合理，给游客带来了极大的方便③。而北京的旅游公共服务体系建设却明显滞后于旅游发展，这已经成为北京建设国际一流智慧旅游城市的一大障碍。

（6）人才问题。旅游业人才短缺也是制约北京建设一流智慧旅游城市的重要因素之一。虽然北京旅游从业人员总量每年都在增加，但与纽约等国际一流旅游城市相比，从事旅游产业的人才特别是高端人才还明显不足。而智慧旅游城市

---

①② 徐万佳. 离国际一流还有多远［N］. 中国旅游报，2012－03－02.

③ 张凌云. 北京建设国际一流旅游城市研究［C］. 2012年首都旅游产业研究报告，2012：3－45.

的建设则需要较多熟悉与热爱旅游业及信息技术行业的大量人才，如何引进人才成为城市建设的重要问题。

2. 建设一流智慧旅游城市的条件

北京是中国的首都，而中国是联合国五大常任理事国之一，是世界最大的发展中国家和第二大经济体，北京的政治经济地位决定了其在建设国际一流智慧旅游城市上具有独特的优势，其拥有巨大的综合影响力。

其次，北京有长城、故宫、颐和园、周口店猿人遗址等诸多世界级品位的旅游资源，可以充分满足国内外游客对各个旅游资源游览的需求。

此外，北京自2008年奥运会之后，城市旅游形象有了进一步的提升，之后每年在北京召开的各种国际会议、一系列重大国际活动等都使得北京的国际影响力得到空前提升。

北京在建设智慧旅游城市时，其基础、资源、发展条件都有很好的前景，在建设过程中，除了要重视硬件建设外，还要注重旅游公共服务的建设，做到以人为本，以游客的需求为出发点，把建设智慧旅游城市的意识逐渐变为公众共识，加大社会关注度与主动性。

3. 北京智慧旅游城市建设的着力点

智慧旅游是以提升旅游服务水平为中心的旅游信息化的延伸与发展，是北京成为国际一流旅游城市的必由之路[①]。智慧旅游建设的中心，就是让游客做主，让每一分旅游收入都增加舒心含量、增加人性化成分，以提升游客体验为核心，在坚持需求为导向的前提下，以促进营销模式创新、管理创新和技术创新的有机结合为着力点，深化信息技术在旅游行业的应用，把信息化建设的重点放在促进旅游经济的发展、加强旅游管理、提高旅游品质上。

智慧旅游城市的实现需要以信息技术为支撑，做到能让游客在旅游前、旅游中和旅游后都能透明化地了解旅游信息，形成互动，真正让游客做主。实现智慧旅游就是能使游客来北京前，可以通过北京旅游网查询餐饮、住宿、景点、娱乐、购物、出行等信息，并在网上预订服务，还可以在网上对将要去的地方进行虚拟游览和体验。在来北京后，游客可以借助遍布所有景区、饭店及公共场所的无线宽带网、旅游终端设备及自助导游、导览设备，或者登录旅游网，下载景区自助导游和城市自助导览软件，自助完成导游、导览、导购、导航等，还可以及时了解景区、购物、食宿等综合旅游资讯，实时了解当地的路况和人流情况，随时调整自己的行程。在整个智慧旅游行程期间及行程后，游客可以随时把自己的体验和评价、对旅游项目的需求、对旅游服务的意见和投诉等，通过智能终端反

---

① 冯颖. 智慧旅游：推进北京国际一流旅游城市建设［N］. 中国旅游报，2012 – 05 – 18.

馈到旅游企业和旅游管理部门。

4. 北京智慧旅游城市建设进程

北京市已发布了《北京智慧旅游行动计划纲要（2012～2015）》（以下简称《运动纲要》）和"智慧景区"、"智慧饭店"、"智慧旅行社"、"智慧旅游乡村" 4个建设规范。同时，由北京市旅游发展委员会召集，北京市相关旅游企业、科技企业和科研院校共同发起成立的北京"智慧旅游联盟"也宣告成立。

《行动纲要》提出了智慧北京便利旅游的发展目标[①]：宽带连接的基础设施、智能融合的信息技术应用和创新持续的便利旅游服务。到2015年，将在全市初步建立北京市"智慧旅游"政务管理体系，"智慧旅游"公共信息服务体系，旅游业态"智慧旅游"服务体系3大"智慧旅游"体系，推动9个"智慧旅游"系统建设，形成60个"智慧旅游"建设项目。基本建成泛在、集约、智能、可持续发展的"智慧旅游"支撑体系，初步实现旅游行政服务职能智能运行、旅游者"智慧旅游"、旅游企业网络化运营等高度融合的旅游公共服务便捷、实用的发展态势，形成"智慧旅游"引领旅游发展的格局。

（1）成果。在建设国际一流旅游城市的目标下，北京智慧旅游城市的建设以《北京市人民政府关于贯彻落实国务院加快发展旅游业文件的意见》、《北京市"十二五"时期城市信息化及重大信息基础设施建设规划》和北京市人民政府发布的《智慧北京行动纲要》为指导，以建设国际活动聚集之都、世界高端企业总部聚集之都、世界高端人才聚集之都、中国特色社会主义文化之都、和谐宜居之都为着力点，全力建设人人享有信息化成果的智慧旅游城市。

随着北京现代化建设的加快，旅游经济发展进程的加快和产业规模不断扩大，传统旅游正向智慧旅游迈进。物联网、云计算等新一代信息技术成功应用催生了智慧酒店、智慧景区等一系列智慧旅游创新解决方案，极大地提高了旅游行业的服务质量和服务水平。

近年来，北京市智慧旅游城市的建设体现在为来京游客提供旅游手机短信提示服务、推出北京旅游手机报、提供景区电子门票预订服务、使用移动终端创新执法手段等方面。

此外，北京旅游网的建立也极大地方便了广大游客。北京旅游网包括了电子商城、景点大全、线路攻略、特色酒店、北京老字号、个性化预订、票务分销等多个板块内容，同时，网站还提供了包括中文在内的10种语言的网站服务。作为智慧旅游城市建设的重要部分，旅游网站建设完善程度以及知名度极大地影响了广大的旅游者。

---

① 北京市旅游发展委员会. 北京"智慧旅游"行动计划纲要（2012～2015）［R］. 2012－05.

根据"智慧景区"、"智慧饭店"、"智慧旅行社"、"智慧旅游乡村"4个建设规范，若旅游企业完成了智慧旅游建设、经评定达到标准后，政府将会以多种方式进行扶持、鼓励，以促进信息化在旅游行业的深度应用。

北京成立的"智慧旅游"联盟是全国首个智慧旅游联盟。联盟由星级饭店、5A级旅游景区、旅行社和市级民俗旅游村、旅游及信息化院校和科研机构、规划设计单位，科技企业及网络媒体等相关业态和单位共同发起成立。

北京市智慧旅游联盟将围绕全市智慧旅游项目建设开展研究和讨论，为推动智慧旅游项目建设落实提供智力支撑。北京市旅游发展委员会已先后与北京移动公司、新华社北京分社等签署了北京智慧旅游战略合作协议。通过与这些公司和单位的合作，以达到完成北京旅游信息网、无线宽带网等项目的建设。此外，北京市旅游发展委员会正在与北京邮政、北京联通、中国建设银行等进行接洽，将在数字景区、社区智能化服务、旅游一卡通等智慧旅游项目上进行合作。

（2）发展蓝图。北京智慧旅游城市的建设与一般单个信息技术在旅游业中的应用存在明显差别，北京的智慧旅游建设具有规模大、整体性强等特点，在景区、饭店、旅行社等传统业态的基础上，注重在新兴业态上的放大，提出建设旅游公共服务信息系统、智慧旅游电子政务系统、旅游应急指挥系统等构想。

《北京智慧旅游行动计划纲要（2012~2015）》明确了北京智慧旅游的建设重点、内容和发展目标，计划用4年的时间，通过物联网、云计算等现代信息技术，实现旅游与科技全面融合，推进旅游产业整体升级改造，打通限制北京旅游业快速发展的最后一道"瓶颈"，让旅游更加透明化、立体化、互动化，让游客自己做主。

到2015年，北京将初步建立"智慧旅游"政务管理体系、"智慧旅游"公共信息服务体系、旅游业态"智慧旅游"服务体系3大"智慧旅游"体系；建设旅游公共服务信息系统、"智慧旅游"电子商务系统、"智慧旅游"便民服务系统、"智慧旅游"电子政务系统、旅游应急指挥系统等9个"智慧旅游"系统建设；完成虚拟景区旅游平台、景区自助导游平台、城市自助导览平台。

智慧旅游工作涉及的部门多、行业广，是一项具有开拓性和前瞻性的工作。发展智慧旅游单靠一个部门或者企业的力量远远不够，必须确立政府主导、部门参与、市场应用的发展模式。

四、建设世界一流智慧旅游城市路径

北京是国际上著名的特大型城市，又是我国的首都，其每年接待国内外游客众多，对于如何建设国际一流的智慧旅游城市是未来北京旅游业面临的重要问题。

1. 城市旅游形象定位

智慧化转型是北京作为优秀旅游城市发展的必然趋势，在转型过程中，城市的旅游形象是智慧旅游城市建设首要解决的问题。把北京打造成为国际一流的智慧旅游城市，就要求城市在旅游营销中突出整体性，确立适合北京的旅游形象。

城市旅游形象是城市的历史印象、现实感知和未来信念的一种理性综合，体现了一个城市的总体声誉。城市旅游形象是一个综合性的社会现象，北京旅游形象宣传片《北京2008》向人们展示了北京的著名景点；北京的民俗文化、生活习俗、科技教育、城市规划；北京的春夏秋冬；北京的白天、黄昏、傍晚、夜景；北京的饮食文化、风味小吃、北京的艺术表演、休闲娱乐，等等。在设计北京新的智慧旅游城市形象时，应该重点突出北京特色的文化氛围，可以以《北京2008》为参照，加以物联网、云计算等技术手段，展示北京深厚的历史文化气息与现代化的结合，打造如"东方韵味，智慧北京"的形象，确定文化与智慧相结合的旅游城市形象。

北京集合了中华文明的精华，汇聚了全国各地各民族的文化精英，荟萃了外来文化精粹。北京拥有的特色文化是传承中华民族的优秀传统文化，而同时在历史发展进程中又形成了底蕴深厚、恢宏大气、博大精深的文化特点，这就造就了北京的旅游景点融合了中西方的特点。现如今，北京作为世界著名的城市，经济发展水平、科技力量都足以支撑其为旅游业发展提供源源不断的动力。因此，在塑造北京旅游城市形象定位上可以充分利用文化特色，走智慧城市的发展道路。

在旅游市场竞争日益激烈的今天，城市旅游形象是城市的一笔无形的宝贵资产，是城市的旅游品牌。要塑造独特、鲜明、有招揽性的旅游形象，使旅游城市保持长久的吸引力，就应根据城市自身的特性和旅游消费的发展趋势，树立自己独特的形象。

2. 塑造北京旅游品牌

（1）塑造城市标志。在塑造北京旅游品牌的过程中，必须统筹安排，在明确城市定位的基础上，认真制定城市发展战略，合理规划城市空间，包装与推广城市形象，让游客在欣赏城市空间的美学体验中产生强烈的印象，从一个城市的雕塑、街道和广场来记忆这座城市，留下深刻的记忆。比如纽约，有整齐的马路、大片的绿地、标志性建筑物，呈现出壮观的美、理性的美，属于实用技术类型的美。像巴黎、罗马等城市，蕴藏着历史文化信息。漫步在它们的大街小巷，可能随处会遇到古迹，趣味无穷，呈现出浪漫的美、宏阔的美，属于文化类型的美。北京是一个历史悠久而又充满活力的古都，拥有众多的历史遗迹。在这个世界正成趋同化的时代，个性成了难得的品质。因此，北京可以在打造长城、故宫等文物古迹的同时，结合中央电视塔等现代文明，塑造良好的城市名片。通过隐形的非物质文化形态与有形的物质文化形态，展现中国特色和首都特征的城市形象。

（2）树立全新的形象营销理念。对北京而言，在进行旅游形象营销时，首先，要树立北京的旅游形象营销就是全中国的旅游形象营销的观念，整合全国的资源，制定具有预见性、整体性和可操作性的旅游形象营销战略，在旅游产品、旅游价格、旅游促销及渠道等各种策略方面协调一致、相互配合；其次，更新各种形象传播工具和手段，除了传统的广播电视、书刊杂志、灯箱广告等工具外，还要运用互联网络、节庆会展、公众人物、邮品音像等手段。通过开辟北京旅游形象专栏、发行北京奥运旅游纪念邮票、出版北京旅游宣传光碟、海选北京旅游形象大使等，宣传北京的旅游资源、旅游文化。

（3）北京旅游形象的管理。对于北京旅游形象的管理应该从两方面入手，首先，要维护北京的旅游形象。北京是"文化之都"，文化是北京旅游形象的关键词。而现在，一些四合院、老胡同甚至名人旧居、宫廷建筑正在遭受不同程度的破坏和损毁，极大地影响了北京的旅游形象，如何保护它们成了维护北京旅游形象的当务之急。其次，拓展北京旅游形象。北京是"文化之都"，但是，现在展现在旅游者面前的北京文化主要是明清以来的文化。北京是一个距今有着3000多年历史的古都，要大力挖掘、开发明清以前的文化并向旅游者展示，并施以开发、保护，使北京的旅游形象更加丰满、迷人。

（4）开发代表性的形象纪念品。旅游纪念品是以旅游城市的旅游景点为题材而制成，是旅游城市形象的艺术表现。游客们通过旅游纪念品，常常回忆和联想城市形象，有助于城市旅游形象的保持和传播。例如，巴黎将它的标志性建筑埃菲尔铁塔制成各种旅游纪念品。北京在以长城模型等作为自己城市旅游形象的纪念品的同时还可结合京剧文化、瓷文化开发综合性纪念品。

3. 搭建智慧旅游运作平台

（1）信息化建设。信息化作为智慧旅游的技术支撑，对于智慧旅游城市的建设有着至关重要的作用。从互联网到移动互联网，人们的生活方式发生着变化。无线娱乐、无线支付、无线传输、无线应用，面对移动信息化的发展浪潮，无线技术作为智慧旅游城市的有效载体，将在未来的智慧旅游发展中占有越来越重要的位置①。北京宽带已有8兆左右，相比国内其他城市，仍有可以提升的空间。上海的带宽已达到16兆，武汉已经提出未来3~5年使全市的带宽提高到

---

① 新华网. 无线技术助推打造智慧城市［EB/OL］. http：//news. xinhuanet. com/info/2013－04/25/c_132337559. htm？prolongation＝1，2013－04－25.

50~100兆，成为全国上网最快的城市①。北京市已发布《宽带北京行动计划（2013~2015）》，竭力打造智慧北京的信息化平台。

通过信息化平台的建设，利用互联网或移动互联网，实现吃、住、行、游、购、娱的紧密结合，打造北京智慧旅游品牌。例如，面对当前的空气问题，可以将空气污染指数发布到北京各大旅游网站上，方便游客出行时参考。对于食品安全问题，将质检合格的食品通过信息技术制作电子档案并与热门社区型等旅游网站连接，为游客提供可靠的食品来源，维护北京旅游品牌的建设。

（2）智能交通。交通问题一直是困扰北京旅游的一大难题。随着智慧旅游的提出，交通拥堵的治理也迈向智慧化。通过智能化的检测系统，实时通知司机当前路况，尽量减少堵车发生的可能性。此外，国外的经验也值得北京借鉴，在瑞典斯德哥尔摩的智慧交通系统中，分布于斯德哥尔摩城区出入口的18个路边控制站将识别每天过往的车辆，并根据不同时段进行收费，高峰时段多收费，其他时段少收费，收费起点为1美元左右，在高峰时段最高收费约为3美元。这个收费系统帮助司机实时掌握哪里的交通路况最糟糕。这个系统有效地缓解了斯德哥尔摩市的交通拥堵②。

为了方便旅游者，可以开发手机IC卡，减少了搭乘公共交通的买票时间，还可以在公交站点、景区门口等位置，通过扫描二维码的形式获取周围交通路线，景区景点情况等，方便游客进行旅游决策。在景区内利用智能停车系统，提前确定好停车场的情况以及停车地点，节省不必要的时间浪费。

（3）电子化消费。智能手机普及极大地推动了智慧旅游的发展，手机已经成为大多数人日常生活中必不可少的一部分，利用这一现状，北京在智慧旅游的建设过程中可以提出电子化消费的理念，手机与银行卡直接挂钩，景区的门票可以通过扫描条形码进行付款，进入景区后相关消费项目可以统一进行管理，简化旅游者的整个消费过程。

此外，旅游纪念品等可以通过直接扫描产品上的二维码进行消费，这种自助性的购买过程在节省人力资源的同时，也为旅游者提供了一个较为轻松愉快的购买环境，伴随着北京智慧旅游的推进，相信这一设想能够在不远的未来有所展现。

4. 智慧旅游营销推广

（1）智慧网站。智慧旅游的宣传推广工作是北京智慧旅游城市品牌建设的

---

① 新华网. 三大运营商齐发力加速北京智慧城市建设［EB/OL］. http：//news. xinhuanet. com/info/2013-10/10/c_132785424. htm, 2012-10-10.

② 新华网. 智慧城市的国内外最佳实践研究［EB/OL］. http：//news. xinhuanet. com/info/2013-09/16/c_132723522_4. htm, 2013-9-16.

重要环节，北京市旅游规划发展相关部门已经建立智慧旅游板块进行推广，在北京市经济和信息化委员会官网中，建立了智慧北京建设专题，对智慧北京建设纲要、纲要要点解读、相关产业链进行了详细的说明；在北京旅游局发展委员会官网发展中，北京旅游板块中提出了虚拟旅游的选项，对北京市 A 级景区进行了 3D 化的旅游宣传，帮助旅游者更好地了解旅游目的地的相关情况。

智慧旅游推广网站的建设仍需要更好地完善，从北京市整体的智慧旅游网站开始，为旅游者提供未来智慧旅游发展的美好蓝图，让旅游者从心底接受并赞同这一旅游的发展趋势，通过理念的形象化宣传，加快推动北京市智慧旅游的建设步伐。北京市的智慧旅游网站还可以与各大在线旅游网站合作，共同推出北京智慧旅游专题，扩大宣传影响力。另外，北京市内的景区门户网站，可以细化整个景区的智慧运营，让旅游者切实感受到智慧旅游的运作模式，为智慧旅游的实现奠定基础。

（2）移动终端。移动终端应用程序已发展成为新型的业务发展平台，各大旅游公司纷纷推出自己的旅游类移动应用抢占这一市场，移动终端将成为旅游业发展的新亮点。智慧旅游作为以信息技术为基础的创新理念，必然会在移动终端进行宣传推广。北京市可以结合自身智慧旅游建设具体情况，开发出北京市智慧旅游移动应用，在一定程度上可以在年轻人这一市场做到很好的渗透，还可以以方便旅游者进行旅游活动为前提设计开发与旅游相关的智能应用，例如食品合格检测应用、空气质量监察应用等，进而辅助智慧旅游的整体推广。

北京作为中国的首都，国家的政治、文化中心，在一定程度上是国家形象的代表，旅游发展对于北京市的建设十分重要，智慧旅游已成为旅游发展的必然趋势，北京市需要大力推进智慧旅游发展。

参考文献

［1］张凌云，黎巎，刘敏．智慧旅游的基本概念与理论体系问题［J］．旅游学刊，2012，(5)：67－68．

［2］张凌云．智慧旅游：个性化定制和智能化公共服务时代的来临［J］．旅游学刊，2012，(2)：3．

［3］黄羊山．智慧旅游的作用与前景［N］．中国旅游报，2011－02－16：11．

［4］金江军．智慧旅游及其关键技术和体系框架研究［A］．第十六届全国区域旅游开发学术研讨会论文集［C］，2012年12月10日，212－216．

［5］李云鹏，晃夕，沈华玉．智慧旅游：从旅游信息化到旅游智慧化［M］．北京：中国旅游出版社，2013．

［6］北京巅峰美景科技有限责任公司刘维凯．创新选择智慧旅游城市的服务主体［N］．中国旅游报，2013－03－27．

［7］迟紫境，李云鹏，黄超．智慧旅游城市的发展方向与构建方法研究［A］．首都经济贸易大学，北京市社会科学界联合会．2012城市国际化论坛——世界城市：规律、趋势与战略选择论文集［C］．首都经济贸易大学，北京市社会科学界联合会：2012：8．

［8］张少彤，王芳，王理达．智慧城市的发展特点与趋势［J］．电子政务，2013，(4)：2－9．

［9］邓贤峰，张晓海．南京市"智慧旅游"总体架构研究［J］．旅游论坛，2012，(5)：73－76．

［10］颜敏．智慧旅游及其发展——以江苏省南京市为例［J］．旅游管理，2012：76－77．

［11］潇洒行者——"智慧旅游"古都南京［N］. 中国电信业, 2012, (12)：20－21.

［12］"智慧景区"建设模式初探——以全国首个智慧景区九寨沟风景名胜区为例［Z］. 旅游研究院, 2013.

［13］党安荣, 张丹明, 陈杨. 智慧景区的内涵与总体框架研究［Z］. 中国园林.

［14］章小平, 吴必虎. "智慧景区"建设——以九寨沟景区为例［M］. 北京：清华大学出版社, 2013.

［15］北京市旅游发展委员会. 北京智慧饭店建设规范（试行）［R］. 2012－05.

［16］杭州黄龙饭店. http：//www. dragon－hotel. com.

［17］http：//wenku. baidu. com/view/ea7f01609b6648d7c1c746b6. html.

［18］杭州黄龙饭店打造绿色智能特色［J］. 餐饮世界, 2013, (3)：120－123.

［19］徐万佳. 离国际一流还有多远［N］. 中国旅游报, 2012－03－02.

［20］张凌云. 北京建设国际一流旅游城市研究［A］. 2012 年首都旅游产业研究报告［C］. 2012：43.

［21］冯颖. 智慧旅游：推进北京国际一流旅游城市建设［N］. 中国旅游报, 2012－05－18.

［22］北京市旅游发展委员会. 北京"智慧旅游"行动计划纲要（2012－2015）［R］. 2012－05.

［23］新华网. 无线技术助推打造智慧城市.［EB/OL］. http：//news. xinhuanet. com/info/2013－04/25/c_ 132337559. htm? prolongation＝1, 2013－04－25.

［24］新华网. 三大运营商齐发力加速北京智慧城市建设［EB/OL］. http：//news. xinhuanet. com/info/2013－10/10/c_ 132785424. htm, 2012－10－10.

［25］新华网. 智慧城市的国内外最佳实践研究［EB/OL］. http：//news. xinhuanet. com/info/2013－09/16/c_ 132723522_ 4. htm, 2013－9－16.

图书在版编目（CIP）数据

北京建设世界一流旅游城市（2013）/计金标主编 . —北京：经济管理出版社，2015. 1
ISBN 978 – 7 – 5096 – 3220 – 8

Ⅰ. ①北…　Ⅱ. ①计…　Ⅲ. ①地方旅游业—旅游业发展—研究报告—北京市—2011 ~ 2012　Ⅳ. ①F592. 71

中国版本图书馆 CIP 数据核字(2014)第 147953 号

组稿编辑：王光艳
责任编辑：王光艳
责任印制：司东翔
责任校对：赵天宇

出版发行：经济管理出版社
　　　　　（北京市海淀区北蜂窝 8 号中雅大厦 A 座 11 层　100038）
网　　址：www. E – mp. com. cn
电　　话：（010）51915602
印　　刷：北京晨旭印刷厂
经　　销：新华书店
开　　本：720mm×1000mm/16
印　　张：13. 25
字　　数：262 千字
版　　次：2015 年 1 月第 1 版　　2015 年 1 月第 1 次印刷
书　　号：ISBN 978 – 7 – 5096 – 3220 – 8
定　　价：88. 00 元